KB167948

실전 추세 투자법

SHIN TOREDAZU BAIBURU: by Kojirokoshi

Text © kojirokoshi / Graphic Charts © Pan Rolling 2016
All rights reserved.
Original Japanese edition published by Pan Rolling, Inc.
Korean translation copyright © 2024
by The Korea Economic Daily & Business Publication Inc.
This Korean edition published by arrangement with Pan Rolling, Inc. Tokyo,
through BC Agency

실전 추세 투자법

상승장 하락장 모두 통하는 1% 매매 전략

고지로 강사 지음 | 박명진 옮김
최성민(유안타증권 이사) 감수

한국경제신문

거북이를 키우듯
트레이더도 양성할 수 있다

'터틀 실험'이라는 말을 들어본 적이 있는가? 아마도 트레이더라면 누구나 한 번쯤은 들어봤을 것이다. 월스트리트를 뒤흔든 그 실험은 두 명의 천재 트레이더가 나눈 우연한 대화에서 시작됐다. 한 사람은 단돈 400달러로 수억 달러를 벌어들여 살아 있는 전설이 된 트레이더 리처드 데니스Richard Dennis이고, 다른 한 사람은 오랫동안 연간 60% 이상의 수익을 올려온 수학자이자 트레이더 빌 에크하르트Bill Eckhart다.

두 사람은 '천재 트레이더가 타고나는 것이냐, 배우면 누구나 될 수 있는 것이냐'를 놓고 의견이 갈렸다. 데니스는 가능하다고 했고, 에크하르트는 불가능하다고 주장했다. 설전 끝에 그들은 "그렇다면 실험을 해서 직접 확인해보자!"라고 의견을 모았다. 이윽고 신문에 광고를 내서 실험 참가자를 모집했다. 지원자들은 직업도 나이도 모두 다양했는데, 그중 트레이딩 경험이 거의 없는 사람들을 선발해 2주 동안 교육했다. 그런 다음 각자에게 100만 달러의 운용자금을 나누어주고 트레이딩을 하게 했다.

어떤 결과가 나왔을까?

수년에 걸쳐 이뤄진 이 실험에서 터틀들은 연평균 80%라는 놀라운 수익을 올렸다. 한마디로, 대성공이었다. 터틀 그룹 출신 트레이더들은 그 후로도 트레이딩 세계에서 오랫동안 활약하며 높은 성과를 올렸다. 즉, 천재 트레이더는 길러질 수 있음을 증명한 것이다. 그 실험에 참가한 이들을 데니스는 '터틀'이라고 불렀는데, 거북이를 키우듯이 트레이더도 키울 수 있다는 생각에서였다.

내가 트레이딩 세계에 들어온 것이 1970년대 후반인데, 그로부터 몇 년 뒤에 터틀 실험이 있었다. 나는 어떻게 해서든 그 비법을 알고 싶었다. 하지만 '10년 동안 비밀에 부친다'는 계약 조건이 있었기에 터틀들은 누구도 입을 열지 않았다. 비밀 엄수 기간이 끝난 뒤에도 비법을 공개하는 사람은 거의 없었고, 단편적인 내용만 흘러나왔을 뿐이다. 서점에 가보면 터틀 그룹에 관한 책이 많이 나와 있는데, 그 책들을 모두 읽는다고 해도 터틀 트레이딩의 60% 정도만 이해하는 거라고 볼 수 있다. 오히려 60%도 높게 잡은 수치일지 모른다.

나는 동료들과 함께 5년이 넘게 터틀 그룹의 트레이딩을 연구하여, 드디어 그 전모를 이해하게 됐다. 그리고 경악했다. 터틀 그룹은 절대로 시장을 예상하지 않았다. 오히려, 예상하는 것을 금지했다. 터틀들이 성공한 가장 큰 이유는 '자금관리'에 있었다. 물론 그들의 진입 규칙도 훌륭했지만, 그 진입 규칙보다 자금관리가 더 훌륭했기 때문에 오랫동안 이길 수 있었던 것이다.

터틀 그룹처럼 자신이 설정한 수익을 정확히 달성하는 이들을 나는

'V 트레이더'라고 부른다. 대박을 터뜨려 화제가 되는 사람이 아니라 목표 수익을 정확히, 안정적으로 달성하는 이들을 말한다. 나 역시 데니스처럼 V 트레이더는 타고나는 것이 아니라 훈련을 통해 만들어진다고 믿으며, V 트레이더를 양성하기 위해 이 책을 썼다.

이 책에서는 터틀 그룹 트레이딩의 모든 것을 소개한다. 나아가, 시간의 흐름에 따라 변화한 시장에 맞춰 그들의 기법을 업그레이드한 나의 기법도 함께 소개한다. 이를 바탕으로 독자가 자신의 규칙을 만들도록 이끄는 것이 이 책의 가장 큰 목적이다.

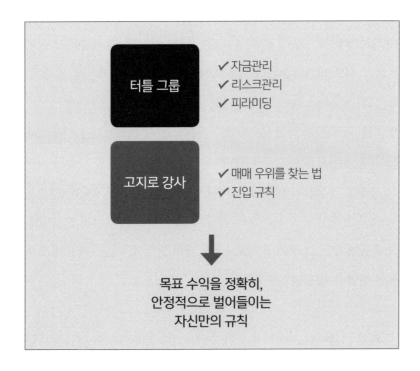

트레이더 한 사람 한 사람은 자본금도 다르고 성격도 제각각이다. 따라서 이기기 위해서는 타인의 기법이 아니라 직접 만든 '자신만의 규칙'이 필요하다. 하지만 이 작업은 결코 만만치 않다. 이 책에서는 일종의 모범으로서 터틀 그룹의 규칙을 제시하고, 그것을 개별화하여 자신만의 규칙을 만들어내는 방법을 소개했다. 구체적으로는 터틀 그룹의 트레이딩 규칙에서 자금관리와 리스크관리를 채용하고, 진입에 관해서는 나의 규칙을 적용했다.

세계적으로 저금리 추세가 이어지면서 이제 저축만으로는 자산을 키울 수 없는 시대가 됐다. 실질 금리가 마이너스인 경우도 있어서 투자를 하지 않으면 자산이 줄어드는 시대다. 이를 잘 알기에 많은 사람이 트레이딩 세계에 발을 들여놓는데, 그중에는 제대로 준비하지 않고 덤볐다가 쓴맛을 보는 이들이 많다. 그도 그럴 것이 영어나 수학은 학교에서 가르치지만 트레이딩을 가르치는 학교는 없기 때문이다. 알파벳을 모르고 영어로 말할 수 있다고 생각하는 사람은 없지만, 이상하게도 트레이딩은 규칙도 익히지 않고 무작정 뛰어든다. 그러나 공부하고 단련하지 않으면, 꾸준히 이기는 트레이더가 될 수 없다.

이 책에서는 다음의 다섯 단계를 거쳐 당신을 V 트레이더로 이끌 것이다.

- 1단계: 최적 리스크에 맞는 베팅 금액을 정한다.

- 2단계: 우위가 드러나는 국면을 찾는다.
- 3단계: 우위가 나타났을 때만 진입한다.
- 4단계: 최적의 출구 전략을 계획한다.
- 5단계: 기회가 왔을 때는 수량을 늘린다.

이 중에서 가장 중요한 것은 1단계다. 아무리 우수한 진입 규칙이라 하더라도, 단 한 번의 무모한 베팅으로 파산할 수 있기 때문이다. 그리고 최종 목적은 설정한 수익을 정확히, 안정적으로 올릴 수 있도록 자신만의 규칙을 만드는 것이다.

나는 이 책이 모든 트레이더에게 바이블이 될 것으로 확신한다. 막 시장에 발을 들인 트레이더라면 다소 어렵게 느껴지는 부분도 있을 것이다. 하지만 처음에 제대로 배워놓는 것이 대단히 중요하므로, 열심히 읽고 실전에 적용해 자기 것으로 만들기 바란다. 그리고 이미 자신만의 트레이딩을 하고 있지만 V 트레이더가 되지 못한 사람이라면, 이 책을 읽으면서 자신의 미숙한 지점이 어디인지 확인하기 바란다. 부족한 부분을 보완하여 자신만의 규칙을 탄탄히 세우면 머지않아 V 트레이더가 될 것이다.

주식이든 FX든 선물이든, 모든 트레이딩의 기본은 똑같다. 이 책을 통해 검증된 터틀의 기법을 익히고, 현실에 맞게 업그레이드한 본 저자의 방식을 익힌 후, 최종적으로 자신만의 규칙을 만들기 바란다. 주식

뿐만 아니라 그 외 여러 시장에서 한 사람이라도 더 많은 V 트레이더가
탄생하기를 기원한다.

고지로 강사

차례

1부 ▸ 터틀 기법으로 보는 추세추종 마스터

1장 ▸ 매수가 유리한가 매도가 유리한가

2장 ▸ 변동성을 피하는 자금관리

3장 > 손실을 최소화하는 리스크관리

4장 > 트레이딩 에지를 찾는 방법

5장 > 진입 규칙

6장 > 청산 규칙

7장 > 이익을 극대화하는 피라미딩 규칙

2부 > 대시세는 대순환에서 나온다

11장 > 이동평균선 대순환 분석

12장 ▶ 대순환 MACD 마스터

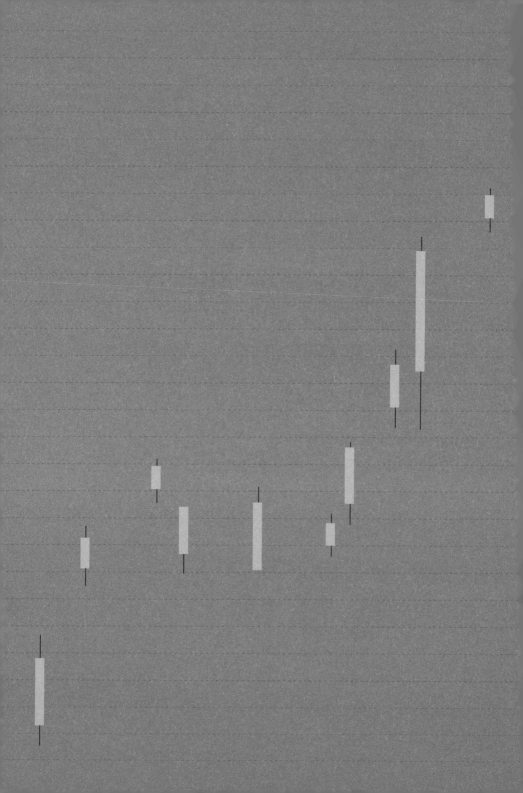

터틀 기법으로 보는 추세추종 마스터

터틀 그룹의 트레이딩 전략은 기본적으로 추세추종원칙에 바탕을 두고 있다. 그리하여 1장부터 10장까지는 터틀 그룹의 트레이딩 규칙을 중심으로, 목표 수익을 일정하게 거두기 위한 나만의 트레이딩 규칙 만들기에 대해서 설명한다.

터틀 멤버들이 뛰어난 성과를 거둘 수 있었던 것은 자금관리와 리스크관리 규칙이 탁월했기 때문이다. 나만의 트레이딩 규칙을 세울 때도 이 점을 명심해야 한다. 이런 맥락에서 자금관리와 리스크관리를 먼저 다루고, 이어서 진입과 청산 그리고 피라미딩 규칙에 대해 설명하고자 한다. 나아가 어떤 관점으로 종목을 선택하고 분석해야 하는가, V 트레이더가 되려면 무엇을 갖춰야 하는가 등의 문제를 다루겠다.

1장

∨

매수가 유리한가
매도가 유리한가

🎯 트레이딩에서 에지란

당신이 트레이딩을 시작한 이유는 무엇인가?

저마다 나름의 이유가 있겠지만, '자산을 늘리기 위해서'라는 점은 공통적으로 포함될 것이다. 자산을 늘리기 위한 트레이딩 방법은 무수히 많다. 이동평균선을 이용하는 방법, RSI나 스토캐스틱 같은 오실레이터를 이용하는 방법, 캔들차트로 가격이 움직이는 모양을 중시하는 방법 등 어쩌면 트레이더의 수만큼 다양하다고도 할 수 있을 것이다. 이 방법들 중 '이것은 좋지만 저것은 좋지 않다'라고 구분 지어 말하기는 어렵다. '한 가지'를 철저히 지키는 한, 어떤 방법을 사용해도 만족스러운 결과를 낼 수 있다.

그 한 가지가 바로 트레이딩 에지Trading Edge, TE다. 에지는 일반적으로 '우위성'을 의미한다. 트레이딩에서는 가격이 변하는 와중에 '확실히 매수가 유리하다' 또는 '확실히 매도가 유리하다'라고 할 때 '에지가 있다'라고 표현한다. 한마디로, 트레이딩에서의 급소를 말한다.

가격은 한자리에 가만히 있는 경우는 아주 드물고 대부분 시간 동안 오르고 내리기를 반복한다. 특정 시점에 가격이 오를 확률과 내릴 확률은 통상 5:5다. 그런데 가끔은 매수 또는 매도 쪽으로 확연히 기울어지는 국면이 나타난다. 대표적인 예로 추세가 발생하는 국면을 들 수 있다. 상승 추세에서는 확실하게 매수가 유리하다. 이때는 당연히 '매수'로 진입해야지 매도로 진입해서는 안 된다(매도로 진입한다는 것은 보유 중인 포지션을 청산하는 매도와 달리 주가 하락에 베팅하며 공매도로 진입함을 의미한다 – 옮긴이).

이런 이야기를 하면 "그거야 아주 기초적인 내용 아닌가요? 가격이 오르고 있는데 누가 공매도를 하며, 가격이 떨어지는데 누가 매수를 하겠습니까!" 하는 반론이 나온다.

과연 그럴까? 실제 자신이 어떻게 트레이딩했는지를 돌아보자. 가격이 계속 오르는 중에 '이 정도면 천장을 쳤겠지' 하고 매도 포지션으로 진입한 적은 없는가? 아니면 '오실레이터 지표를 보니 과매수 상태군' 하는 이유만으로 매도 진입한 적은 없는가?

트레이딩에서는 가격이 변동하는 와중에 에지가 나타나는 국면을 포착하고, 그 방향으로 진입하는 것이 철칙이다. 그 외에는 진입하지 말아야 한다. 물론 에지가 있는 국면에서 진입했더라도 어긋나는 경우는 얼마든지 있다. 에지는 어디까지나 유리한 국면임을 알려줄 뿐 절대적인 방향성을 나타내는 것은 아니기 때문이다. 그러므로 진입과 동시에 손절매 라인을 설정해서 가격이 반대 방향으로 움직일 때 포지션이 청산되게 해야 한다.

이 세상에 무조건 이기는 트레이딩 비법이란 존재하지 않는다. 따라서 각각의 트레이딩 결과를 살펴보면 손절매로 끝나는 경우도 당연히 있다. 하지만 에지가 있는 국면에서 진입한다면, 성공과 실패를 반복하더라도 최종적으로는 수익을 낼 수 있다. 그것이 바로 '에지가 살아 있는 트레이딩'을 해야 하는 이유다.

🎯 트레이딩은 확률의 비즈니스다

일반적으로 트레이더는 앞날의 가격 변동을 예상하여 오를 것으로 생각하면 매수, 내릴 것으로 생각하면 매도한다. 예상이 들어맞으면 수익을 내고, 예상을 벗어나면 손실을 보는 게 당연하다고 여긴다. 하지만 진정한 고수는 시장을 예상하지 않는다. 예상하는 것을 백해무익한 것으로 생각하기 때문이다.

예상은 그만

터틀 멤버 중 한 명이었던 커티스 페이스Curtis M. Faith는 《터틀의 방식Way of the Turtle》에서 이렇게 이야기했다.

> "터틀 그룹은 예상하지 않는다. 앞날을 읽으려는 흉내조차 내지 않는다. 시장이 앞으로 상승장이 될지 하락장이 될지는 누구도 알 수 없는 것이다. 그런데도 초보들은 내일 할 거래를 예상하려고 든다. (…) 터틀들은 앞날을 읽는 척하지 않는다. 시장을 바라보고 '금값이 오를 것이다' 같은 말

은 절대로 하지 않는다."

일목균형표를 고안한 이치모쿠 산진一目山人도 《일목균형표一目均衡表》
에서 이렇게 이야기했다.

"시장이 조금만 다르게 움직이기라도 하면 나에게 전화를 해서 '이런 시
세는 어떻습니까? 앞으로 어떻게 될까요?'라고 묻는 사람이 많은데, 나는
언제나 똑같은 답변을 한다. '앞으로의 일은 모릅니다.' (…) 나는 시세를
예상하는 행위를 몹시 위험하다고 생각한다."

살아간 시대도 다르고 국적도 다른 두 고수가 이구동성으로 시장을
예상하는 일을 경계했다.

왜 예상해서는 안 되는 걸까? 당연하게도, 미래의 일은 누구도 알
수 없기 때문이다. 제아무리 훌륭한 애널리스트가 자신감 넘치게 미래
를 예언한다고 해도 반드시 그렇게 되리라는 보장은 없다. 더구나 요즘
처럼 다양한 펀더멘털이 뒤얽힌 시대에는 시장을 읽어낼 가능성이 더
더욱 줄었다. 예상을 하는 '지금'과 예상한 일이 벌어질 '미래'에는 시차
가 있는데, 그사이에 어떤 일이 벌어질지는 누구도 알 수가 없다.

이처럼 불확실한데도 '정부의 경제 정책이 머잖아 성과를 낼 테니
주가도 오를 것이다'라거나 '중앙은행이 금리를 동결했으니 통화 거래
를 하기에 유리할 것이다'라는 식으로 미래를 확신하는 사람이 많다. 그

런 확신을 가지면 출발점에서부터 실패 가능성을 안고 가는 셈이 된다.

확신과 확률은 명백히 다르다

과도한 확신은 트레이더의 판단을 그르친다.

예를 들어 어느 트레이더가 가격이 올라갈 거라고 '확신'했다고 해보자. 그러면 그 트레이더는 가격이 내려가도 그것은 일시적인 현상일 뿐이라고 자신을 설득한다. 게다가 일시적인 하락이니까 오히려 매수 기회라고까지 생각하게 된다. 손절매를 하지 않을 뿐만 아니라, 가격이 내려가면 내려갈수록 매수 포지션을 늘려가는 것이다.

펀더멘털을 철저히 분석했다며 자신이 얻은 결론을 확신하는 사람이 많은데, 예상은 간단히 어긋나곤 한다. 그런데도 오기로 매집을 계속하여 큰 손실을 입는 경우도 많이 봤다.

자신이 예상한 바를 다른 사람에게 말하는 것은 더더욱 조심해야 한다. 남에게 피해를 줄 수도 있다는 이유뿐만 아니라 스스로 확신을 더 강화하게 되기 때문이다. "토요타가 오를 것 같아", "이런 상황에서는 달러 대비 엔이 내려갈 리가 없어"라고 입에 올리는 순간부터 자신이 한 말에 매이고 만다. 그 후에는 여러 가지 재료가 나타나도 자기 입맛에 맞는 재료만 받아들이고, 맞지 않는 재료는 무시하게 된다. 스스로 의식하지 못하다가 어느 순간 정신을 차리고 보면 그런 상황에 빠져 있기 십상이다. 그런 함정에 한번 빠지면 오히려 자기 생각에 더 집착하게 되는데, 이는 큰 실패로 가는 지름길이다.

그래서 나는 내가 가르치는 학생들에게 기본적 분석(펀더멘털 분석)과 관련한 강연회에 가려거든 삼류 강사를 찾아가라고 말해준다. 일류 강사의 이야기에는 설득력이 있다. 그래서 그가 시장을 예상하는 말을 하면 쉽게 설득당한다. 냉정하게 생각해보면 그의 얘기 역시 하나의 예상에 불과하므로 반드시 들어맞으리라고는 볼 수 없다. 그런데도 그의 말을 무턱대고 믿기 쉽고, 이 믿음은 객관적인 분석을 방해한다. 삼류 강사의 강연회에서도 기본적 분석은 해준다. 하지만 그곳에서 듣는 설명은 듣는 사람의 마음을 앗아갈 정도로 설득력을 갖추지는 못할 것이므로, 그 강사의 예상을 바탕으로 트레이딩을 하겠다는 생각은 들지 않을 것이다.

그러면 어떻게 해야 예상하지 않고 이기는 트레이딩을 할 수 있을까?

고수들이 그랬듯이 트레이딩을 '예상의 게임'이 아니라 '확률의 비즈니스'라고 생각하면 된다. 이길 확률이 높은 지점, 즉 트레이딩 에지TE가 있는 곳을 찾아 그곳에서 베팅하는 것이다.

⊙ 승리의 방정식으로 도출하는 TE와 기댓값

예상이 아니라 확률을 바탕으로 트레이딩하기 위해서는 대수의 법칙과 트레이딩 에지를 반드시 이해해야 한다.

대수의 법칙

주사위를 던져서 1이 나올 확률은 6분의 1이다. 하지만 '주사위를 여섯 번 던지면 반드시 1이 나온다'라고 단정할 수는 없다. 여섯 번 던졌을 때 1이 한 번도 나오지 않을 수도 있고, 두세 번 연달아 나올 수도 있다. 그러면 6분의 1이라는 확률은 어떤 의미일까?

각각의 확률을 계산했을 때 던지는 횟수가 많으면 많을수록 6분의 1에 수렴한다는 뜻이다. 즉 주사위를 여섯 번 던졌을 때 1이 한 번 나올지 어떨지는 알 수 없지만 600번 던지면 100번, 6,000번 던지면 1,000번에 가까워진다는 얘기다. 이처럼 이론상 확률은 실제로 측정하는 횟수가 늘어날수록 정확해지는데, 이를 '대수의 법칙'이라고 한다.

대수의 법칙은 보험회사에서 보험금을 결정할 때도 활용된다. 보험 가입 기간에 한 사람이 언제 사고를 당하거나 병이 날지는 정확히 알 수 없다. 하지만 국민 전체로 따져보면 얼마나 많은 사람이 사고를 당하거나, 얼마나 많은 사람이 병을 앓는지 알 수 있다. 그것을 바탕으로 확률을 산출한 다음, 보험회사가 얻을 이익을 더해 보험금을 정하는 것이다.

대수의 법칙은 투자의 세계에서도 유효하다. 예를 들어 주사위를 던져서 1이 나오면 베팅한 금액의 7배를 받는 내기가 있다고 생각하자. 이런 조건이라면 내기에 참여하는 사람에게 유리할까, 불리할까?

한 번에 1만 엔씩 여섯 번 돈을 건다면 6만 엔을 내는 것과 같다. 그리고 여섯 번 중 한 번만 1이 나와도 7만 엔이 돌아온다. 즉, 전체 베팅 금액 6만 엔보다 1만 엔이 많으므로 유리한 내기라고 할 수 있다. 이는 에지가 있는 내기다.

물론 여섯 번 던졌는데 한 번도 1이 나오지 않을 수도 있다. 하지만 600번, 6,000번 반복한다면 최종적으로는 높은 확률로 승리할 수 있다. 이것이 대수의 법칙으로 이기는 방법이다. 대수의 법칙을 유리하게 적용하기 위해서는 그만큼 충분한 트레이딩 횟수가 필요하다. 따라서 그 기간에 자금이 부족해지거나 도중에 파산하지 않도록 자금관리와 리스크관리를 철저히 해야 한다.

이기는 트레이딩을 하려면

트레이딩에서 이기기 위해서는 다음의 순서를 따를 필요가 있다.

① 파산하지 않도록 자금관리와 리스크관리 규칙을 확립할 것
② 대수의 법칙을 이용하여 에지가 있는 국면을 찾을 것
③ 에지가 있는 국면에서만 트레이딩할 것

①에 대해서는 2장과 3장에서, ②는 4장에서, ③은 5~7장에서 중점적으로 다룰 것이다.

우선 자금관리와 리스크관리 규칙을 확실하게 세우고, 대수의 법칙에 따라 가격 변동의 와중에 에지가 있는 상황을 찾아낸다. 그리고 에지가 있는 상황을 발견하면 매수에 에지가 있을 경우 '매수'로 진입하

고, 매도에 에지가 있을 경우 '매도'로 진입한다. 각각의 트레이딩에서는 이기거나 질 수 있지만, 대수의 법칙을 따르는 한 트레이딩 전체로 보면 이길 가능성이 커진다.

트레이딩 에지를 어떻게 찾아낼까

에지를 산출해내는 식은 트레이딩에서 '승리의 방정식'으로 불린다. 의미를 정확히 이해하면 실전에서 활용하는 데 크게 도움이 될 것이다. 트레이딩 에지TE를 계산하는 식은 다음과 같다.

● TE = 승률×평균수익−(1−승률)×평균손실

= 승률×평균수익−패율×평균손실

이 식에서 '평균수익'은 모든 트레이딩 중에서 이긴(수익이 난) 트레이딩만 골라서 수익금을 모두 더해 이긴 트레이딩 횟수로 나누어서 구한다. '평균손실'은 그 반대로 하면 된다. 즉, 모든 트레이딩 중에서 진(손해가 난) 트레이딩만 골라서 손실액을 모두 더해 진 횟수로 나누어서 구한다. 그리고 '1−승률'은 패율을 말한다. 전체에서 승률을 뺀 것이기 때문이다. 예컨대 승률이 70%라면 패율은 30%, 승률이 60%라면 패율은 40%가 된다.

'표 1-1'은 트레이딩 회차별 결과를 예를 들어 정리한 것이다.

표 1-1 ▶ 트레이딩 회차별 손익 예

회차	1	2	3	4	5	6	7	8	9	10
손익 (만 엔)	+50	-20	+100	-70	-30	+150	+40	+60	-40	+200

승리한 트레이딩만 모두 찾아내서 수익을 합산하면 600만 엔 (50+100+150+40+60+200)이 된다. 그리고 이긴 트레이딩 횟수는 6이므로 평균 수익은 100만 엔(600÷6)이다.

한편, 패배한 트레이딩의 총손실액은 160만 엔(20+70+30+40)이다. 그리고 진 트레이딩 횟수는 4이므로 평균손실은 40만 엔(160÷4)이다.

10회에 걸친 트레이딩에서 승이 6회이므로 승률 60%, 패가 4회이므로 패율 40%다.

이를 바탕으로 TE를 계산해보자.

● TE = 60%×100만 엔−40%×40만 엔

　　= 60만 엔−16만 엔 = 44만 엔

즉, 이 트레이딩에서는 44만 엔의 에지가 있다는 것을 알 수 있다.

트레이딩 에지가 플러스일 때를 노려라

트레이딩 에지를 이해할 때 가장 중요한 것은, 예컨대 승률이 80%라 하더라도 모든 트레이딩에서 이긴다는 의미는 아니라는 것이다. 보통

80%의 확률이라면 상당히 높은 것으로 생각하지만, 앞서 설명했듯이 80이라는 수치에 수렴할 만큼 충분한 횟수가 필요하다.

또 승률이 80%라 하더라도 예컨대 10만 엔씩 8회 이기고, 50만 엔씩 2회 질 수도 있다. 그러면 트레이딩 에지는 마이너스 값이 나오고, 전체적으로 손실 상태가 된다.

● TE = 80%×10만 엔-20%×50만 엔

　= 8만 엔-10만 엔 = -2만 엔

이를 역으로 이야기하면, 승률이 30%라 하더라도 수익을 올릴 수 있다는 뜻이다. 예컨대 30만 엔씩 3회 이기고, 10만 엔씩 7회 지는 경우를 들 수 있다. 그러면 트레이딩 에지는 플러스 값이 나오고, 전체적으로 수익 상태가 된다.

● TE = 30%×30만 엔-70%×10만 엔

　= 9만 엔-7만 엔 = +2만 엔

이 식은 트레이딩으로 이기려면 어떤 상태여야 하는가를 연구한 끝에 나온 것이다. 어떤 규칙을 적용해 트레이딩을 했을 때 그 규칙이 유효한지 아닌지는 트레이딩 결과를 TE 계산식에 적용해보면 알 수 있다. 계산 결과 TE 값이 플러스가 나오면 이기는 규칙이고, 마이너스가 나오면 지는 규칙이다. TE 값이 플러스이면서 크면 클수록 수익이 커지고, 마이너스이면서 크면 클수록 손실이 커진다.

다만, 대수의 법칙을 따르므로 어느 정도의 트레이딩 횟수를 만족하지 못하면 바라는 결과를 얻을 수 없다는 점에 유의해야 한다.

✅ 확인 테스트

< 문제 1>
승률 60%, 평균수익 30만 엔, 평균손실 50만 엔을 기록한 트레이딩 규칙이 있다고 하자. 이것은 이기는 규칙일까?

· 정답 및 해설
지는 규칙이다.
TE = 60%×30만 엔−40%×50만 엔 = 18만 엔−20만 엔 = −2만 엔

<문제 2>
동전을 던져서 앞면이 나오면 판돈의 4배를 받고, 뒷면이 나오면 판돈을 잃는 게임이 있다고 하자. 다만 동전에 미세한 세공을 하여 앞면이 나올 확률을 24%로 맞췄다. 이 게임에서 앞면에 판돈을 거는 것은 에지가 있다고 할 수 있는가?

· 정답 및 해설
에지가 없다.
10만 엔을 판돈으로 걸 경우, 한 번 이길 때 얻는 수익은 30만 엔이다. 4배인 40만 엔을 받지만 판돈 10만 엔을 제외한 것이 수익이 되기 때문이다. 이때의 트레이딩 에지는 다음과 같다.
TE = 24%×30만 엔−76%×10만 엔 = 7.2만 엔−7.6만 엔 = −0.4만 엔

> ### <트레이딩에서 이기기 위한 조건>
> 승률×평균수익 > 패율×평균손실

기댓값을 도출하는 방법

'승리의 방정식'이라고 불리는 트레이딩 에지를 몸에 익히기 위해서 잠시 연습을 해보자. 경마장에서 다음과 같은 세 종류의 마권이 있다고 할 때, 이를 에지 있는 순서대로 배열해보자.

- A: 가장 인기 있는 말, 승률 55%, 배당 170엔
- B: 두 번째 인기 있는 말, 승률 25%, 배당 410엔
- C: 세 번째 인기 있는 말, 승률 20%, 배당 600엔

마권은 한 장에 100엔이다. 예컨대 가장 인기 있는 말 A의 경우, 배당 170엔은 A가 1등으로 들어왔을 때 100엔이 170엔이 된다는 뜻이다.

이 문제를 풀기 위해서는 TE 계산식을 확실하게 이해할 필요가 있다.

당연한 얘기지만, 트레이더의 목표는 트레이딩에서 이기는 것이다. 그런데도 이긴다는 것이 무엇을 의미하는지, 이기기 위해 무엇이 필요한지를 이해하지 못하는 트레이더가 많다. 그런 트레이더는 트레이딩 자금이 일시적으로 늘었다가도 어느새 줄어드는 일을 반복하게 된다. 이기는 데 필요한 프로세스를 구축해 자금을 꾸준히 늘려가지 못하는 것이다.

먼저 A의 TE를 계산해보자.

● A의 TE = 55%×70엔-45%×100엔 = 38.5엔-45엔 = -6.5엔

A의 승률은 55%이며, 1등으로 들어왔을 때 얻을 수 있는 수익은 70
엔(170엔-100엔)이다. 수익이 배당금이라는 형태로 고정되어 있으므로 이
것이 평균수익이 된다.

한편, 패율은 '100%-승률 55%'이므로 45%다. 그리고 졌을 때는 마
권을 구입한 100엔을 잃게 되며, 손실 역시 마권 구입액이라는 형태로
고정되어 있으므로 이것이 평균손실이 된다.

이 숫자를 TE 계산식에 대입해보면 '-6.5엔'이라는 결과가 나온다.
즉 TE가 마이너스이기 때문에 A의 마권을 사면 살수록 손실을 키우게
된다.

같은 식으로 B와 C의 에지도 계산해보자.

● B의 TE = 25%×310엔-75%×100엔 = 77.5엔-75엔 = 2.5엔
● C의 TE = 20%×,500엔-80%×100엔 = 100엔-80엔 = 20엔

이상의 결과를 보면 에지가 있는 순서는 C, B, A임이 드러난다. 가
장 인기 있다는 A는 오히려 에지가 마이너스이므로 A의 마권은 절대
사면 안 된다.

여기서 구한 각 말의 TE인 −6.5엔, 2.5엔, 20엔이라는 수치를 '기댓값'이라고 한다. 동일한 승률로 게임을 계속했을 때 한 번에 얼마의 수익 또는 손실이 발생하는지를 알려주는 값이다.

예컨대 C의 에지는 플러스 20엔이므로, 이 말은 한 번에 20엔의 수익을 올려준다고 기대할 수 있다. 다시 이야기하지만, 매번 20엔을 벌어준다는 뜻은 아니다. C에 판돈을 걸어 게임을 할 때, 대수의 법칙에 따라서 100번이면 2,000엔(20엔×100번)의 수익을 기대할 수 있고, 1,000번이면 2만 엔(20엔×1,000번)의 수익을 기대할 수 있음을 의미한다.

지금까지의 내용을 정리해보자. 승리의 방정식으로 얻은 TE 값을 '기댓값'이라고 하는데, 그 수치가 클수록 한 번의 트레이딩에 기대할 수 있는 수익이 커진다. 따라서 트레이더가 주목해야 할 것은 승률이 아니라 기댓값이다. 그리고 기댓값이 큰 트레이딩 규칙을 찾았다면, 그것을 믿고 반복하는 것이다.

🎯 RR비율과 승률의 관계

TE, 즉 기댓값이 높을수록 한 번의 트레이딩에 기대할 수 있는 수익이 커진다는 사실을 배웠다. 이것은 트레이딩에서 이기기 위해 **빼놓을** 수 없는 요소이므로 반드시 기억해야 한다.

트레이딩에서 이기기 위해 기억해둬야 할 또 한 가지가 있다. '리스크-리워드비율(Risk Reward Ratio, 손실-수익비율)', 즉 RR비율이다. RR비율과 승률의 관계를 보면 어떤 상태에 있어야 이기는지를 알 수 있다.

RR비율은 무엇을 의미하는가

승률이 아무리 높다고 해도 모든 매매에서 승리가 보장되는 건 아니다. 트레이딩에서 이기기 위해서는 승률과 함께 RR비율이 일정 값 이상을 유지할 필요가 있다. RR비율은 다음 식으로 구할 수 있다.

● RR비율 = 평균수익÷평균손실

승률과 RR비율의 관계를 '표 1-2'를 통해 알아보자.

표 1-2 > 승률과 RR비율

승률(%)	10	20	30	40	50	60	70	80	90
이기는 데 필요한 RR비율	9.00	4.00	2.33	1.50	1.00	0.67	0.43	0.25	0.11

이 표는 승률이 10%일지라도 RR비율이 9보다 크면 반드시 수익을 낼 수 있으며, 승률이 90%일지라도 RR비율이 0.11보다 작으면 절대로 수익을 내지 못한다는 사실을 보여준다.

터틀은 승률이 아니라 RR비율이 높았다

승률지상주의 트레이더는 승률에만 목을 맨 나머지 이롭지 않은 투자 행동을 하는 경향이 있다. 승률이 수익을 내는 데 필요한 요소의 하나일 뿐이라는 점을 이해하지 못하기 때문이다.

승률만 바라보는 트레이더는 일단 수익이 나면 서둘러 현금화하기 때문에 수익을 키우지 못한다. 수익 확정을 늦춤으로써 더 큰 수익을 올릴 수 있는 경우에도 서둘러 포지션을 정리하곤 하는데, 수익 확정을 늦췄다가 현재의 수익이 마이너스로 돌아서 승률이 낮아질 것을 두려워하는 것이다.

수익이 난 트레이딩의 경우라면 수익의 많고 적음의 문제이니 그렇다고 치자. 더 큰 문제는 손실이 난 트레이딩에서 발생한다. 포지션을 취한 후에 가격이 기대를 벗어나는 방향으로 움직이는데도 끝까지 손절매하지 않은 채 견딘다. 물론 참고 기다리면 마이너스가 플러스로 돌아설 수도 있을 것이다. 하지만 그게 과연 최선의 트레이딩일까? 자칫하면 미실현손실이 눈덩이처럼 커져 트레이딩 자금에 엄청난 타격을 줄 수도 있다.

이것이 바로 RR비율, 특히 승률과 RR비율의 관계를 몰라서 자초하는 비극이다.

트레이딩에서 이기기 위한 철칙은 '손실은 줄이고 수익은 키우는 것'이다. 손절매는 빠르게, 수익은 늘릴 수 있는 만큼 늘려야 실현할 수 있다. 그런데 이를 반대로 하는 트레이더가 의외로 많다. 승률에 대한 집착이 뼛속 깊이 새겨져 있기 때문이다. 게다가 'RR비율'에 대해서는 아예 알지 못하는 트레이더가 엄청나게 많다.

RR비율은 손실은 적고 수익은 큰 상태를 얼마나 달성했는지 수치로 보여주는 효과가 있다. RR비율이 1보다 크다는 것은 평균수익(1회당 트레이딩에서 발생하는 수익)이 평균손실(1회당 트레이딩에서 발생하는 손실)을 웃돈다는 의미다. 즉, 손실은 적고 수익은 큰 상태를 나타낸다. 반대로 1 미만이면 손실은 크고 수익은 적은 상태를 나타낸다. 이처럼 RR비율과 승률의 관계를 이해함으로써 '어떤 상태가 이길 수 있는 상태인가'를 알게 되는 것이다.

터틀 그룹의 평균적인 승률은 35~40%로 결코 높지 않다. 그런데 RR비율은 높은 수준인 3 정도를 꾸준히 유지했다. 승률이 35%라도 RR비율이 3이면 압도적인 승자가 된다.

일반적인 트레이더는 터틀들에 비해 승률은 높은 편이다. 일본만 봐도 일반 트레이더의 승률은 60% 정도라고 한다. 그런데 RR비율은 약 0.33이다. 앞의 표를 참고하면, 승률 60%일 때 이기는 데 필요한 RR비율은 0.67 이상이다. 그런데 0.33밖에 되지 않으므로 압도적인 패자라는 게 분명해진다.

'RR비율 0.33'이란, 앞의 식에서 봤듯이 평균손실이 평균수익의 3.3배인 상태임을 의미한다. 예를 들어 10만 엔씩 두 번 수익을 올렸다고 해도 한 번 손실에 30만 엔이 줄어든 셈인데, 이렇게 해서는 자산이 늘어날 수 없다.

자신의 트레이딩을 돌이켜보아 손실은 크고 수익은 적은 상태라는 생각이 든다면, 앞으로는 무엇보다 RR비율을 의식해야 한다. 아마도 승률은 내려갈 것이다. 하지만 지금까지 높은 승률을 기록하면서도 결과적으로는 승자가 되지 못했다면, 무게중심을 RR비율로 옮겨야 할 때다. 트레이딩 기법을 근본부터 재검토하는 좋은 계기가 될 것이다.

승률별로 이기는 데 필요한 RR비율

'표 1-2'를 다시 보면서 RR비율과 승률의 관계를 정리해보자. 제시되어 있다시피 윗줄은 '승률'을, 아랫줄은 '이기는 데 필요한 RR비율'을 나타낸다. 즉 각 승률에서 해당하는 RR비율 이상이어야 이길 수 있다는 의미다. 승률이 30%일지라도 RR비율이 2.33보다 크면 이길 수 있다는 점, 승률이 70%라도 RR비율이 0.43보다 작으면 이길 수 없다는 점을 이 표에서 알 수 있다.

승률 50%일 때, RR비율이 1 이상이면 이길 수 있다는 것은 직감적으로 알 수 있을 것이다. 이길 확률과 질 확률이 똑같은 상태라면 평균수익이 평균손실을 넘어섬에 따라 수익이 발생하기 때문이다.

그러면 '승률 40%일 때 RR비율이 1.5보다 크면 이긴다'라는 점은 어떤 논리에 따라 도출됐을까?

먼저 이기는 트레이딩을 하려면 RR비율과 승률이 다음과 같은 관계여야 한다.

● RR비율 > (1-승률)÷승률

승률 40%일 때 확보해야 하는 RR비율을 X라 하고, 위의 식에 대입해 구해보자.

● 승률 40%일 때 확보해야 하는 RR비율 X

  X > (1-40%)÷40%

  X > 60%÷40%

  X > 1.5

즉, 승률이 40%일 때는 RR비율이 1.5보다 커야 이길 수 있다.

이 식은 대단히 편리하지만, 단순히 식만 암기해서는 제대로 활용할 수 없다. 이런 식이 도출된 원리를 살펴보자.

우선 승리의 방정식인 TE의 계산법을 확인한다.

● TE = 승률×평균수익-패율×평균손실

TE가 마이너스라면 트레이딩에서 이길 수 없다. 따라서 TE는 언제나 다음과 같은 상태를 유지해야 한다.

● TE > 0

승률×평균수익-패율×평균손실 > 0

이 식을 변형하면 다음과 같다.

● 승률×평균수익 > 패율×평균손실

부등식에서는 양변에 같은 양수를 곱하거나 나눠도 부등호의 방향이 바뀌지 않는다. 따라서 양변을 '평균손실'로 나누면 다음과 같은 식이 된다. 이때 평균손실은 손실이라 해서 마이너스를 붙이는 게 아니라 절댓값을 사용한다.

● 승률×평균수익÷평균손실 > 패율

여기에 부등호의 양변을 '승률'로 나누면 다음과 같은 식이 된다.

● 평균수익÷평균손실 > 패율÷승률

앞서 봤듯이 '평균수익÷평균손실'이 RR비율이었다. 따라서 다음과 같이 바꿀 수 있다.

● RR비율 > 패율÷승률

한편 '패율'은 앞에서 다음과 같은 식으로 표시했다.

● 패율 = 1-승률

이를 앞의 식에 대입하면 다음과 같이 된다.

● RR비율 > (1-승률)÷승률

바로 이것이 이기는 데 필요한 RR비율과 승률의 관계다.

승률 45%일 때의 트레이딩에서 이기기 위해 확보해야 하는 RR비율 X를 구해보자.

● 승률 45%일 때 확보해야 하는 RR비율 X

X > (1-45%)÷45%

X > 55%÷45%

X > 1.22222…

즉, RR비율이 약 1.22보다 커야 한다는 사실을 알 수 있다.

🎯 승률 100%는 없다

트레이딩 에지가 플러스여도 질 수 있다

언제 어느 때고 이기는 승률 100%의 기법이 있다면 트레이딩만큼 편한 일도 없을 것이다. 하지만 현실에서 그런 건 존재하지 않는다. 나는 승률이 아무리 높아도 70%를 넘기기는 어렵다고 본다. 서구에서는 승률 100% 기법을 '성배'라고 부르며 성배 찾기에 나선 트레이더가 많았지만, 누구도 성공하지 못했다.

트레이딩할 때마다 이기는 백전백승의 트레이딩 기법은 이 세상에 존재하지 않는다. 예를 들어 승률이 90%에 트레이딩 에지도 플러스인 기법이 있다고 하자. 승률이 90%나 된다니 질 리가 없다고 생각할지도 모르겠으나 그건 너무나 단순한 추론이다. 승률이 90%라고 해도, 패율 10%가 있지 않은가. 승률이 높을수록 위험한 것은 질 확률을 가벼이 여겨 한 번에 큰 금액을 베팅하게 된다는 것이다. 아무리 에지가 있는 트레이딩을 한다고 해도 단 한 번의 치명적 패배로 자산을 모두 잃을 수도 있다.

다시 한번 강조하지만, 트레이딩에서 가장 기본이 되는 사항은 파산하지 않아야 한다는 것이다. 따라서 에지를 포착하여 트레이딩에 나설 때도 파산하지 않을 것을 전제로 해야 한다.

트레이딩 에지를 유효하게 해주는 자금관리와 리스크관리

트레이딩 에지가 플러스라면, 그 방법을 반복하는 한 자산은 늘어난다. 하지만 무모한 베팅을 한다면 순식간에 나락으로 떨어질 수도 있다. 트레이딩 에지가 나타났다고 해서 언제까지나 불변인 것은 아니고, 순식간에 사라지기도 하기 때문이다.

따라서 트레이딩을 할 때는 먼저 다음 두 가지를 신경 써야 한다.

① 자금관리
② 리스크관리

첫째, 자금관리란 파산하지 않는 것을 전제로 베팅 금액을 조정하는 것을 말한다. 한 번의 트레이딩에 걸어도 좋은 금액을 '유닛Unit'이라는 단위로 계산하는데, 이에 대해서는 2장에서 자세히 설명하겠다.

둘째, 리스크관리란 자신이 감당할 수 있는 한계를 이해하고 적절한 손절매 수준을 설정하는 것이다. 이에 대해서는 3장에서 다루겠다.

자금관리와 리스크관리가 되지 않는 한 트레이딩 에지도 언젠가 사라지고 만다. 안정적인 수익을 꾸준히 거두고 싶다면 자신의 트레이딩 규칙에 반드시 포함시켜야 하는 요소다.

⊚ V 트레이더를 목표로 하자

이긴다는 것은 무엇인가

나는 지금까지 '이긴다'라는 표현을 여러 차례 사용했다. 그런데 엄밀히 말하면 지금까지 사용한 그 표현은 '지지 않는다'라는 의미에 불과하다. '이기는 데 필요한 RR비율'을 이야기하면서 예컨대 '승률 50%에 RR비율이 1보다 크면 된다'라고 했는데, 이 역시 '지지 않는다'라는 의미일 뿐 진정한 의미에서 이긴다는 것과는 다르다.

그러면 진정한 의미에서 이긴다는 건 어떤 것일까?

어느 트레이더가 1년 동안 트레이딩을 하여 10만 엔의 수익을 거뒀다고 하자. 이 정도면 이긴 것일까?

트레이딩 자금이 20~30만 엔인 트레이더라면 수익금 10만 엔으로도 만족스러울지 모른다. 하지만 1,000만 엔으로 시작한 트레이더라면 10만 엔으로는 절대 만족스럽지 않을 것이다.

그런데도 대다수 트레이더는 승패의 분기점을 '제로'에 둔다. 다시 말해 마이너스가 아니고 플러스이기만 하면, 즉 제로보다 높기만 하면 이겼다고 본다는 얘기다.

5년 연속으로 이기고 있는 트레이더를 예로 들어보자. 트레이딩 자금은 1,000만 엔이다. 5년 중에는 플러스 10만 엔이었던 해도 있었는데, 승패만으로 판정한다면 이긴 해임은 틀림없다. 하지만 이 정도의 수익으로 진정한 의미에서 승자라고 할 수 있을까? 수익률로 나타내면 1%

인데, 과연 그를 이기는 트레이더라고 말할 수 있을까?

내가 가르치는 교실에서는 '승자'라는 모호한 표현보다 'V 트레이더'라는 용어를 사용한다. 수익이 들쭉날쭉하지 않고, 자신이 목표로 한 수준을 꾸준히 일정하게 달성하는 트레이더라는 의미다.

우선은 자신의 트레이딩 자금을 명확히 정하는 것이 중요하다. 당신이 올해 투자에 사용할 수 있는 자금은 얼마인가? 트레이딩 자금이 정확해지면, 그다음 할 일은 목표 수익을 설정하는 것이다.

'많으면 많을수록 좋다'라고 답하는 트레이더가 대부분이다. 하지만 근거도 없이 트레이딩 자금을 2배, 3배로 불리고 싶다고 말하는 것은 너무나 무모하다. 연간 목표 수익을 얼마로 잡느냐에 따라 트레이딩 시스템이 달라질 수밖에 없기 때문이다. 목표 수익이 트레이딩 자금의 20%인 트레이더, 50%인 트레이더, 100%인 트레이더가 같은 방식으로 트레이딩할 수는 없지 않은가.

V 트레이더란

V 트레이더는 자신이 설정한 연간 목표 수익을 '일정하게' 달성할 수 있는 트레이더다. 어느 해에 1억 엔의 수익을 내고, 다음 해에는 5,000만 엔의 손실을 봤다고 하자. 결과적으로는 5,000만 엔의 수익을 올린 셈이지만, 이런 식으로 트레이딩을 하면 행복할 수가 없다.

수익을 올리면 당연히 그에 따라서 사고 싶은 것을 사게 될 것이고, 생활 수준도 올라간다. 하지만 수익을 올린 후에 큰 손실을 보면, 둘을 합쳐 플러스라고 해도 처음부터 수익을 올리지 못했던 트레이더보다 낙차가 심하기 때문에 그만큼 더 큰 불행을 겪을 것이다. 그러므로 진정한 승자가 되려면 일정하게 수익을 내는 시스템을 갖춰야 한다.

물론 간단한 일은 아니다. 하지만 원리를 이해한 후에 그것을 목표로 삼는 것과 매번 아무런 비전도 없이 매수·매도를 반복하는 것은 분명히 다르다. 시간이 흐를수록 격차가 커져 언젠가는 하늘과 땅만큼의 차이가 나게 된다.

V 트레이더를 목표로 어떤 규칙을 세워야 하는지 지금부터 차근차근 살펴보자.

2장

∨

변동성을 피하는
자금관리

🎯 파산하지 않는 것이 대전제다

앞에서 '트레이딩 에지가 플러스여도 질 수 있다'고 설명했다. 이길 확률이 높은 기법이라도 자금관리와 리스크관리 기법이 부실하면 좋은 결과를 거둘 수 없다. 자산을 늘리기 위해 트레이딩을 하는 이상, 가장 먼저 파산하지 않을 대책을 세워두어야 한다.

'파산 확률'은 리스크를 동반하는 트레이딩을 하는 모든 사람이 반드시 알고 있어야 하는 내용이다.

예를 들어 트럼프 카드를 바닥에 뒤집어 늘어놓고 그중 빼 든 카드가 스페이드라면 패, 그 외에는 승이라고 해보자. 조커는 없다고 가정한다. 이때 스페이드가 나올 확률은 25%다(조커를 뺐을 때 트럼프 카드는 총 52장이고 그중 스페이드는 13장임-옮긴이). 따라서 스페이드 외의 카드가 나올 확률이 75%이므로, 승률이 75%다.

이 게임에서 이기면 판돈이 2배가 되고 지면 판돈을 잃는다고 해보자. 1만 엔을 걸어서 이기면 2만 엔이 되어 돌아오고, 지면 0엔이다. 즉 1만 엔이 늘어나느냐 줄어드느냐 하는 내기다. 이런 조건이라면 내기에 참여하는 사람에게 유리할까, 불리할까?

1,000만 엔을 갖고 있는 갬블러가 이 게임에 도전한다고 해보자. 한 번의 판돈이 1,000만 엔이라고 할 때, 한 번에 파산할 확률을 생각해보자.

・파산 확률―조건 1
1,000만 엔을 가진 갬블러가 한 번의 베팅에 1,000만 엔을 건다. 이 갬블러가 파산할 확률은?

스페이드가 뽑힐 확률이 4분의 1이므로, 한 번의 베팅으로 파산할 확률은 25%다. 이것은 위험한 게임이다. 그러면 조건을 살짝 바꿔보겠다.

・파산 확률―조건 2
1,000만 엔을 가진 갬블러가 한 번의 베팅에 1만 엔을 걸고 베팅을 계속한다. 이 갬블러가 파산할 확률은?

식은 생략하겠지만, 파산할 확률은 0%다. 즉, 이 게임은 갬블러에게 유리한 데다가, 이 갬블러는 게임을 하면 할수록 돈을 벌게 되어 있다.

그런데 조건 1에서는 단 한 번의 게임으로, 게다가 25%라는 높은 확률로 파산한다고 했다. 명암을 가른 것은 도대체 무엇이었을까? 답은 자본금 대비 판돈의 비율에 있다. 아무리 유리해 보이는 게임이라도, 한 번에 거는 판돈을 올바르게 계산하지 못하면 파산할 확률이 올라간다.

투자의 세계에서도 똑같다. 제아무리 유리한 트레이딩 규칙을 만들었다고 하더라도 리스크를 취하는 방법을 착각하면 순식간에 파산할 수 있다. 트레이더는 이 점을 확실히 이해해야 한다.

파산 확률은 트레이딩 자금, 승률, 승리한 트레이딩의 평균수익, 패배한 트레이딩의 평균손실, 1회의 트레이딩에서 취하는 리스크로 구할 수 있다.

① 트레이딩 자금

② 승률(승리한 트레이딩 횟수÷전체 트레이딩 횟수)

③ 승리한 트레이딩의 평균수익(승리한 트레이딩의 수익금 합계÷승리한 트레이딩 횟수)

④ 패배한 트레이딩의 평균손실(패배한 트레이딩의 손실금 합계÷패배한 트레이딩 횟수)

⑤ 1회의 트레이딩에서 취하는 리스크

이 중 ⑤ '1회의 트레이딩에서 취하는 리스크'는 앞에서 이야기한 트럼프 게임을 예로 든다면, 1회당 판돈에 해당한다. 그 게임에서는 1만 엔을 걸어서 빗나가면 1만 엔의 손실, 1,000만 엔을 걸어서 빗나가면 1,000만 엔의 손실이다. 즉 0이냐 100이냐의 세계이지만, 트레이딩의 경우에는 사정이 달라진다.

트레이딩을 할 때 손절매 라인을 설정해두면 그 라인에 걸려서 손절매하게 되는 금액이 '1회의 트레이딩에서 취하는 리스크'다. 다만 이는 손절매 라인을 어느 위치에 설정하느냐의 이야기가 아니다. 손절매 라인을 바꾸면 승률이나 그 외의 수치에 영향이 미친다.

여기서 조정해야 할 것은 손절매의 위치가 아니라, 트레이딩 1회에 해당하는 포지션의 절대량이다. 요컨대 1,000통화를 거래하느냐 10만 통화를 거래하느냐의 이야기다. 동일한 손절매 라인이라도 10만 통화짜리 거래는 1,000통화짜리 거래에 비해 한 번의 트레이딩에서 취하는 리스크가 100배가 된다.

트레이딩에서 파산이란

트레이딩에서 파산이란 어떤 의미일까? 파산이라면 일반적으로는 회사가 도산을 하거나 개인이 경제력을 잃어버리는 상황을 떠올리는데, 트레이딩의 경우는 이와 조금 다르다. 트레이딩에서 파산이란 재투자를 할 수 없는 상황에 빠지는 것을 말한다. 예를 들어 트레이딩 자금 1,000만 엔으로 트레이딩을 하다가 90% 이상의 자본 감소가 발생하면 회복하기란 거의 불가능하다. 그런 상태를 파산이라고 한다.

어디까지나 트레이딩 자금에 한정된 이야기이므로, 트레이딩 자금을 일반 생활비와 분명하게 나누어서 사용한다면 트레이딩에서 파산해도 평소 생활에 직접적인 영향을 받지는 않을 것이다.

파산 확률

다음과 같은 게임이 있다고 가정하자. 갬블러에게 유리할까, 불리할까?

① 승률 60%

② 평균수익 = 평균손실

③ 트레이딩 자금은 1,000만 엔, 트레이딩 자금이 100만 엔 이하가 되면 파산

'평균수익 = 평균손실'은 이겨서 얻는 수익과 져서 잃는 손실이 같은 금액이라는 것을 의미한다. 즉 수익이 1만 엔이면 손실도 1만 엔이다.

이때 주목해야 할 것이 승률이다. 수익과 손실이 같은 금액이고 승률이 60%이므로, 이것은 갬블러에게 유리한 게임이다. 이런 상태를 '갬블러에게 에지가 있다'라고 한다.

하지만 가장 주목해야 하는 점은 '1회의 트레이딩에서 취하는 리스크 비율'이다. 이 비율은 1회당 리스크가 얼마인지를 계산하여, 그것이 트레이딩 금액의 몇 퍼센트에 해당하는지를 산출한 것이다. 예컨대 트레이딩 자금 1,000만 엔을 가진 트레이더가 한 번의 트레이

딩에서 졌을 때 100만 엔 손실을 볼 경우 리스크는 10%가 된다.

터틀 그룹을 포함하여 프로 트레이더는 일반적으로 한 번의 트레이딩에서 2%의 리스크를 취하는데, 이때의 파산 확률은 0%다. 즉, 1회당 트레이딩 리스크 비율을 적정하게 설정하여 에지가 있는 트레이딩을 한다면 파산하지 않는다는 뜻이다.

1회의 트레이딩에서 취하는 리스크 비율을 10%로 올려보자. 한 번의 트레이딩에서 10%의 리스크를 취한다는 가정인데, 이때의 파산 확률은 0.09% 이하다. 트레이딩 규칙을 만들 때, 파산 확률은 1% 이하가 적정 수준이다. 따라서 주어진 조건(① 승률 60%, ② 평균수익 = 평균손실, ③ 트레이딩 자금 1,000만 엔)에서는 리스크 10%를 취해도 걱정이 없다는 것을 알 수 있다.

이어서 1회의 트레이딩에서 취하는 리스크 비율을 20%로 올려보면 파산 확률이 8~10%가 된다. 회당 리스크 비율이 커지면 파산 확률이 급격하게 올라간다.

그 비율을 30%로 설정하면 파산 확률은 최대 48%로 상승한다. 이 수치는 동일한 금액으로 베팅한 두 사람 중 한 사람은 파산한다는 뜻이다. 마지막으로 40%로 높이면 파산 확률이 100%가 된다. 즉, 회당 리스크 비율을 40%까지 높이면 누구라도 결국에는 파산하고 만다는 뜻이다.

파산 확률을 계산해봄으로써, 다음과 같은 내용을 알 수 있다.

① 에지 있는 거래라도 1회당 리스크가 적정하지 않으면 파산 확률이 올라간다.
② 1회당 리스크가 높아질수록 파산 확률도 올라간다.
③ 리스크가 일정 수준을 넘으면 그 단계에서부터는 파산 확률이 급격하게 올라간다.

선물거래나 FX(외환)거래의 매력 중 하나는 높은 레버리지(신용)로 투자 효율을 높일 수 있다는 것이다. 그런데 레버리지를 높이는 것은 리스크 비율을 높이는 것과도 같다. 이때 적정한 리스크 비율을 알지 못한다면 파산이 예정된 트레이딩을 하는 셈이다.

당신도 자신의 트레이딩 내역을 돌이켜보면서 승률, 평균수익, 평균손실 같은 데이터를 계산해보기 바란다. 그 데이터를 바탕으로 1회당 리스크를 여러 가지로 바꿔보면서 파산 확률이 어느 수준부터 급격히 올라가는지 확인해보자.

🎯 파산하지 않기 위한 자금관리

트레이딩 규칙을 만들 때 가장 중요한 항목은 파산하지 않기 위한 자금관리다. 얼마 전부터 일반 트레이더에게도 그 중요성이 알려지기 시작했지만, 구체적인 기법을 가르쳐주는 곳은 찾기 어렵다.

주식을 비롯하여 다양한 금융시장에서 트레이더의 80~90%가 손실을 보고 있다고 한다. 왜 이렇게 많은 트레이더가 손실을 볼까?

나는 수년간 개인 트레이더들을 지도하면서 그 이유를 집요하게 파헤쳤고, 마침내 알아냈다. 한마디로, 지는 트레이더는 질 수밖에 없는 트레이딩을 한다고 말할 수 있다. 그들 대부분이 자금관리를 제대로 하지 않았던 것이다.

최근 들어 개인 트레이더들도 자금관리라는 개념을 인지하기 시작했으며, 자금에 여유를 가지고 트레이딩하는 것이 중요하다는 사실을 알게 됐다. 하지만 그 '여유'가 어느 정도를 말하는지는 분명히 이해하지 못하고 있다.

'여유를 가지고 트레이딩하자'라는 말은 오해를 낳기 쉽다. 예를 들어 트레이딩 자금 1억 엔을 가진 사람이 100만 엔만 트레이딩에 쓴다면 굉장히 여유로운 트레이딩을 하는 것이다. 하지만 그렇게 해서 30만 엔의 수익을 올렸다면, 트레이딩으로 성공했다고 말할 수 있을까?

올바른 자금관리란 무엇인가를 생각해봐야 한다. 자금관리란 '파산하지 않는 범위에서 자금 효율을 최대화하는 것'이라고 정의할 수 있다.

'여유를 가지고 거래한다'와 '자금 효율을 최대화한다'는 정반대의 개념이다. 예를 들어 투자상품 중에는 레버리지 효과를 살리는 상품이 있는데, 레버리지는 자신의 자금력을 넘어 남의 돈을 빌려서 투자하는 것이기 때문에 무조건 나쁘다고 말하는 사람이 종종 있다. 하지만 그것은 근거 없는 오해다. 오히려 레버리지는 트레이더에게 최고의 무기가 될 수 있다. 다만, 적정한 레버리지를 넘어섰을 때 치명적인 결과를 가져오는 것도 사실이다.

비유하자면, 레버리지는 자동차의 속도와 같다. 목적지에 일찍 도착하고 싶으면 빠른 속도로 달려야 한다. 하지만 자신의 위기 회피 능력을 넘어 시속 150킬로미터, 200킬로미터로 달린다면 사고로 이어질 확률도 급격히 올라간다.

그러므로 '파산하지 않는 범위'가 대전제로 제시되는 것이다. 그것을 바탕으로 최대한의 자금 효율을 꾀해야 한다. 자금관리에서는 지는 트레이딩을 어느 정도 계속해도 파산하지 않을 금액으로 최대의 자금 효율을 추구하는 것이 철칙이다. 그 철칙을 일관되게 유지한다면, 그다음은 '파산하지 않는 범위'를 어떻게 측정하느냐가 중요한 주제가 되리라는 것도 이해할 수 있을 것이다.

⊙ 터틀 그룹의 자금관리 방법

어떤 시장에서도 공통된 자금관리 시스템이 있다

대다수 트레이더가 자금관리를 '트레이딩 자금을 10등분하여, 그중 하나로 어떤 종목을 산다' 정도로 알고 있다. 틀렸다고 말할 순 없지만, 자금관리의 세계에 비추어 보자면 초등학생 수준이라고 할 수 있다.

예를 들어 1,000만 엔의 트레이딩 자금을 가진 트레이더가 10분의 1로 나눈 100만 엔으로 어느 종목을 샀다고 하자. 이때 그 '어느 종목'이 대형주냐 성장주냐에 따라 리스크의 크기가 달라진다. 주식이 아니라 FX나 선물을 거래하는 거라면 이야기는 더욱 달라질 것이다.

이 책에서 소개하는 것은 주식이든, FX든, 선물이든 공통으로 적용할 수 있는 자금관리 시스템이다. 그런 만능 시스템이 있느냐고 의문을 가질지도 모르겠지만, 분명히 존재한다. 실제로 어느 시장에서도 통용되는 자금관리 시스템을 나는 터틀 그룹의 트레이딩 기법에서 배웠다.

앞에서도 이야기했듯이, '터틀'은 살아 있는 전설이 된 두 천재 트레이더가 자신들이 만든 트레이딩 팀 멤버들에게 붙여준 별칭이다. 그들이 교육을 받아 트레이딩에 나섰고, 약 4년 동안 연평균 80% 이상의 수익을 올렸다. 그중 많은 수가 지금도 트레이딩 세계에서 활약하고 있다.

나는 터틀 그룹의 트레이딩 기법을 오늘날의 시장에서도 적용할 수 있도록 업그레이드하여 중요한 트레이딩 규칙으로 삼고 있다.

터틀 그룹의 트레이딩 규칙으로 널리 알려져 있는 것은 진입 규칙, 즉 트레이딩에 진입하는 타이밍을 정하는 규칙이다. 다만 진입 규칙에 관해서는 현재 더 훌륭한 기준이 많이 나와 있다. 나는 터틀 그룹이 그토록 성공한 이유가 자금관리와 리스크관리에 있다고 생각한다. 터틀 그룹의 자금관리, 리스크관리 기법은 '세기의 내기'로부터 수십 년이 지난 지금도 세계 최고 수준이라고 믿는다.

터틀 그룹의 자금관리 순서

나는 터틀 그룹의 기법을 모두 실천해보았다. 그중에서 적용하기 어려운 것은 나에게 맞춰 업그레이드했다. 이 책에서 소개하는 방법이 그 업그레이드 버전이다.

터틀 그룹의 트레이딩 기법을 소개하는 책이나 웹사이트를 보면 '이럴 때 사고, 이럴 때 팔아라'라는 식으로 설명하기도 한다. 하지만 나는 터틀의 기법이 가지는 궁극의 의미는 자금관리와 리스크관리에 있다고 믿는다. 더 구체적으로는 자금관리, 리스크관리, 트레이딩 기법이 일체화되어 있다는 점에 가장 큰 의미가 있다고 생각한다. 이 점을 이해하지 못한 채 매매 신호만 공부하는 것은 아무런 도움이 되지 않는다.

터틀 그룹은 자금관리에 대해서 다음과 같은 순서를 밟았다.

① 거래하려는 종목의 가격 변동폭을 파악한다.
② 자신의 트레이딩 자금을 정확히 파악한다.

③ 이를 바탕으로 그 종목의 1회당 거래량을 결정한다.

이와 같은 순서로 산출한 '어느 종목의 1회당 적정한 거래량'을 터틀 그룹은 '유닛'이라고 불렀다.

🎯 1회당 적정 거래량, 유닛

지나치게 큰 리스크를 취했다가는 한 번의 실패로 모든 것을 잃을 수도 있다. 그렇다고 해서 리스크를 회피하기만 한다면 목표로 하는 수익을 올릴 수 없다.

한 번의 트레이딩에서 취해야 할 적정한 리스크를 알기 위해서는 어떻게 하면 좋을까?

1회 트레이딩에서 취하는 리스크의 한도

프로 트레이더는 어떻게 리스크를 정할까?

터틀 그룹은 '1회의 트레이딩에서 전체 자금의 1%에 해당하는 리스크를 취한다'라는 식으로 규칙을 정했다. 예를 들어 트레이딩 자금 1,000만 엔을 가진 터틀이 어느 종목에 진입했다고 하자. 그가 이 거래에서 취할 수 있는 리스크는 1%다. 리스크 1%는 그 종목이 자신의 매매 방향과 반대로 움직일 경우 발생하는 (계산상의) 손실 1%까지는 부담한다는 의미다. 이 경우에는 1,000만 엔의 1%인 10만 엔이 된다. 즉 하나의 종목에서 손실을 봐도 되는 한계를 트레이딩 자금의 1%로 정했다는 뜻이다.

그런데 주위를 보면 자신이 가진 자금의 10% 또는 30~40%까지 손실을 내는 트레이더도 있다. 이는 자금관리가 되지 않는다는 증거다. 그런 실수를 저지르지 않기 위해서는 적절한 거래량 결정 방법을 배울 필요가 있다.

리스크를 분산하기 위한 유닛

터틀 그룹은 1회당 거래량을 한 번의 트레이딩에서 취해도 좋을 리스크에 맞춰 정하고, 그것을 1유닛이라고 불렀다.

유닛은 '단위'를 뜻하는 단어다. 선물에서는 최소 거래단위를 '1계약'이라고 하는데, 구체적인 양은 거래 대상이 무엇이냐에 따라 달라진다. 만약 금이라면 표준 거래 기준으로 1킬로그램이며 백금은 500그램, 가솔린은 50킬로리터를 의미한다. 마찬가지로 주식에서도 최소 거래단위를 두고 있으며 종목에 따라 1주, 100주, 1,000주 식으로 달라진다(한국 주식시장에서도 최소 거래단위 제한이 있었으나 2014년부터 모든 종목을 1주 단위로 거래할 수 있게 바뀌었다—옮긴이). FX에서는 1만 통화단위가 기본이지만 1,000통화단위로 거래할 수 있는 회사도 있다.

이렇게 단위가 다른 종목을 동시에 트레이딩하면, 자신이 취하고 있는 리스크 정도를 파악하기 어려운 측면이 있다. 그렇다고 해서 금이면 금 하나만 거래하라는 얘기는 아니다. 자신에게 잘 맞는 종목을 정해두는 것 자체는 나쁘지 않지만, 그 종목의 가격 변동이 멈춘 상태라면 '수익을 올린다'라는 트레이딩 본래의 목적을 달성할 수 없게 되기 때문이다. 어떤 종목이든 반년 정도는 시세가 교착 상태에 빠질 수도 있는데, 한 가지 종목만 거래하는 트레이더는 교착 상태에 빠진 시기에도 무리하게 그 종목을 샀다 팔았다 하기 쉽다.

그보다 더 중요한 사실은 특정 종목에만 집중하면 리스크를 분산하기 어렵다는 것이다. 절호의 기회라고 생각하여 진입했는데 시세가 자신의 예상과 반대로 움직이기도 한다. 요컨대 종목 하나로는 '모 아니면 도'가 되기 쉽다. 한순간에 모두 잃는 최악의 사태를 피하려면 여러 종목에 투자하여 리스크를 분산해야 한다.

트레이딩에서 아마추어와 프로의 차이는 '트레이딩하는 순간의 사고'에 있다. 아마추어는 돈을 버는 것만 생각하기 쉽다. 하지만 프로 트레이더는 실패하는 경우도 미리 생각해보고, 행여 실패하더라도 큰 손실을 보지 않는 길을 택한다. 터틀 그룹이 유닛을 기반으로 거래량을 결정한 것도 리스크를 분산하기 위해서다.

많은 개인 트레이더는 수익을 내줄 만한 종목을 적당히 골라서 매매를 한 후에야 그 포지션이 어느 정도 리스크를 취하는 것인지 생각한다. 그러다 보니 여러 종목을 거래한다면 전체적인 리스크가 어느 정도인지를 알 수 없게 되고 만다.

그런데 터틀 그룹의 기법은 거래량이 정해짐과 동시에 리스크 수준도 정해진다. 트레이딩 기법이 자금관리 및 리스크관리와 일체화되어 있기 때문에 큰 손실을 보지 않을 정도의 리스크 수준이 산출되는 것이다.

터틀은 어떤 방식으로 유닛을 산출했을까? 유닛을 구하기 위해서는 트레이딩 자금의 규모와 'ATR'이 필요하다.

ATR이란?

ATR은 'Average True Range'의 약자로, '실제 가격 변동폭의 평균값'이라는 의미다. 여기서 'TR$_{True Range}$'은 '실제 가격 변동폭'을 가리키는데, 이 책에서는 보다 구체적으로 '1일 최대 가격 변동폭'이라고 한다.

이 값도 평균을 내는 타이밍에 따라서 달라지는데, 시장에 대응하기 위해서는 현재의 평균적인 가격 변동폭을 계산하여 파악하고 있어야 한다.

금 선물의 1개월 평균 가격 변동폭을 예로 생각해보자. 다음 ①과 ②는 부정확한 방식의 예다.

① 전일 종가와 당일 종가를 비교하는 방식

어제 종가가 4,000엔이고 오늘은 고가 4,100엔, 저가 3,900엔, 종가 4,000엔이라고 하자. 종가만 보면 전일과 같다.

그런데 이날 어떤 트레이더는 4,100엔에서 매수하여, 3,900엔까지 가격이 내려갔을 때 손절매했을 수도 있다. 그러면 그 트레이더는 200엔 손실을 본 것이 된다. 즉, 단순히 종가만 가지고 20일 평균을 구해 평균 가격 변동폭이라고 하기에는 충분치 않다.

그림 2-1 › 전일 종가와 당일 종가 비교

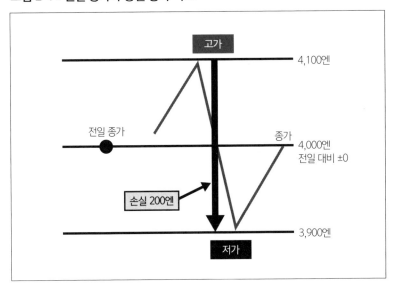

② 이틀간 종가의 차이와 당일 최대 변동폭을 비교하는 방식

예를 들어 어제 종가가 4,000엔이고 오늘은 고가 3,950엔, 저가 3,850엔, 종가 3,950엔이라고 하자. 오늘 종가는 어제 종가보다 50엔 싸고, 오늘 고가와 저가의 차이는 100엔이다. 이틀간 종가의 차이와 당일 최대 변동폭을 비교한다면, 50엔과 100엔이므로 가격 변동폭이 50엔

(100엔-50엔)이라고 할 수 있다.

그런데 어제 4,000엔에 매수한 사람이 오늘 저가인 3,850엔에서 청
산했다면 150엔의 손실이 발생했다. 따라서 이 계산 방식은 평균 가격
변동폭을 산출하는 올바른 방법이라 할 수 없다.

그림 2-2 > 이틀간 종가의 차이와 당일 최대 변동폭 비교

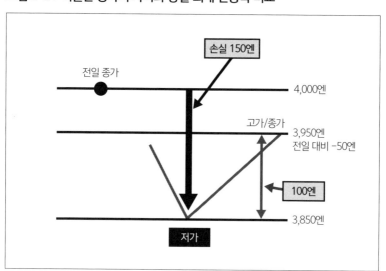

터틀 그룹의 ATR 계산법

그러면 터틀 그룹은 평균 가격 변동폭을 어떻게 산출했을까? 그것이
바로 앞서 설명한 TR, 즉 '1일 최대 가격 변동폭'이라고 하는 개념이다.

TR을 세상에 알린 사람은 웰스 와일더J. Welles Wilder Jr.다. 파라볼릭,
DMI, RSI 등 기술적 분석(테크니컬 분석)에서 사용하는 지표가 모두 그의

손에서 탄생했기에 '근대 기술적 지표의 아버지'라고도 한다.

웰스 와일더의 TR을 이해해보자. 우선 다음과 같이 A~C를 구한다.

· A: 당일 고가-전일 종가
· B: 전일 종가-당일 저가
· C: 당일 고가-당일 저가

이 3개의 가격을 구해서, 그중 최댓값을 그날의 최대 리스크로 정의한다. 이것을 알기 쉽게 나타낸 것이 '그림 2-3'이다.

그림 2-3 > **최대 리스크**

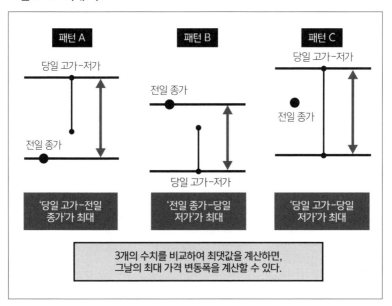

TR의 평균값, ATR

TR은 ATR을 계산하기 위한 전 단계로, '1일 최대 가격 변동폭'이라고 정의했다. 이것을 가지고 평균 가격 변동폭을 산출한 것이 ATR, 즉 'TR의 평균값'이다.

20영업일 동안(약 1개월)의 ATR을 계산해보자. 여기서는 다음 세 가지 유형으로 소개하겠다.

① 단순평균(SMA)

② 수정이동평균(MMA)

③ 지수이동평균(EMA)

이때 중요한 것은 수치상 정밀함이 아니라 현재 가격이 움직이는 방향을 대략 파악하는 것이다. 그러기 위해서는 ATR 값이 점점 커지고 있는지, 아니면 작아지고 있는지를 분석하는 능력이 필요하다.

① 단순평균(SMA)

단순평균은 과거 20영업일을 거슬러 올라가서 각각 TR을 산출한 뒤 모두 더해 TR의 개수, 즉 20으로 나누어 구한다. 이름 그대로 단순한 계산이지만, 실제로 유명한 차트 중에는 단순평균을 이용하여 그려낸 것도 많다.

② 수정이동평균(MMA)

단순평균에 비해서 와일더는 수정이동평균을 계산했다. 수정이동평균과 지수이동평균은 근본적인 개념은 같다. 다만 당일의 TR과 전날의 TR, 더 나아가 10일 전, 20일 전의 TR 값에 대한 중요도에서 차이가 있다. 와일더가 사용한 수정이동평균을 계산하는 식은 다음과 같다.

● 당일 ATR = (전날의 ATR×19+당일의 TR)÷20

터틀 그룹도 초기에는 이 식을 사용했는데 나중에는 지수이동평균을 사용했다.

③ 지수이동평균(EMA)

지수이동평균은 다음과 같은 식으로 구한다.

● 당일 ATR = (전날의 ATR×19+당일의 TR×2)÷21

수정이동평균을 계산하는 식과 비교해서 미묘하게 다르다는 것을 알 수 있다.

수정이동평균과 지수이동평균은 직전 데이터에 보다 큰 비중을 부여한다는 점에서는 같다. 하지만 지수이동평균은 직전 데이터에 수정이동평균보다 더 큰 비중을 부여한다. 위 식에 들어 있는 '당일의 TR×2'

가 바로 그것이다.

왜일까? 최신 가격은 늘 과거 가격의 영향을 받아서 형성된다. 20일 전 가격과 어제의 가격 중 오늘 가격에 더 큰 영향을 미치는 것은 어떤 것일까? 그 대답이 식에 나타나 있다. 시간이 흐르면 흐를수록 먼 과거의 가격은 영향력을 잃는다는 논리를 바탕으로 하고 있다.

지수이동평균을 계산하는 식으로 돌아가 보겠다. 처음에 ATR을 산출할 때는 어제의 ATR이 없다. 그때는 단순평균으로 20일 TR의 평균치를 산출한 뒤, 다음 날부터 그 값을 어제의 ATR로 간주하여 계산한다.

예를 들어 최초 20일 TR의 평균값이 100엔이었다고 하자. 그리고 다음 날 TR이 150엔이라고 하면, 그날의 ATR은 다음과 같이 산출할 수 있다.

● ATR = (100엔×19+150엔×2)÷21

　　　 = 2,200엔÷21 = 104.8엔

그러면 실제 가격을 가지고 계산해보자. '표 2-1'은 2013년 9월 도쿄 금의 데이터다.

우선 20일 TR의 평균값, 즉 20일 ATR을 구한다. 가격 데이터 중에서 필요한 것은 고가, 저가, 종가뿐이다. 시가는 필요하지 않다. 그 결과가 82.9엔이 나왔다. 이 값을 최초 ATR로 간주한다.

다음 날 TR은 61엔이다. 그러면 그날의 ATR은 어떻게 될까?

표 2-1 > 도쿄 금(2013년 9월)

구분	도쿄 금 (2013년)	고가	저가	종가	고가-전 일 종가	전일 종 가-저가	고가-저 가	TR
0	8/27	4,440	4,406	4,416				
1	8/28	4,487	4,418	4,468	71	-2	69	71
2	8/29	4,483	4,418	4,441	15	50	65	65
3	8/30	4,478	4,434	4,443	37	7	44	44
4	9/2	4,435	4,368	4,422	-8	75	67	75
5	9/3	4,468	4,431	4,453	46	-9	37	46
6	9/4	4,532	4,435	4,511	79	18	97	97
7	9/5	4,515	4,437	4,445	4	74	78	78
8	9/6	4,495	4,388	4,391	50	57	107	107
9	9/9	4,472	4,368	4,448	81	23	104	104
10	9/10	4,453	4,409	4,430	5	39	44	44
11	9/11	4,436	4,382	4,413	6	48	54	54
12	9/12	4,413	4,337	4,342	0	76	76	76
13	9/13	4,308	4,205	4,227	-3,4	137	103	137
14	9/17	4,235	4,177	4,194	8	50	58	58
15	9/18	4,230	4,131	4,166	36	63	99	99
16	9/19	4,328	4,131	4,321	162	35	197	197
17	9/20	4,403	4,339	4,357	82	-18	64	82
18	9/24	4,349	4,213	4,219	-8	144	136	144
19	9/25	4,230	4,152	4,226	11	67	78	78
20	9/26	4,253	4,181	4,242	27	45	72	72
							20일 ATR	86.4
21	9/27	4,266	4,205	4,214	24	37	61	61

● ATR = (86.4엔×19+61엔×2)÷21 = 83.9엔

즉 최근 ATR은 83.9엔이다.

터틀의 유닛 계산법

이제 터틀 그룹의 유닛 계산법을 알아보자.

<유닛 계산법>
① 트레이딩 자금의 1%를 구한다.

● 트레이딩 자금×0.01 = A

② 그 종목을 최소 거래단위로 트레이딩할 때 해당하는 리스크를 계산한다.

● 거래단위×ATR = B

③ A를 B로 나눈다(거래단위에 따라서 반올림한다).

● 유닛 = A÷B

트레이딩 자금 1,000만 엔을 가진 트레이더를 예로 유닛을 계산해보자. 먼저 트레이딩 자금의 1%(A)를 계산한다.

● A = 1,000만 엔×0.01 = 10만 엔

이 트레이더는 FX에서 달러/엔을 거래한다. 달러/엔의 거래단위는 1만 통화이므로, 예를 들어 ATR이 0.8엔이라고 하면 다음과 같은 리스크가 산출된다.

● B = 1만 통화×0.8엔 = 8,000엔

그런 다음 'A÷B'를 하면 이 트레이딩의 유닛이 산출된다.

● 유닛 = 10만 엔÷8,000엔 = 12.5

※ 12.5에서 반올림하면 13이고 거래단위가 1만 통화이므로 13만 통화가 된다.

트레이딩 자금 1,000만 엔을 가진 트레이더가 ATR이 0.8엔일 때 달러/엔을 트레이딩한다면, 1유닛은 13만 통화가 된다. 즉, 이 터틀 멤버는 트레이딩 1회에 13만 통화단위로 거래한다.

터틀 그룹의 자금관리

터틀 그룹의 자금관리에서는 예컨대 '트레이딩 자금 1,000만 엔에 대해서 ATR이 0.8엔일 때 달러/엔을 13계약 단위로 거래한다'라는 사실을 알 수 있었다. 이 결과를 어떻게 생각하는가? 보는 사람에 따라서는 적다고 느낄지도 모르겠다.

하지만 이것은 '트레이딩 자금 1,000만 엔을 가진 트레이더가 달러/엔을 13만 통화밖에 거래할 수 없다'라는 의미가 아니다. 13만 통화를 1유닛으로 하여, 그 단위로 거래한다는 의미다. 달러/엔 13만 통화를 매수한 다음에 포지션을 추가할 기회가 오면 거래량을 늘리는 것도 가능하다. 물론 달러/엔 이외의 종목을 동시에 거래할 수도 있다. 이때 모든 거래는 유닛 단위로 한다는 점에 유의하자.

다만 거래량을 늘리는 데에는 한계가 있다. 터틀 그룹의 자금관리에는 두 가지 포인트가 있다. 하나는 '1회당 거래량을 적정하게 설정하는 것'이고, 다른 하나는 '최대 거래량을 적정하게 설정하는 것'이다.

**핵심: 한 번의 트레이딩에서
베팅해도 좋은 금액은 1유닛**

=

(트레이딩 자금×0.01)÷(ATR×거래단위)

=

최대 리스크 설정

**자금관리는 파산하지 않기 위해
포지션을 조정하는 것**

유닛 계산 연습

각 종목의 ATR이 다음과 같은 날이 있다고 하자.

<종목별 ATR>

· 소니: 52엔
· 도쿄 금: 48엔
· 도쿄 백금: 55엔
· 달러/엔: 0.38엔
· 닛케이225: 164엔

이를 바탕으로 트레이딩 자금 1,000만 엔을 가진 트레이더의 1유닛을 종목별로 계산해보자.

<소니> ※ 거래단위: 100주

· 1,000만 엔×0.01÷(52엔×100) = 10만 엔÷5,200엔 = 19.23
· 소니의 1유닛: 1,900주

소니의 1유닛은 1,923주가 나온다. 하지만 1,923주로 거래할 수 없기 때문에 반올림하여 1,900주로 정한다. 마찬가지로 나머지 종목의 유닛도 계산해보자.

<도쿄 금> ※ 1계약: 1,000그램

- 1,000만 엔×0.01÷(48엔×1,000) = 10만 엔÷4.8만 엔 = 2.1계약
- 도쿄 금의 1유닛: 2계약

<도쿄 백금> ※ 1계약: 500그램

- 1,000만 엔×0.01÷(55엔×500) = 10만 엔÷2.75만 엔 = 3.6계약
- 도쿄 백금의 1유닛: 4계약

<달러/엔> ※ 거래단위: 1만 통화

- 1,000만 엔×0.01÷(0.38×1만) = 10만 엔÷0.38만 엔 = 26.3계약
- 달러/엔의 1유닛: 26만 통화

닛케이225는 미니 선물로 계산하자.

<닛케이225> ※ 미니 1계약: 100주

- 1,000만 엔×0.01÷(164엔×100) = 10만 엔÷1.64만 엔 = 6.1계약

물론, 미니로 계산하는 데에는 이유가 있다. 같은 계산을 라지(일반) 선물로 하면 다음과 같이 된다.

<닛케이225> ※ 라지 1계약: 1,000주

- 1,000만 엔×0.01÷(164엔×1,000) = 10만 엔÷16.4만 엔 = 0.6계약

트레이딩 자금 1,000만 엔으로는 닛케이225 라지를 거래할 수 없게 된다. 반올림하여 1계약이라도 거래하고 싶겠지만, 만약 포지션을 추가할 기회가 왔을 때 2계약으로 늘리면 원래 계산대로 했을 경우의 3유닛보다 커지고 만다. 그러면 유닛 계산과의 괴리가 커지기 때문에 라지는 트레이딩하지 않기로 정하는 것이다.

리스크를 피하기만 해서는 트레이딩에서 이길 수가 없다. 따라서 적정한 리스크를 아는 것이 중요하며, 그것을 추구한 이들이 터틀 그룹이다. 터틀식 자금관리에서 1유닛은 어디까지나 트레이딩 1회에 해당하는 수량이며, 이후 추가로 매수해서는 안 된다는 뜻은 아니다.

1유닛이 취하는 최대 리스크

앞에서 예로 든 소니, 도쿄 금, 도쿄 백금, 달러/엔, 닛케이225 등 다섯 종목을 1유닛 거래했는데 시세가 예상과 반대 방향으로 움직였다고 가정하자. 그럴 때 미실현손실이 어느 정도 발생하는지 검증해보자. 최대 리스크는 '유닛 수×거래단위×ATR'이라는 식을 통해 구한다. 그것을 정리한 것이 '표 2-2'다.

예를 들어 소니는 9.88만 엔(19×100×52엔)이 나왔다. 소니만이 아니라 나머지 종목들도 최대 리스크가 10만 엔 전후로 모이도록 조정되어 있다. 유닛이라는 개념에 기반해서 거래하는 한, 어떤 종목을 트레이딩하더라도 1유닛의 리스크는 거의 비슷하며 트레이딩 자금의 1%에 맞춰진다.

표 2-2 ▶ 1유닛이 취하는 최대 리스크

	1유닛	거래단위	ATR(엔)	최대 리스크(만 엔)
소니	19	100	52	9.88
도쿄금	2	1,000	48	9.6
도쿄 백금	4	500	55	11
달러/엔	26	10,000	0.38	9.88
닛케이225 미니	6	100	164	9.84

다른 시각에서 보면, 같은 종목이라도 트레이딩 자금이 다른 트레이더는 1유닛에 해당하는 거래량이 달라진다는 것을 의미한다. 또 같은 종목이라도 가격 변동폭이 큰 시기와 작은 시기에는 1유닛에 해당하는 거래량이 달라진다는 점에도 유의할 필요가 있다.

2015년 달러/엔의 ATR은 0.8엔 전후로 움직였다. 그것이 2016년 2월 시점에는 1.50엔 정도까지 상승했다. 이런 경우라면 가격 변동에 맞춰서 당연히 거래량을 바꿔야 한다. 하루에 1.50엔씩 움직이는데도 하루에 0.8엔밖에 움직이지 않을 때와 같은 수량으로 트레이딩하면 불합리하기 때문이다.

따라서 ATR은 매일 계산할 필요가 있다. 터틀 그룹은 주 단위로 유닛을 경신했는데, 나는 가격이 크게 변화했을 때는 주중에도 유닛을 다시 계산하고 필요에 따라 변경한다.

유닛 계산 예

다음은 트레이딩 자금 200만 엔을 가진 트레이더의 1유닛을 계산한 예다.

	트레이딩 자금(만 엔)	1%(만 엔)	ATR(엔)	거래단위	1유닛
소니	200	2	52	100	3.8
도쿄 금	200	2	48	1,000	0.4
도쿄 백금	200	2	55	500	0.7
달러/엔	200	2	0.38	10,000	5.3
닛케이225 미니	200	2	164	100	1.2

이 결과에 따르면 금과 백금은 트레이딩 대상이 되지 않기 때문에, 두 종목에 대해서는 미니로 바꾸어 다시 계산하겠다. 그 결과가 다음의 표다.

	트레이딩 자금(만 엔)	1%(만 엔)	ATR(엔)	거래단위	1유닛
소니	200	2	52	100	3.8
도쿄 금 미니	200	2	48	100	4.2
도쿄 백금 미니	200	2	55	100	3.6
달러/엔	200	2	0.38	10,000	5.3
닛케이225 미니	200	2	164	100	1.2

소니는 400주, 미니 금과 미니 백금은 4계약, 달러/엔은 5만 통화, 닛케이225 미니는 1계약이 각각의 1유닛이 된다. 산출한 최대 리스크는 다음과 같다.

	1유닛	거래단위	ATR(엔)	최대 리스크 (만 엔)
소니	4	100	52	2.08
도쿄 금 미니	4	100	48	1.92
도쿄 백금 미니	4	100	55	2.2
달러/엔	5	10,000	0.38	1.9
닛케이225 미니	1	100	164	1.64

어느 종목이든 최대 리스크가 2만 엔 전후로 모였다. 즉, 전체 트레이딩 자금 200만 엔의 1% 수준이다. 이처럼 리스크를 측정하기 쉽게 해서 트레이딩에 활용하는 것이 리스크관리 기술이다.

✅ 확인 테스트

트레이딩 자금 200만 엔을 가진 트레이더가 있다. 각 종목의 ATR이 다음과 같다고 할 때 문제에 답해보자.

– 도쿄 금: 48엔
– 도쿄 백금: 55엔
– 달러/엔: 0.38엔
– 닛케이225: 164엔

<문제 1>
미니 금 4계약, 미니 백금 4계약을 보유하고 있다면 최대 리스크는 얼마인가?

▪ 정답 및 해설
2%.
미니 금 4계약은 1유닛, 미니 백금 4계약은 1유닛이므로 모두 합쳐 2유닛을 보유하고 있는 것이다. 2유닛을 보유한다는 것은 2%의 리스크를 취하고 있다는 뜻이다.

<문제 2>
미니 금 12계약, 미니 백금 8계약, 달러/엔 10만 통화단위, 닛케이225 미니 3계약을 보유하고 있다면 최대 리스크는 얼마인가?

▪ 정답 및 해설
10%.
미니 금 12계약은 3유닛, 미니 백금 8계약은 2유닛, 달러/엔 10만 통화는 2유닛, 닛케이225 미니 3계약은 3유닛이다. 모두 더하면 10유닛이므로, 최대 리스크는 10%다.

🎯 리스크 분산과 종목 분산

터틀 그룹의 리스크 분산법

터틀 그룹은 유닛 계산을 바탕으로 트레이딩하여 결과적으로 10유닛, 즉 10%의 리스크를 취하는 경우도 있었다. 이를 보면 터틀 그룹의 기법이 리스크를 회피하는 것이 아님을 알 수 있다. 다만 특정 종목을 한 번에 10유닛만큼 거래하는 일은 없다. 그런 트레이딩은 리스크를 너무 높이기 때문이다.

그런데도 '가장 확실한 때'를 기다렸다가 종목 하나만 찍어서 주문하는 편이 더 크게 벌 수 있지 않느냐고 묻는 사람이 종종 있다. 즉, 많이 벌려면 '몰빵'이 더 확실한 방법 아니냐는 얘기다. 그럴 때마다 나는 되묻는다. "가장 확실한 때란 어떤 때를 말하는가? 그 확실성이 어느 정도인가?"

트레이딩에 100%란 없다. 90%, 아니 80%도 어려울 것이다. 그렇다면 기껏 해봐야 70% 정도의 기회인데, 이를 '확실'하다고 할 수 있을까? 시세가 자신의 확신과 반대 방향으로 움직일 가능성이 30%나 되니 말이다. 패율이 이 정도라면 정말 위험한 트레이딩이다. 최악의 시나리오에서는 그 한 번의 트레이딩으로 모든 것을 잃을 수도 있다.

그렇지만 포지션을 여러 종목으로 분산시키면 그 모든 종목에서 손실이 나기란 어렵기 때문에 패율을 상당히 낮출 수 있다. 경험이 적은 초보 트레이더일수록 트레이딩이 어긋났을 때 대응할 방법을 생각해두어야 한다. 유도에서도 가장 먼저 배우는 게 낙법 아닌가. 트레이딩 세계에서 성공을 거두고 싶다면 가장 먼저 '방어 기법'을 확립해야 한다.

자금관리는 트레이딩 1회당 적정한 거래량을 정하는 것에서 시작한다. 그다음은 적정한 총거래량을 확정하는 것이다.

1회당 적정 거래량이 1유닛이라는 점은 앞서 설명했다. 하지만 우리가 목표로 하는 트레이딩은 1유닛만 거래하고 끝내는 것이 아니다. 다음 기회가 온다면 같은 종목의 포지션을 추가하거나 다른 종목을 추가할 수도 있다. 다만 최대 거래량에는 한도를 두어야 한다.

이 책은 단지 터틀 그룹의 트레이딩 기법을 설명하는 데서 그치지 않는다. 트레이딩에서 꾸준히 이기도록 자신만의 규칙을 정립하기 위해 그 방법을 찾는 것이다. 그 과정에서 이미 검증된 기법을 참고하여 좋은 점을 취하고자 한다. 앞서도 말했듯이, 자금관리라는 영역에서는 터틀 시스템이 여전히 압도적으로 우수하다. 이를 뛰어넘는 성적을 내는 방식은 아직까지 없다고 생각하며, 터틀식 자금관리를 반드시 터득해야 한다고 강조하고 싶다.

종목 분산 규칙

종목 분산에서는 '반드시 몇 유닛까지'라는 식으로 총거래량의 한도를 엄격하게 규정하지는 않는다. 다만 거래 대상이나 수량을 즉흥적으로 변경하는 것이 아니라 자기 나름대로 규칙화할 필요가 있다.

터틀이 사용한 종목 분산의 기본 규칙은 다음과 같다.

① 동일 종목은 4유닛까지
② 상관관계가 높은 종목은 6유닛까지
③ 상관관계가 있는 종목은 10유닛까지
④ 같은 포지션(매수라면 매수, 매도라면 매도)으로는 12유닛까지

① 동일 종목은 4유닛까지

예를 들어 달러/엔에 매수 기회가 왔다고 판단하여 1유닛을 매수했다고 하자. 이후 상승세가 이어져 추가 매수를 하는 경우에는 4유닛을 상한선으로 한다. 4유닛에 도달하면 그 후 아무리 좋은 매수 기회가 나타나도 추가 매수해서는 안 된다. 제아무리 '확실'하다는 생각이 들어도 시세는 언제든 반대 방향으로 움직일 가능성이 있기 때문이다. 그러면 4유닛이 통째로 손실을 보게 된다는 사실을 늘 염두에 두어야 한다.

② 상관관계가 높은 종목은 6유닛까지

종목을 분산할 때 특히 주의할 점은 종목 간의 상관관계다. 높은 상관관계를 가진 종목은 거래 시점을 분산한다고 해도 리스크 분산 효과를 얻을 수 없다. 상관관계가 높다는 것은 종목 A의 가격이 상승할 때 종목 B도 같이 상승하고, 종목 A가 하락할 때 종목 B도 함께 하락하는

관계를 말한다.

예를 들어, 원유와 가솔린은 상관관계가 높은 대표적인 종목이다. 이미 원유를 4유닛까지 매수한 상태라면, 가솔린은 2유닛까지만 매수할 수 있다. 상관관계가 높은 종목을 트레이딩하는 경우에는 1유닛씩 추가하여 총 6유닛으로 끝낸다.

이 6유닛에 이르는 과정을 조금 자세하게 검증해보자. 총 유닛 수에 제한을 두는 경우는 다음과 같다.

- 원유 1유닛 매수(총 1유닛)
- 원유 1유닛 추가 매수(총 2유닛)
- 가솔린 1유닛 매수(총 3유닛)
- 가솔린 1유닛 추가 매수(총 4유닛)
- 원유 1유닛 추가 매수(총 5유닛)
- 가솔린 1유닛 추가 매수(총 6유닛)

총 유닛 수 제한은 동시에 보유하는 포지션의 최대 유닛 수를 말하는 것이므로, 도중에 원유 또는 가솔린을 매도했다면 그만큼 추가로 매수할 수 있다.

다음은 2014년 4월부터 7월까지 도쿄 금과 그 외 종목의 상관관계를 수치로 정리한 것이다.

<**도쿄 금과 각 종목의 상관계수**(2014년 4~7월)>
- NY 금: 0.92
- 도쿄 고무: 0.83
- 도쿄 은: 0.81
- NZ달러/엔: 0.73
- CRB지수: 0.50
- 유로/달러: 0.46
- 도쿄 쌀: 0.45
- 스위스프랑/엔: 0.42
- 도쿄 가솔린: 0.35
- 도쿄 옥수수: 0.33
- 도쿄 백금: 0.19
- 달러/엔: -0.23

상관계수가 '1'이라면 완전히 똑같이 움직이고, '0'이면 상관성이 전혀 없는 것으로 생각하면 된다. 그리고 마이너스는 역의 상관성을 가지는 것으로, 금 가격이 오르면 그 종목은 하락함을 의미한다.

정리한 내용을 보면, 이 기간에 금과 백금의 상관관계는 의외로 낮았음을 알 수 있다. 하지만 상관계수는 항상 변하기 때문에 이 4개월 동안에만 어쩌다가 낮았을 수도 있다. 따라서 충분히 긴 기간에 걸쳐서 살펴볼 필요가 있다.

상관계수는 함수로 구하기 때문에 가격 데이터만 있으면 엑셀을 사용해서 계산할 수 있다. 엄밀한 수치를 얻을 순 없지만 관계는 대략적으로 파악할 수 있다.

예를 들어 원재료와 제품의 관계인 원유와 가솔린 외에도, 같은 자원국 통화인 '호주달러/엔'과 'NZ달러/엔'은 상관계수가 높은 것으로 알려져 있다. 각각의 조합에는 상관계수에 높고 낮음이 있지만, 일본엔과의 조합(크로스 엔)에는 어느 정도 유사한 상관관계가 있다고 알려져 있다. 크로스 엔이 일제히 상승 또는 하락하는 경우는 결코 드물지 않다. 주식에서도 동일 업종에 속하는 종목이 마찬가지 경향을 보인다.

이처럼 같거나 유사한 섹터에 속하는 종목을 '상관관계가 있는 종목'이라고 분류한다. 가격 변동을 오랫동안 들여다보면, 종목 간의 상관관계 정도는 경험적으로 파악하게 되기도 한다.

✅ 확인 테스트

원유, 가솔린, 금, 고무, 옥수수, 유로/달러, 닛케이225를 거래한다. 이때 각 종목은 다음과 같은 상관관계를 가진다. 다음과 같은 조건일 때 문제에 답하라.
① 원유와 가솔린은 상관관계가 높다.
② 상품 간에는 모두 상관관계가 있다.
③ 유로/달러, 닛케이225는 다른 어떤 종목과도 상관관계가 없다.

< 문제 1>

다음의 매매 신호에 맞춰서 1유닛씩 거래한다. 앞에서 설명한 '적정한 총거래량' 또는 '총 유닛 수 제한'의 예를 참고하면서, 다음에 열거한 1~25의 신호 중 규칙에 따라 거래할 수 있는 것에는 ○, 거래할 수 없는 것에는 × 표시를 하라.

1. 원유에서 매수 신호
2. 원유에서 다시 매수 신호
3. 가솔린에서 매수 신호
4. 원유에서 다시 매수 신호
5. 원유에서 다시 매수 신호
6. 원유에서 다시 매수 신호
7. 가솔린에서 다시 매수 신호
8. 금에서 매수 신호
9. 고무에서 매수 신호
10. 가솔린에서 다시 매수 신호
11. 금에서 다시 매수 신호
12. 금에서 다시 매수 신호
13. 금에서 다시 매수 신호
14. 유로/달러에서 매수 신호
15. 가솔린에서 다시 매수 신호
16. 닛케이225에서 매수 신호
17. 닛케이225에서 다시 매수 신호
18. 옥수수에서 매도 신호
19. 고무에서 다시 매수 신호
20. 옥수수에서 다시 매도 신호

21. 옥수수에서 다시 매도 신호
22. 유로/달러에서 다시 매수 신호
23. 옥수수에서 다시 매도 신호
24. 유로/달러에서 다시 매수 신호
25. 옥수수에서 다시 매도 신호

▪ 정답 및 해설

1: ○

2: ○

3: ○

4: ○

5: ○

6: ×(동일 종목 원유가 4유닛에 도달)

7: ○

8: ○

9: ○

10: ×(상관관계가 높은 종목이 6유닛에 도달)

11: ○

12: ○

13: ×(상관관계가 있는 종목이 10유닛에 도달)

14: ○

15: ×(상관관계가 높은 종목이 6유닛에 도달)

16: ○

17: ×(매수 포지션이 12유닛에 도달)

18: ○

19: ×(상관관계가 있는 종목이 10유닛에 도달)

20: ○

21: ○

22: ×(매수 포지션이 12유닛에 도달)

23: ○

24: ×(총거래량이 12유닛에 도달)

25: ×(동일 종목 옥수수가 4유닛에 도달)

< 문제 2>

25번 신호가 나온 다음, 현재의 포지션 내역을 서술하라.

▪ 정답 및 해설

1. 원유 매수 4유닛(동일 종목 4유닛 한도 도달)
2. 가솔린 매수 2유닛(상관관계가 높은 종목 6유닛 한도 도달)
3. 금 매수 3유닛
4. 고무 매수 1유닛(상관관계가 있는 종목 10유닛 한도 도달)
5. 유로/달러 매수 1유닛
6. 닛케이225 매수 1유닛(매수 포지션 12유닛 한도 도달)
7. 옥수수 매도 4유닛(동일 종목 4유닛 한도 도달)

최종 포지션은 '매수'가 12유닛, '매도'가 4유닛으로 총 16유닛이 된다. 따라서 최대 리스크는 16%가 되어, 수치만 보면 결코 리스크가 낮다고 할 수 없다. 하지만 종목을 분산했고 매수·매도 포지션을 동시에 보유하고 있어서 리스크를 상쇄한다. 이론상으로는 16% 리스크이지만, 터틀 그룹은 리스크가 억제되도록 실질적으로 조정했다.

3장

손실을 최소화하는 리스크관리

🎯 트레이딩에서 리스크는 필수다

이기는 트레이딩을 위해서는 여러 가지 관리가 필요하다. 그중에서도 자금관리와 리스크관리만큼은 무엇보다 철저히 행해야 한다.

대부분 트레이더가 가장 관심을 두는 것이 매수·매도 지점이다. 이를 알기 위해 끊임없이 연구하고 공부하므로 1년이 지나면 1년만큼 성장하고, 3년이 지나면 3년만큼 성장한다. 그렇지만 자금관리와 리스크관리는 투자 경험이 10~20년인 트레이더 중에서도 제대로 인지하지 못하는 사람이 태반이다. 몇십 년 투자 경력을 가진 트레이더가 초보와 똑같은 실수를 반복하는 것이 바로 이 때문이다.

앞서 터틀 그룹은 '최대 리스크를 취한다'라는 원칙을 가지고 있음을 배웠다. 그런데 아마도 여기에 선뜻 동의하지 못하는 사람이 많을 것이다. 리스크는 낮을수록 좋다는 고정관념을 가지고 있기 때문이다. 그렇지만 리스크가 있기에 리턴이 있는 것이다. 리스크와 리턴은 동전의 앞뒷면처럼 늘 함께 다닌다. 다만, '최대 리스크를 취한다'라는 원칙에는 '파산하지 않는다'라는 전제가 있음을 기억해야 한다.

① 자금관리: 자신의 트레이딩 자금을 명확히 하고, 파산하지 않는다는 전제로 이를 최대한 효율적으로 운용하는 것
② 리스크관리: 거래할 때마다 자신이 부담해야 할 리스크 정도를 확인하여, 파산하지 않는다는 전제로 최대한의 리스크를 취하는 것

사람들은 보통 리스크를 '나쁜 것'이라고 생각한다. 그래서 투자를 할 때도 리스크가 높은 것과 낮은 것이 있으면, 리스크가 낮은 상품을 고르려고 한다. 만약 리스크가 낮은 상품과 리스크가 아예 없는 상품이 있으면 후자를 고를 것이다. 은행 예금이나 국채 같은 상품이 대표적인 예인데, 리스크를 부담하지 않는 만큼 리턴이 가장 적다.

그에 반해서 이기는 트레이더들은 리스크가 있는 투자상품을 선택하고, 감당할 수 있는 수준에서 최대의 리스크를 부담한다. 투자는 돈을 불리기 위해 하는 것이므로 리스크가 없는 것, 즉 리턴이 없는 것은 선택하지 않는다는 논리다.

방금 이야기한 '감당할 수 있는 수준에서 최대의 리스크'를 '적정 리스크'라고 한다.

적정 리스크란

적정 리스크란 리스크관리에서 기준이 되는 개념으로, '파산하지 않는 범위에서 취하는 최대 리스크'를 가리킨다.

리스크란 예컨대 속도라고도 말할 수 있다. 걷거나 자전거를 타는

것보다 자동차를 타면 목적지에 훨씬 빨리 도착할 수 있다. 다만 제한 속도를 넘으면 벌금을 물거나 사고를 당할 위험도 커진다. 그 제한 속도가 바로 적정 리스크다.

그렇다면 속도를 무작정 낮추는 게 좋을까? 사고 위험을 줄이겠다고 고속도로를 시속 30킬로미터로 달린다고 해보자. 그러면 목적지에 빨리 도착할 수 있다는 자동차 자체의 이점을 살릴 수도 없거니와 도리어 위험하기까지 하다.

트레이딩 세계에서도 마찬가지다. 한도를 넘어선 리스크를 취하면 한순간에 파산하고 만다. 그렇다고 해서 리스크를 너무 낮추면 수익이 거의 나지 않으므로 목표 수익을 달성하기가 어려워질 수 있다. 그러면 굳이 트레이딩을 하는 의미가 없다.

따라서 파산하지 않도록 제한 속도를 지키면서 최대 리스크를 취하는 것이 리스크관리의 목적이다. 그러기 위해서는 자신의 적정 리스크 수준을 알아야 하며, 트레이딩 중에는 자신이 어느 정도의 리스크를 부담하고 있는지 항상 파악해야 한다. 트레이딩을 하면서 자신의 리스크 수준을 모르는 것은, 속도계를 보지 않고 자동차를 운전하는 것과 같다. 매 순간 '나는 지금 자금의 몇 퍼센트를 리스크로 취하고 있는가?'라는 질문에 답할 수 있어야 한다. 이것이 바로 리스크관리의 출발점이다.

🎯 손절매 라인을 결정하는 방법

손절매 라인 설정의 기본

손절매 라인이란 시세가 자신의 예상과 반대로 움직일 때, 미리 정해놓은 제한 금액 이상 손실을 보지 않도록 포지션을 청산하는 수준을 말한다. 트레이딩을 할 때는 포지션을 취함과 동시에 손절매 라인을 설정하여 역지정가 주문을 내놓아야 한다(주문 방식에 대해서는 뒤에서 설명한다). 시세가 반대로 움직인 다음에 청산 주문을 내면 너무 늦기에, 그만큼 손실이 늘어날 위험이 있다.

혹시 이런 경험을 해본 적은 없는가? 상승할 것으로 보고 매수했는데 예상과 달리 하락해 손절매 라인을 건드려 나의 포지션을 청산시키더니, 다음 날부터 반전 상승하기 시작하는 상황 말이다. 아마도 트레이더라면 열 중 아홉 명은, 아니 열 명 전부 이런 경험을 해봤으리라고 본다. 시장을 100% 예측할 수 있는 사람은 없기 때문이다.

그런데 손절매가 된 이후 반전 상승했다면 원래 시세를 제대로 읽었다고 할 수 있지 않은가? 상승을 예상했는데 실제로 상승했으니 말이다. 이런 경우에는 손절매 라인을 설정하는 데 오류가 있었다고 볼 수 있다.

가격은 물결을 이루면서 상승하고, 물결을 이루면서 하락한다. 즉, 상승하는 과정에서도 일시적인 하락이 있다. 그 일시적인 하락에 손절매를 해버리면 어떤 시세에서도 이길 수가 없다.

이렇게 설명하면 수강생 중에서는 이런 질문이 꼭 나온다.

"애초에 시세를 잘못 읽은 것이 아니라면, 눌림목 매수를 해서 손절매로 발생한 손실을 만회할 수 있지 않나요?"

하지만 차트를 들여다보면서 눌림목을 기다리고 있노라면 가격이 점점 올라가 버리는 경우가 태반이다. '기다리는 조정은 오지 않는다'라는 증시 격언도 있지 않은가. 따라서 지금이 기회라고 판단했다면 눌림목을 기다리지 않고 매수하는 것이 맞다. 그런데 내가 매수한 직후에 시세가 눌림목을 줄 가능성도 있으므로, 일시적인 하락에 걸리지 않을 가격 수준에 손절매 라인을 설정해야 한다.

손절매 라인을 설정할 때 기본이 되는 사항은 다음 두 가지다.

① 추세가 지속되는 한 일시적인 노이즈에 걸리지 않도록 주의한다.
② 추세가 끝났을 때는 재빨리 청산한다.

그림 3-1 › 기본적인 손절매 라인 설정법

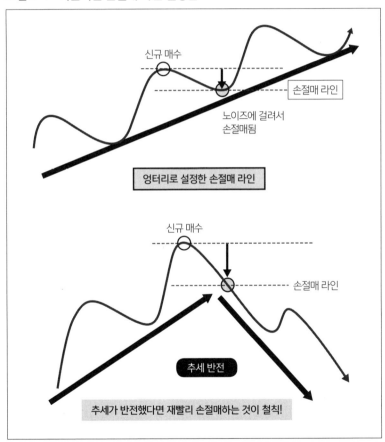

곰곰 생각해보면 이 두 가지가 양립하기 어렵다는 걸 알 것이다. 왜냐하면 추세가 지속되는 한 손절매에 걸리고 싶지 않다면 손절매 라인을 깊게 설정해야 하고, 추세가 반전했을 때 재빨리 청산하고 싶다면 손절매 라인을 얕게 설정해야 하기 때문이다.

그렇다면 어떻게 해야 할까? 추세가 어디까지 지속될 가능성이 있고, 어디서부터 반전할지를 가려내는 기준을 가져야 한다.

추세와 노이즈의 관계

가격 변동에는 추세와 노이즈가 있다. 상승 또는 하락 추세를 그리는 중에도 어느 부분을 잘라내면 자잘하게 위아래로 움직이는 물결을 관찰할 수 있다. 그 물결이 바로 노이즈다.

앞에서 이야기한 두 가지 사항이 서로 모순된다는 점을 지적했는데, 추세에서 노이즈의 크기를 알 수 있다면 간단히 해결된다. 즉 반대 방향으로 일어나는 가격 변동이 노이즈 범위 내에 있다면 손절매하지 않고, 노이즈 범위를 넘어서면 추세가 끝났다고 간주하여 손절매하는 것이다. 이는 손실을 어디까지 허용할 수 있는가 하는 트레이더의 형편과 사정에 따라 정하는 것이 아니라, 시장의 움직임에 맞춰 손절매를 설정한다는 의미다.

그림 3-2 | 추세와 노이즈

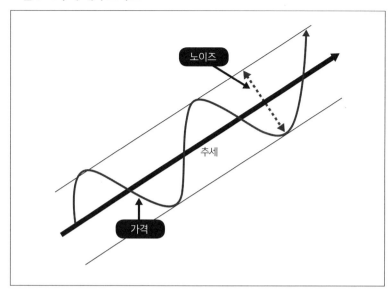

터틀 그룹의 손절매 라인

터틀 그룹의 손절매 라인을 연구한 결과 각 종목의 노이즈는 2ATR(2×ATR) 이하임이 드러났다. 즉 하루에 최대 가격 변동폭의 2배 이상 반대 방향으로 움직이면, 더는 노이즈 수준이 아니라는 것이다.

<터틀 그룹의 손절매 라인 설정 규칙>
시세가 예상과 반대 방향으로 2ATR 움직이면 손절매한다.
· 매수 포지션일 때: 매수가−2ATR
· 매도 포지션일 때: 매도가+2ATR

구체적인 숫자를 대입해보자.

예를 들어 현재 금의 ATR이 42엔일 때 진입했다고 하자. 84엔만큼 반대 방향으로 움직였다면 손절매하게 된다. 또 만약 금의 ATR이 80엔이었을 때 진입했다면, 손절매 라인은 매수 포지션에서는 '매수가-160엔', 매도 포지션에서는 '매도가+160엔'에 설정한다.

도쿄 금 선물에서 가격 변동폭이 160엔이면 꽤 크게 느껴질 수도 있다. 손절매 라인에 걸렸다면 1계약당 손실은 16만 엔(160엔×1,000그램×1계약)이 된다. 하지만 우리는 이미 유닛 단위로 트레이딩하는 방법을 배웠다. 1유닛에 대해서 1ATR의 손실은 1%였다. 따라서 2ATR의 손실은 전체 트레이딩 자금의 2% 수준에 그친다.

✔️ **확인 테스트**

<문제>
현재 금의 ATR은 42엔이며, 4,300엔에 1유닛 매수했다. 손절매 라인은 얼마에 설정해야 하는가? 또 그때의 리스크는 어느 정도인가?

▪ 정답 및 해설
손절매 라인은 4,216엔(4,300엔-42엔×2).
리스크는 트레이딩 자금의 2%다.

4장

트레이딩 에지를
찾는 방법

⊙ 매수 유리, 매도 유리 국면을 찾자

시장에서 가격이 올라갈지 내려갈지는 5:5다. 그런데 오르거나 내리는 과정에 매수세 또는 매도세 중 어느 한쪽에 유리한 국면이 나타나게 된다. 트레이딩 에지를 플러스로 만들기 위해서는, 매수든 매도든 어느 한쪽에 에지가 나타난 국면을 찾아 그 자리에서 트레이딩해야 한다.

예를 들어 오실레이터계 지표로 트레이딩한다고 하자. 오실레이터란, 간단히 말하면 과매수나 과매도 등 시세의 과열 정도를 보여주는 척도다. 오실레이터계 지표를 보고 '과매도 상태니까 사자'라고 생각했다고 하자. 과매도라고 하더라도 상승 추세여서 명백하게 매수가 유리할 때, 즉 매수에 에지가 있을 때로 한정해야 한다. 사실상 추세 상승 중에 과매도 신호가 나왔다면 '눌림목 매수'가 될 것이다.

그런데 에지가 있을지 없을지를 무시하고, 하락 추세인데 '과매도 상태니까 사자'라고 판단해 진입했다면 어떨까? 매수한 지점에서 운 좋게 바닥을 치지 않는 이상, 하락 물결에 휩쓸리고 말 것이다. 추세추종에서도 똑같다. 명백히 매수에 에지가 있을 때 매수하고, 명백히 매도에 에지가 있을 때 매도해야만 좋은 결과를 낼 수 있다.

여기서 중요한 것은 아무리 우수한 기법이라도 에지가 있는 국면에서 사용하지 않는다면 기대한 결과를 얻을 확률은 낮아진다는 것이다. 시세가 예상과 반대로 가더라도 즉시 손절매할 수 있다면 에지가 있든 없든 관계없다는 의견도 있겠지만, 그것은 상급 트레이더에게나 가능한 일이다. 초보 트레이더는 진입하기 전에 '지금 매수가 유리한가, 매도가 유리한가'를 꼼꼼히 살펴야 한다.

에지를 찾아내기 위해서는 어떻게 하면 좋을까? 극단적으로 말하자면, "이것이 나에게는 에지다"라고 할 수 있다면 무엇이든 상관없다.

다만 에지를 찾을 때는, 다른 많은 트레이더에게도 보이는가 아닌가 하는 점에 주의할 필요가 있다. 왜냐하면 트레이딩은 다수결로 정해지기 때문이다. 원리상 시세는 사는 사람이 많으면 올라가고, 파는 사람이 많으면 내려간다. 무언가를 보고 '올라갈 것 같아' 또는 '내려갈 것 같아'라고 생각하는 사람이 충분히 많지 않으면, 시세는 움직이지 않는다. 자기에게만 보이는 지표를 가지고 에지가 있다고 판단하는 건 위험하다. 뒤를 이어줄 사람이 충분히 많지 않으면 시세는 올라가거나 내려가지 않기 때문이다.

에지를 찾는 방법에는 여러 가지가 있으며, 누구나 알고 있을 법한 단순한 것이라도 얼마든지 작동한다.

🎯 트레이딩 에지를 찾을 수 있는 주요 지표

트레이딩 에지를 발견할 수 있는 지표에는 어떤 것이 있을까? 가격과 이동평균선의 크로스, 신고가·신저가, 저항선·지지선, 투매 상황 등 네 가지를 소개하겠다.

가격과 이동평균선의 크로스

이동평균선에서 가장 주목하는 것이 골든크로스golden cross와 데드크로스dead cross다. 초보 트레이더라 해도 '골든크로스는 매수 신호', '데드크로스는 매도 신호'라는 점은 알고 있을 것이다.

<골든크로스와 데드크로스>
- 골든크로스: 가격이 이동평균선을 아래에서 위로 돌파하는 것(매수 신호)
- 데드크로스: 가격이 이동평균선을 위에서 아래로 돌파하는 것(매도 신호)

그런데 왜 골든크로스는 매수 신호이고, 데드크로스는 매도 신호가 되는 걸까?

'그림 4-1'을 보자. 달러/엔의 캔들차트에 20일 이동평균선만 나타낸 단순한 일봉 차트다. 왼쪽에 골든크로스, 오른쪽에 데드크로스가 보인다. 사후 해석이기는 하지만, 골든크로스 지점에서 매수 진입하고 데드크로스 지점에서 매도 진입했다면 각각의 트레이딩에서 수익을 올렸

그림 4-1 > 가격과 이동평균선의 크로스

데드크로스

20일 이동평균선

골든크로스

매수세 손실

매수세 수익

매수세 손실

을 것이다.

골든크로스는 그 지점부터 상승 추세가 발생할 것을 시사한다. 요컨대, 그때 매수 진입하면 좋다고 알려주는 것이다. 데드크로스는 그와 반대로 하락 추세의 시작을 알려준다.

왜 골든크로스가 상승 추세의 시작을 알려주는 전환점이 되는 걸까? 이동평균선의 특성에 그 힌트가 있다.

이동평균선은 다음의 식으로 구해진다.

● 20일 이동평균선 = 과거 20일간 종가 합계÷20

오늘을 포함해서 과거 20일간의 평균 매수가(이는 곧 평균 매도가이기도 하다)를 표시한 것이 20일 이동평균선이다. 그 선과 가격을 비교하여 가격이 아래에 있고 이동평균선이 위에 있다는 것은 '과거 20일간 매수 진입한 트레이더는 평균적으로 손실을 보고 있다'는 의미다. 과거 20일 평균 매수가와 현재의 가격을 비교하여 얼마나 벌었는가, 또는 얼마나 잃었는가를 분석하는 것이 이동평균선의 본질이다.

'그림 4-1'을 다시 보자. 차트의 왼쪽 끝에는 이동평균선이 가격보다 위에 있으므로 매수 세력은 손실을 보고 있다. 이들의 심리는 어떤 상태일까? 매수 진입한 후에 가격이 내려갔으므로, 당연히 불안해하고 있을 것이다. 빨리 손절매하는 편이 좋지 않을까 안절부절못하는 사람도 있을 것이다.

그런데 점차 가격이 움직여 드디어 골든크로스가 일어났다. 골든크로스 이후에는 가격이 이동평균선보다 위에 있으므로, 매수세가 수익을 올리는 상태다. 여기서 알 수 있는 것은 지금까지 손실이었던 매수세가 수익으로 돌아섰다는 것이다. 이런 변화를 알려주는 것이 골든크로스다. 손실에서 수익으로 돌아선 매수세는 예상이 들어맞았다며 자신감을 가지게 될 것이다. 또한 이 기세를 타고 추격 매수를 고려하는 트레이더도 나타난다. 골든크로스 발생 전에는 언제 팔까, 어느 타이밍에 손절매를 해야 하나 불안에 떨었는데 이제는 계속 사들이고 싶은 생각이 들게 된다. '매도'에서 '매수'로, '불안'에서 '희망'으로 바뀌는 터닝포인트가 바로 골든크로스다. 이런 까닭에 골든크로스가 매수 기회가 되는 것이다. 즉, 골든크로스는 매수 에지다.

데드크로스는 그 반대다. 데드크로스가 발생하기 전까지 매수세는 수익을 올리고 있었으며 자신감이 넘쳤다. 하지만 데드크로스를 계기로 수익이 없어지고 손실이 점차 커진다. 이 때문에 매수세는 불안을 느끼고 매도를 고려하게 된다. '매수'에서 '매도'로 심리가 한 번에 바뀌는 분기점이 데드크로스다. 즉 데드크로스는 매도 에지다.

신고가·신저가의 경신

기술적 지표는 가격 변동 중에 트레이더의 감정이 어떤 식으로 변화하고, 그에 따라 투자 행동이 어떻게 달라지는가를 분석하여 어디에서 에지가 발생하는가를 보여주는 도구다.

따라서 어떤 기술적 지표가 매수 또는 매도 신호를 표시한다고 해서 앞으로 상승 또는 하락할 것을 알려준다고 착각해서는 안 된다. 그 신호는 에지를 알려주기 위해 있는 것이다. 즉 가격의 상승과 하락이 보통은 5:5인데, 6:4 또는 7:3이 되는 국면을 알려준다고 봐야 한다. 중요한 것은 70% 확률로 올라가는 국면에서도, 내려갈 확률 30%를 포함하고 있다는 점이다. 이를 확실히 인식하고 있어야 한다.

올라갈 거라 예상했는데 내려갔다면 보통은 예상이 빗나갔다고 생각하게 된다. 그러나 매수에 에지가 있는 국면이라면, 내려갔다고 해도 그것은 예상 범위 안에 있다. 상승 확률이 70%였다면 내려가는 30%의 경우까지 포함하여 전체 수익을 계산하는 것이 트레이딩 에지의 개념이다.

기술적 지표는 에지를 찾아내는 최고의 도구다. 하지만 에지가 발생하는 순간을 포착하는 도구가 기술적 지표뿐이냐 하면 그렇지는 않다. 그 밖에 에지를 찾아주는 대표적인 도구로 신고가·신저가가 있다.

'그림 4-2'를 보자. 차트 왼쪽 부분에 상승 추세가 나타났다. 2012년 11월 말쯤에 또다시 상승하여 4월에 만든 3,640엔 고점을 눈앞에 두고 있다.

차트 맨 왼쪽 상승 추세 도중에 매수 진입한 트레이더가 있다고 하자. 주가가 계속 상승하다가 3,640엔에서 고점을 치고 하락이 시작됐을 때, 이 트레이더의 심리를 추리해보자. 아마도 3,640엔 근처에서 매도했으면 큰 수익을 냈을 거라며 아까워할 것이다. 하지만 그 기회는 이

그림 4-2 › 신고가 경신

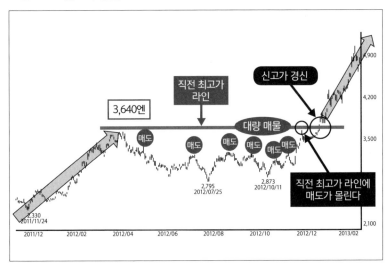

미 놓쳤기에 차선책으로 '다음에 다시 3,640엔까지 올라가면 반드시 매도해야지'라고 생각할 것이다. 그래서 3,640엔에서 수익을 확정하기 위해 지정가 매도 주문을 내놓을 것이다.

주목할 부분은 같은 생각을 하는 트레이더가 무수히 많다는 점이다. 사정이 이러하니 3,640엔 지점에는 지정가 매도 주문이 대량으로 몰려 있게 된다.

그런데 시세가 좀처럼 올라가 주지를 않는다. 도리어 며칠이나 하락이 지속된다. 3,640엔은 회복하기 어렵겠다고 생각한 트레이더는 지정가 주문 가격을 조금씩 내린다. 그 결과 3,640엔부터 현재 가격까지 다양한 지정가 매도 주문이 쌓이게 된다.

그러면 어떻게 될까? 가격대마다 대량의 지정가 매도 주문이 층층이 기다리고 있으므로, 올라가면 매물에 밀려 내려오고, 올라가면 밀려 내려오는 패턴이 반복된다. 지정가 매도 주문을 서서히 소화하면서 가격이 상승해도, 결국엔 3,640엔 지점에서 기다리는 대량의 매도 주문이 가격 상승을 방해한다. 차트를 보면 2012년 11월 말에 3,640엔에 도전했다가 튕겨 나왔는데, 이는 대량의 지정가 매도 주문 때문이라고 생각할 수 있다.

하지만 가격이 본격적으로 상승하려고 들면 3,640엔 지점에 쌓여 있던 대량의 매도 주문도 모두 소화하게 된다. 그렇게 매도 주문을 모두 소화해내고 3,640엔을 넘으면, 이제는 머리를 누르던 매도 주문이 더는 없다. 그래서 3,640엔을 넘어선 순간부터는 매수 주문을 조금만

내도 가격이 쭉쭉 올라가는 것이다. 이것이 신고가를 낸 시점에 에지가 발생하는 이유다.

신저가를 경신하는 경우는 이와 반대로 생각하면 된다.

저항선·지지선의 돌파

저항선·지지선이라는 말은 자주 들어봤을 것이다.

가격이 계속 상승하던 중 어느 지점에서 상승을 방해하는 저항에 부딪히는 경우가 있다. 대량의 지정가 매도 주문이 그곳에 쌓여 있기 때문이다.

'그림 4-3'을 보자. 예를 들어 100엔이라는 딱 떨어지는 가격은 저항선이 되기 쉽다. 매도든 매수든 마디가 될 법한 가격에 지정가 주문을 내는 트레이더가 많기 때문이다. 이때 매도세 측에서는 100엔 선만큼은 넘겨주고 싶지 않다는 생각이 강하게 작용한다. 그러므로 100엔을 넘으면 한 번에 매도 주문이 쏟아지는 경우가 종종 있다. 요컨대 100엔을 사이에 두고 공방을 벌이는데, 이것이 저항선이다.

하지만 매수세의 힘이 세지면, 어느 순간 100엔이라는 벽이 무너진다. 그때가 매수세가 승리하는 순간이다.

저항선을 넘은 후 매수세는 '절대 90엔대로는 돌아갈 수 없어'라고 생각하므로, 100엔 선을 사수하려고 한다. 100엔에 가까워지면 시세 하락을 막으려고 매수 주문이 쏟아지는데, 이것이 지지선이다. 이 지지선이 유효하다는 점이 확인되면, 더는 90엔대로 돌아가지 않으므로 안심

그림 4-3 › 저항선 돌파

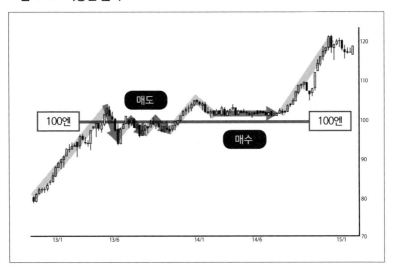

하고 살 수 있다는 심리가 작용하여 시세는 뛰어오르게 된다.

그러면 어떤 가격이 저항선이 되는 걸까? 마디가 되는 가격, 신고
가·신저가, 상승폭의 반값 눌림목, 하락폭의 반값 되돌림 등이다.

재미있는 것은 저항선이 한번 돌파되면 이후에는 지지선으로 작용
한다는 것이다. 애써 눈앞의 벽을 넘어섰다면, 그 노력이 크면 클수록
두 번 다시 원래 자리로 돌아가고 싶어 하지 않는 것이 사람 마음이다.
원래 자리로 되돌리려는 움직임이 나타나면 전력을 다해 방어한다. 그
래서 지금까지 저항선이던 것이 지지선이 되는데, 흔히 말하는 'S파동'
이 이렇게 해서 생긴다.

그림 4-4 > S파동

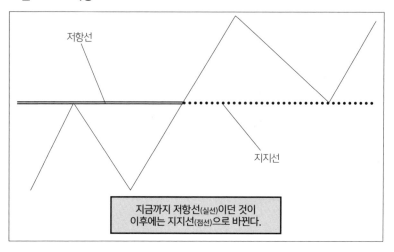

저항선

지지선

지금까지 저항선(실선)이던 것이
이후에는 지지선(점선)으로 바뀐다.

손절매의 연쇄 반응과 투매

손절매 때문에 에지가 발생하기도 한다.

매수한 다음에 가격이 내려가도 보통 어느 정도까지는 견딜 수 있다. 하지만 그 수준을 넘어 가격이 계속 내려가면, 더는 참지 못하고 투매를 하는 트레이더가 나타난다. 이 투매로 매도세의 힘이 증폭되므로 가격은 더욱 내려간다. 결과적으로 이는 연쇄 투매를 부른다.

저가 매수를 노리는 트레이더도 있기에 가격이 어느 정도 내려가면 매수세가 진입해 가격이 반등하는 경우도 있다. 실제로 그렇게 상승 국면으로 바뀌기도 하지만, 대개는 어느 선을 넘어간 순간 투매가 투매를 불러 시장은 매도 일색이 된다. 그 분기점이 투매 선이며 매도에 에지가 나타나는 지점이다. '그림 4-5'가 그 상황을 보여준다.

그림 4-5 › 투매로 나타나는 트레이딩 에지

지금까지 소개한 대로, 가격 변동 중에 매수 또는 매도에 에지가 나타나는 순간은 매우 다양하다. 그 자리를 잘 포착하는 사람이 승리하는 트레이더, 즉 V 트레이더다.

기술적 분석에서도 그런 국면에 주목하는 지표가 있다. 예를 들어 엔벌로프envelope가 그렇다. 이 지표는 이동평균선을 중심으로 상·하한 선을 두고 주가의 변동폭을 표시하는데, 그 선을 넘어서면 가격이 크게 하락할 것임을 암시하기도 한다.

그림 4-6 > 엔벌로프로 트레이딩 에지 찾기

20일 이동평균선

엔벌로프

투매의 계기

🎯 이동평균선 대순환에 주목하자

3개의 이동평균선으로 표시하는 이동평균선 대순환

트레이딩 에지로 생각할 수 있는 국면은 여러 가지인데, 내가 주목하는 것은 기술적 지표 중에도 대표 격인 '이동평균선'이다. 이동평균선 3개로 표시함으로써 트레이딩 에지를 찾아내는 방법으로, '이동평균선 대순환 분석'이라고 한다.

3개의 이동평균선은 각각 단기선, 중기선, 장기선이다. 각각의 일수(파라미터)는 트레이더에 따라서 달라지지만 5일, 20일, 40일을 하나의 기준으로 삼는다. 이 3개의 이동평균선이 배열된 순서를 통해 '지금 에지가 있는지 없는지'를 보는 것이다.

예를 들어 상승 추세 중에는 3개의 이동평균선이 위에서부터 순서대로 '단기선/중기선/장기선'의 배열을 이룬다. 그리고 3개 선의 기울기가 모두 우상향이다.

하락 추세 중에는 그 반대다. 3개의 이동평균선이 아래에서부터 '단기선/중기선/장기선'의 배열을 이룬다. 그리고 3개 선의 기울기가 모두 우하향이다.

그림 4-7 › 상승 추세에서 이동평균선의 배열

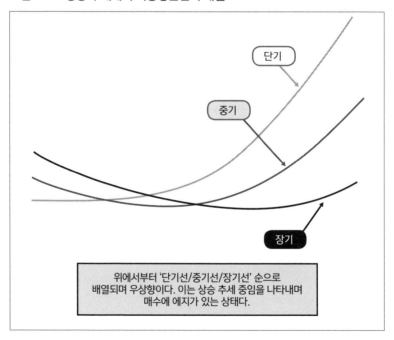

단기

중기

장기

위에서부터 '단기선/중기선/장기선' 순으로
배열되며 우상향이다. 이는 상승 추세 중임을 나타내며
매수에 에지가 있는 상태다.

그림 4-8 > 하락 추세에서 이동평균선의 배열

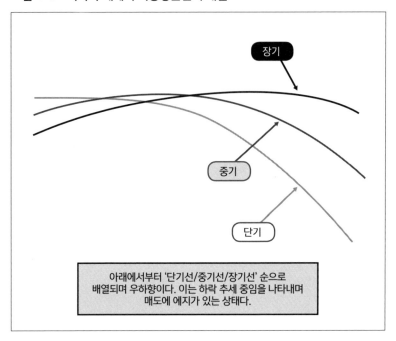

장기

중기

단기

아래에서부터 '단기선/중기선/장기선' 순으로
배열되며 우하향이다. 이는 하락 추세 중임을 나타내며
매도에 에지가 있는 상태다.

이동평균선의 상대적인 위치 중 '완벽한 배열'이라는 게 있다. 수익을 내기에 완벽한 상태에 가깝다고 판단되는 경우의 배열을 말한다. 이동평균선은 항상 일수 순으로 정배열, 역배열 상태에 있는 것이 아니라 뒤죽박죽으로 있기 십상이다. 예를 들면 '5일선-40일선-20일선' 식이다. 그러므로 완벽한 배열 상태에 있는 종목을 찾아낸 트레이더는 매우 운이 좋다고 하겠다.

<완벽한 배열>
① 위에서부터 단기선/중기선/장기선의 순서로 배열되어 있으며, 3개의 선이 모두 우상향 중: 매수에 에지
② 아래에서부터 단기선/중기선/장기선의 순서로 배열되어 있으며, 3개의 선이 모두 우하향 중: 매도에 에지

3개의 이동평균선을 보면서 에지를 찾는 '이동평균선 대순환'에 대해서는 2부에서 자세히 소개하겠다. 여기서는 방금 간단히 언급한 특징 정도만 기억하기 바란다.

인지 편향

안타깝게도, 대부분 트레이더가 같은 실수를 되풀이함으로써 프로의 먹잇감이 된다. 다른 트레이더의 심리 상태를 이해하고, 그 '특유의 심리'를 트레이딩에 활용하는 것은 대단히 중요할 뿐 아니라 실제로도 효과적이다.

　트레이딩을 하다 보면 욕심에 눈이 멀거나 공포심에 쫓긴 나머지 때때로 올바른 판단을 내리지 못하곤 한다. 트레이더가 빠지기 쉬운 인지적 함정을 살펴보자.

손실 회피 편향

이익보다 손실에 민감하기 때문에 나타나는 편향이다. 트레이더 A와 B의 대조적인 상황을 예로 살펴보자.

<상황>

- A는 지금까지 10만 엔, 20만 엔씩 자잘하게 수익을 실현해서 총 100만 엔의 누적 수익을 올렸다. 그런데 처분하지 않고 남은 주식은 매수가보다 하락한 상태여서 미실현손실이 150만 엔이다.

- B는 지금까지 10만 엔, 20만 엔씩 빠르게 손절매를 하여 총 100만 엔의 누적 손실을 보았다. 그런데 처분하지 않고 남은 주식은 큰

추세를 타고 있는 우량주로, 현재 미실현수익이 150만 엔이다.

<문제>

A와 B 중 누가 돈을 벌었는가? 그것은 왜 그러한가?

- **정답 및 해설**

돈을 번 사람은 B다.

A는 실현수익이 100만 엔이지만 미실현손실이 150만 엔이다. 실질적으로는 50만 엔이라는 손실을 본 것이다. 한편 B는 실현손실이 100만 엔인 데 비해 미실현수익이 150만 엔이므로, 실질적으로는 50만 엔 수익이다.

시장에는 A와 같은 유형의 트레이더가 넘쳐난다. '실현한 손익만 진짜다. 현재 트레이딩 과정이므로 계산상 손익은 참고치에 불과하다'라고 생각한다. 하지만 이익을 짧게 끊는 것보다 손실을 짧게 끊는 것이 자금관리와 리스크관리의 기본이다.

매몰비용 편향

이미 들인 비용을 포기하지 못하는 편향이다. 이 역시 가상 시나리오를 통해 살펴보자.

<상황 1>

당신은 컴퓨터 제조회사 사장이다. 컴퓨터를 개발하는 데 3억 엔을 투자했는데, 제품을 출하하기 직전에 태블릿PC의 시대가 도래하고 말았다. 공장이 하나뿐이라 태블릿PC를 제조하려면 모처럼 개발한 컴퓨터는 생산을 중단해야 하고, 지금까지 들어간 3억 엔은 사라지게 된다. 게다가 태블릿PC를 개발하는 데 개발비로 1억 엔이 들어갈 것으로 예상된다. 다만 태블릿PC의 인기가 높아 개발을 마친 컴퓨터보다 1억 5,000만 엔은 더 벌어들일 수 있을 것으로 보인다.

<문제>

현재 개발 중인 컴퓨터를 그대로 생산하는 것과 태블릿PC로 바꾸어 생산하는 것, 어느 쪽이 타당한가? 그리고 그 근거는 무엇인가?

- 정답 및 해설

언뜻 트레이딩과는 관계가 없어 보이겠지만, 그렇지 않다.

태블릿PC로 바꾸는 비용이 1억 엔이고, 그로써 늘어날 매출액이 1억 5,000만 엔이니 결과적으로 '5,000만 엔 수익'이다. 과거에 사용한 3억 엔은 이제 와서는 아무 소용이 없다. 따라서 태블릿PC로 바꾸어서 생산하는 것이 맞다.

이 정도는 초등학생이라도 알 수 있는 간단한 산수 문제인데도 성인은 그렇게 계산하지 못한다. 왜 그럴까? 이유는 간단하다. 이미

지불한 비용 3억 엔을 포기하지 못하기 때문이다. 만일 여기서 구형 컴퓨터 생산을 중단한다면, 누군가가 책임을 지고 그만두어야 할지도 모른다. 그래서 누구도 중단해야 한다고 말하지 못하는 것이다.

<상황 2>

- A사 주식 1만 주를 가지고 있다. A사의 실적 전망은 여전히 어둡고, 어디까지 떨어질지 알 수가 없다. 파산 가능성도 없지 않다.
- B사 주식은 호조세가 뚜렷하다. 앞으로 신고가도 경신할 것으로 보인다.

<문제>

어떻게 대응해야 할까?

▪ 정답 및 해설

A사 주식을 팔아서 상승 여지가 보이는 B사 주식을 사야 한다.

A사 주식을 산 시점을 나중에 돌아보니 천장이었고, 그때부터 폭락 일변도였다고 하자. 조금이라도 가격이 돌아오면 팔려고 했는데 돌아갈 기미는 조금도 없고 이미 1,000만 엔이나 평가손을 기록하고 있다면 어떻겠는가?

객관적으로 판단하면 손해가 더 커지기 전에 A사 주식은 포기해야 한다. 그런데 이상하게도 '이제 와서 손실이 50만 엔이든 100만 엔이든 의미 없다. A사가 V자 반등을 한다는 데 인생을 걸어보자. A 사와 함께 끝까지 가보자!'라고 고집하는 트레이더가 있다. 근거도 없이 V자 반등을 꿈꾸며 손실이 커가는 주식을 놓지 못하는 것이다. 이 트레이더가 올바른 판단을 내리지 못하게 하는 것이 바로 매몰비용 편향이다.

지나친 승부욕

이기고 싶다는 의식이 지나치게 강한 것도 실패에 빠지기 쉬운 이유 중 하나다.

'이기고 싶다', 곧 '지기 싫다'는 감정이 강하면 강할수록 수익을 일찍 확정하는 경향이 있다. 눈앞에 있는 '실현할 수 있는 계산상 수익'이 사라지기 전에 일단 승리를 확정하고 싶다는 의식이 작용하기 때문이다.

지기 싫다는 강한 감정은 손절매를 늦춘다. 언젠가는 V자 반등을 하여 미실현손실이 단숨에 사라지기를 꿈꾸며, 그날이 올 때까지 기다리겠다고 생각하기 때문이다. 하지만 현실에서 시세는 트레이더가 기대하는 대로 움직여주지 않는다. 실제로는 도리어 큰 손실을 보게 돼 꼼짝도 못 하는 지경에 처하기 쉽다. 최종적으로는 적은 수익, 큰 손실이라는 결과만 남는 것이다.

닻 내림 효과

주식시장에서 닻 내림 효과란, 과거의 가격 변동이나 펀더멘털을 가지고 시세를 전망하는 것을 가리킨다. '토요타는 내려가도 ○○엔 이하로는 내려가지 않아', '달러/엔은 올라가 봤자 ○○엔이 한계야' 라는 식이다. 트레이더 중에는 이 닻 내림 효과 탓에 때때로 비극을 맞이하기도 한다.

"기업 펀더멘털상 이 가격은 지나치게 낮은 것입니다. 이 이상 내려갈 리가 없어요", "과거 주가 이력을 보면 여기가 항상 바닥이었으니 이제 하락도 멈출 겁니다" 같은 이야기를 실제로 들어본 적이 있을 것이다. 닻 내림 효과의 전형적인 사례다. 그러나 펀더멘털이 어떻건 과거 주가 움직임이 어떻건, 내려갈 때는 폭포수처럼 쏟아지는 게 시세다.

트레이더들은 어느 시기에 닻 내림 효과에 빠질까?

그간 관찰한 결과, 초보 단계를 벗어나 중급자로서 자각할 때쯤에 닻을 내리기 시작하는 듯하다. 그 감각을 바탕으로 트레이딩하여 수익을 낸 경험도 몇 차례 있기 때문이다. 중급자 정도 되면 시세를 두고 "이만하면 바닥을 쳤겠지", "아무리 생각해도 너무 비싼데?" 라는 식으로 동료 트레이더들과 이야기를 나누곤 한다. 그러나 바로 그곳에 함정이 있다.

'쌀 때 사서 비쌀 때 판다'라는 주식시장의 격언을 들어본 적이 있을 것이다. 언뜻 진리처럼 들리지만, 가만히 생각해보면 말도 안 된다는 사실을 알 수 있다.

예를 통해 살펴보자. 다음 그림은 가격 변동을 단순화한 것이다. 현재의 '가격'은 비쌀까, 아니면 쌀까?

가격 동향을 보면 저가에서 잠시 횡보기를 거친 후에 급등하더니 이번에는 고가에서 횡보하고 있다. 이런 시세 전개를 보이면 대부분 트레이더는 '너무 비싸니 빨리 팔아야 한다'라고 생각한다. 그런데 이후 한층 더 급등세를 보이는 경우가 있다. 이런 상황이면 그때 가격이 비쌌다고는 누구도 말할 수 없다.

즉 '쌀 때 사서 비쌀 때 판다'라는 대원칙은 '미래의 가격과 비교하여 쌀 때 사서 비쌀 때 판다'라고 해야 한다. 현재의 가격이 과거보다 아무리 비싸도 미래에 더욱 상승하면 그것은 싼 가격이고, 과거보다

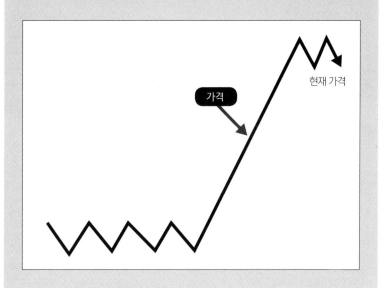

아무리 싸 보여도 미래에 더 떨어지면 그것은 비싼 가격인 것이다.

　그렇지만 신이 아닌 이상 누구도 현재의 가격과 미래의 가격을 비교할 수 없다. 그런데도 수많은 트레이더가 현재의 가격을 과거와 비교하여 '비싸다' 또는 '싸다'고 단정하려고 한다. 이것이 바로 함정이다.

　현재의 가격은 현재의 모든 상황(펀더멘털, 시장의 정서, 추세 등)을 고려한 매수세와 매도세의 균형에 의해서 만들어진다. 모든 것이 포함된 결과로 현재의 가격이 만들어지므로, 미래의 가격과 비교할 수 없는 이상 그것이 싼지 비싼지를 논하는 것은 무의미하다.

　우리가 주목해야 할 것은 '과거에 어땠는가'가 아니라 '앞으로 어떻게 될까'이다. 앞으로 가격이 올라가느냐 내려가느냐는 기본적으로 5:5라는 점이다. 지금 가격이 비싸다고 생각하든 또는 싸다고 생

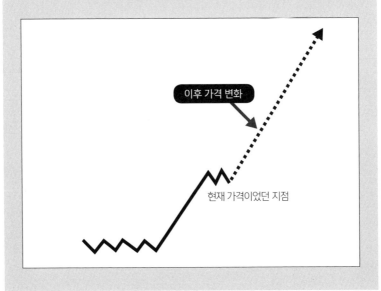

각하든, 아무런 상관이 없다. 우리가 주시해야 할 것은 앞으로 일어날 다양한 환경 변화에 좌우되는 가격의 움직임뿐이다.

원유 시장에서 실제 있었던 사례를 들어보겠다. 1970년대에 1차 오일쇼크가 발생했다. 오랫동안 1배럴에 3달러 정도였던 원유 가격을 OPEC(석유수출기구) 가맹국 중 몇 개 나라가 5달러를 넘기겠다고 일방적으로 발표한 사건이다. 가격을 순식간에 70% 이상 인상한 것이다. 그 후에도 산유국은 가격을 높이기 위해 원유 생산을 단계적으로 감축하기로 했다. 불과 몇 달 만에 원유 가격은 12달러 선까지 상승했다. 석유가 나지 않는 나라들에서는 세상이 끝나는 게 아닌가 할 정도로 큰 소동이 벌어졌다.

그로부터 세월이 흘러 원유가가 1배럴당 100달러를 넘어 150달러에 근접한 시기도 있었다. 1차 오일쇼크의 충격에서 헤어나오지 못한 사람들은 가격이 너무 비싸다고 생각하여 오르면 오를수록 계속해서 공매도 주문을 냈다. 물론 결과는 파산이었다.

이번에는 반대로 원유 가격이 내려가기 시작했다. 100달러를 넘는 원유 가격에 익숙해진 사람들은 반 토막이 나리라고는 생각지도 못한 채 저가라고 생각하여 계속 사들였다. 하지만 원유 가격은 사람들의 생각을 훨씬 뛰어넘어 계속해서 떨어졌다. 이 역시 결과는 파산이었다.

닻 내림 효과로 매매하는 것이 얼마나 무서운 일인지를 이제 알게 됐으리라 믿는다.

밴드왜건 효과

밴드왜건은 퍼레이드를 이끄는 군악대가 탄 차를 말한다. 군악대가 연주하는 음악에 맞춰 사람들이 춤을 추며 따라가듯이, 정보나 유행에 이끌려 사람들이 모여들면서 어떤 세력이 강해지는 것을 '밴드왜건 효과'라고 한다.

예를 들어 어느 회사의 신제품이 큰 인기를 얻어 주가가 급등했다고 하자. 신문에 관련 기사가 실리고, 잡지에서도 특집으로 다루고, TV에도 보도된다. 여기저기서 "신제품이 우수하니까 그 회사 주식을 사면 돈을 벌 수 있을 거야"라고 선전을 한다. 그러면 트레이더들이 이 회사 주식을 사겠다고 너도나도 몰려들 것이다.

그런데 매수했을 때는 이미 주가가 오를 대로 올라서, 대부분의 트레이더는 고가에 물리고 만다. 이것이 밴드왜건 효과의 무서움이다.

소수의 법칙 맹신

트레이딩 세계에서 이기기 위해서는 '대수의 법칙'이라는 개념을 반드시 이해해야 한다고 앞서 설명했다. 그 반대 개념이 '소수의 법칙'이다.

소수의 법칙이란 적은 표본 안에서 법칙 비슷한 것을 찾아내는 것이다. 소수의 법칙으로 찾은 무언가가 적중했을 때, 그것을 믿고 싶어 하는 마음을 모르는 것은 아니다. 하지만 표본 수가 적기 때문에 굳게 믿어도 좋을 만큼 확실치 않다는 걸 인정해야 한다.

그런데 이 트릭에 걸려드는 사람이 의외로 많다. 예를 들어 주말

무렵에 가격이 하락하는 현상이 서너 번 연달아 나타나면 '주초보다 주말에 주가가 내려간다'라는 식으로 엉성한 법칙을 만드는 것이다.

'지브리 영화가 방송되면 주가가 요동친다'라는 이야기도 있었다. 지브리 영화가 TV에서 방송됐을 때 주가가 크게 움직인 적이 몇 번 있다. 그러자 마치 법칙인 양 그것을 근거로 매매하는 트레이더도 나타났다.

지브리 정도라면 아마 대부분은 사소한 우연으로 넘길 것이다. 하지만 '주가는 몇 년 주기로 움직인다'라는 이야기는 어떤가? 외환시장이나 선물시장에서 이런 이야기가 떠돈다. 몇십 년짜리 차트를 펼쳐놓고 어떤 해에는 오르고 어떤 해에는 떨어졌다고 표시하고는, 이를 근거로 가격이 몇 년 주기로 움직이는지 알 수 있다고 주장하는 것이다. 문자 그대로 '뒷북치기'다.

확률 분야의 전문가들은 어떤 현상에 대해 그 확률의 보편성을 확보하기 위해서는 랜덤 데이터를 가져다가 300번 이상 검증해야 한다고 말한다. 이에 따르면 '몇 년 주기'라는 주장은 너무나 터무니없다. 표본 숫자가 적기 때문에 진실인지 우연인지 판단할 수 없다. 요컨대 어느 쪽이 맞는지 정할 수 없기 때문에 신뢰할 수 없다.

'소수의 법칙'에는 신빙성이 없다. 세간에 떠도는 근거 없는 법칙을 맹신하지 말아야 한다.

5장

∨

진입 규칙

🎯 터틀 그룹의 진입 규칙

진입 규칙은 트레이딩의 출발점인 주문을 결정하는 것이 목적이다. 트레이더로서는 가장 관심이 가는 부분이겠으나, 앞에서 설명한 대로 자금관리와 리스크관리 규칙이 확실히 세워지지 않는다면 진입만으로는 성공할 수 없다. 진입 규칙에서는 '에지 있는 거래'를 명심해야 한다.

터틀 그룹의 진입 규칙은 '고가 경신'과 '저가 경신'을 기본으로 하며, 크게 두 가지로 나뉜다.

진입 규칙 1

진입 규칙 1에서는 20일간 가격을 기준으로 한다. 상승 추세에서 가격이 과거 20일 고가를 경신하면(신고가를 기록하면), '매수에 에지가 발생했다'고 판단하여 매수로 진입한다. 반대로, 하락 추세에서 가격이 과거 20일 저가를 경신하면(신저가를 기록하면), '매도에 에지가 발생했다'고 판단하여 매도로 진입한다. 이것이 '진입 규칙 1'이라 불리는 기법이다. 전설의 트레이더 집단이라면 뭔가 특별한 기법이 있으리라 생각했겠지만, 놀랄 만큼 단순하다.

그림 5-1 > 과거 20일간 고가를 경신하면 매수 진입

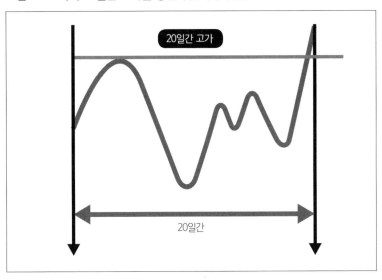

그림 5-2 > 과거 20일간 저가를 경신하면 매도 진입

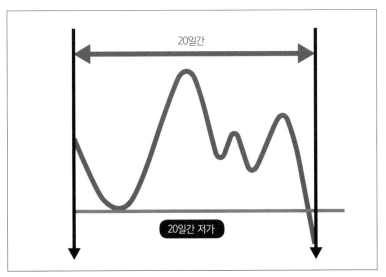

터틀 그룹은 트레이딩에서 '규율'을 일관되게 추구했다. 여기서 규율이란, 처음부터 끝까지 일관된 트레이딩을 하는 것을 말한다. 그러려면 무엇보다 규칙이 단순해야 한다. 터틀식 트레이딩이 가지는 근본적인 의미 중 하나가 바로 '단순함'이다.

터틀 그룹의 진입 규칙 1을 '그림 5-3'에서 검증해보자.

캔들차트의 위쪽에 그려진 선이 20일간 고가다. 즉, 그 선을 넘어간 순간이 20일간 고가를 경신하여 신고가를 기록한 지점이 된다. 반대로 아래에 있는 것은 20일간 저가다. 그 선 아래로 떨어지는 순간이 20일간 저가를 경신하여 신저가를 기록한 지점이 된다. 위의 선을 넘으면 그 순간에 매수 진입을 하고, 아래 선을 내려가면 그 순간에 매도 진입하는 것이 규칙이다. 차트에서 타원 A로 표시한 부분이 매수로 큰 수익을 올린 구간이다. 타원 B 부분은 매도로 큰 수익을 올린 구간이다.

타원으로 표시한 부분을 자세히 보면 고가 경신 시점에 매수 진입, 저가 경신 시점에 매도 진입했는데 일시적으로 가격이 반대 방향으로 움직이기도 한다. 앞서 이미 학습한 대로 진입과 동시에 2ATR에 해당하는 수준에 손절매 주문을 넣어놓은 상태이므로, 시세가 그 손절매 라인에 걸렸다고 해도 손실은 트레이딩 자금의 2%로 한정된다. 연속으로 진입에 실패해도 큰 손실을 보지는 않는 반면, 진입에 성공하면 큰 수익으로 이어진다.

종목을 늘리면 기회도 늘어난다. 그리고 타임 프레임을 일봉이 아니라 시간봉이나 분봉으로 바꾸어도 진입 기회를 늘릴 수 있다. 다만,

그림 5-3 ▷ 터틀 그룹의 진입 규칙 1 적용 사례

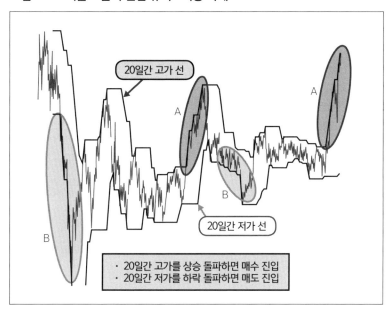

이 규칙에는 'PL 필터'라는 한 가지 조건이 붙어 있다. '직전 거래에서 수익을 냈다면, 반대 방향으로 진입 신호가 나와도 무시한다'는 것이다. 상승이든 하락이든 큰 추세가 방향을 바꿔 연속해서 나타날 가능성은 매우 작기 때문이다. 이 조건을 충실히 따르며 연간 매매 횟수를 30% 줄였는데 수익은 줄지 않았다는 기록도 있다.

<진입 규칙 1>
· 고가 경신: 과거 20일 동안의 고가를 경신하면 매수 진입
· 저가 경신: 과거 20일 동안의 저가를 경신하면 매도 진입

진입 규칙 2

한 종목에서 폭등 후 폭락, 폭락 후 폭등이 일어나는 경우는 드물다. 하지만 만약 그런 상황이 발생하여 큰 시세를 놓친다면 아깝기 그지없는 일이다. 그 점을 고려하여 개발한 것이 '진입 규칙 2'다. 진입 규칙 2에서는 55일간 가격을 기준으로 한다.

<진입 규칙 2>
· 고가 경신: 과거 55일 동안의 고가를 경신하면 매수 진입
· 저가 경신: 과거 55일 동안의 저가를 경신하면 매도 진입

진입 규칙 1과 2의 차이는 타임 프레임의 일수뿐이다. 어디까지나 규칙 1을 기본으로 하며, PL 필터로 규칙 1이 발효되지 않았을 때에 한해서 규칙 2를 사용한다. 진입 규칙 1에서 신호가 나왔는데 PL 필터에 의해 무시했던 추세가 큰 시세를 이루면, 진입 규칙 2가 발효된다. 진입 규칙 2에는 PL 필터를 적용하지 않는다.

예를 들어 20일간 고가에서 1유닛 매수 진입했는데, 그 뒤로도 상승 추세가 이어질 수 있다. 하지만 55일간 고가를 돌파할 때까지는 추가 진입하지 않는다. 진입 규칙 1에 의해서 매수 진입한 후에 가격이 더욱 상승할 때는 별도의 규칙에 따라서 유닛을 추가하기 때문이다(매도 진입도 마찬가지다). 앞서 살펴본, 한 종목은 4유닛까지만 거래한다는 규칙을 떠올리자.

터틀 그룹의 거래 전략에는 진입한 유닛이 성공하면 같은 방향으로

유닛을 추가하는 규칙이 있다. 그 규칙에 따라 거래해나가면 대부분의 경우 55일간 고가에 도달하기 전에 4유닛 제한에 걸리게 된다. 다시 말해 55일간 고가가 나타나도 이미 추가 매수는 할 수 없다.

'그림 5-4'를 보자. 하락 추세가 상승 추세로 반전하고 있다. 타원형으로 표시한 '①'에 주목하자. 이 영역에서는 원래대로라면 20일간 고가에서 매수 진입 신호가 발효된다. 그런데 이전 하락 추세일 때(타원 ②) 매도 진입하여 그 거래에서 수익이 났기 때문에 매수 진입 신호는 무시했다. 하지만 그 후 상승 추세가 계속돼 55일간 고가에 도달하면, 그 시점에 진입 규칙 2에 의해서 매수 진입을 하게 된다.

그림 5-4 > 터틀 그룹의 진입 규칙 2 적용 사례

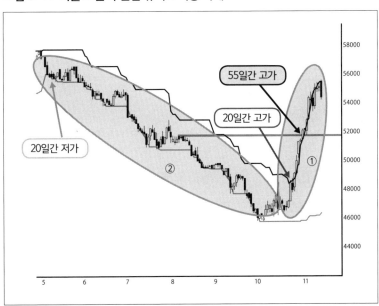

🎯 대순환 분석을 활용한 진입 규칙

터틀 그룹의 진입 규칙에 따르면, 추세가 만들어지고 나서 어느 정도 지난 후에야 신호가 나타난다. 신호가 나타난 후에 큰 추세가 만들어 진다면 확실한 수익을 올릴 수 있겠지만, 때때로 작은 추세로 끝나고 말 수도 있다. 최악의 시나리오에서는 진입하자마자 곧바로 천장을 치고 내려갈 수도 있다. 요즘에는 터틀 그룹이 사용한 것보다 훌륭한 진입 규칙이 많으니, '20일 고가와 저가', '55일 고가와 저가'를 고집할 필요는 없다.

나도 진입 규칙은 터틀 그룹의 방식이 아니라 다른 기법을 사용하고 있다. 구체적으로는 다음 두 가지다.

① 이동평균 대순환 분석을 기준으로 한 진입

② MACD를 기준으로 한 진입

현재 에지가 있는지 없는지를 이동평균선 3개(단기선/중기선/장기선)의 배열로 확인한 후에, 그 3개 선의 기울기와 간격을 확인하여 진입한다. 다만, 이동평균선을 기준으로 거래하는 것은 간단하지만 신호가 늦다는 단점이 있다. 이 점은 MACD로 보완하고 있다. MACD는 이동평균 선보다 매매 신호가 빠르다는 특징이 있다. 이동평균선 대순환 분석과 MACD를 이용한 진입 기법에 관해서는 2부에서 자세히 설명하겠다.

터틀은 규칙을
어떻게 만들었나

터틀 그룹의 모든 트레이딩 기법은 사실 리처드 데니스와 빌 에크하르트 둘이서 만들어낸 것이 아니다.

'ATR'이라는 개념은 웰스 와일더가 고안한 것이며, 진입 규칙도 당시 최첨단 기법으로 평가받았던 '돈키언 시스템'을 업그레이드한 것이다. 돈키언 시스템을 개발한 사람은 '추세추종 기법의 아버지'라 칭송받는 리처드 돈키언Richard Donchian이다.

ATR은 앞서 자세히 살펴봤으니, 여기서는 돈키언 시스템을 살펴보자.

<돈키언 시스템>

① 과거 20일 고가(저가)를 경신하면 매수(매도) 진입한다.
② 50일 이동평균선이 300일 이동평균선 위(아래)에 있을 때는 매수(매도)만 한다.

이 중 ②는 '추세 포트폴리오 필터'로, ①을 실행하기 위한 조건이다. 50일 이동평균선이 300일 이동평균선보다 위에 있다는 것은 상승 추세의 특징이다. 즉, 단기 이동평균선이 장기 이동평균선보다 위에 있다. 2개 선의 위치가 역전됐다면 하락 추세다. 돈키언 시스템

은 장기 상승 추세에서는 매수 진입만 하고, 장기 하락 추세에서는 매도 진입만 한다는 대단히 정직한 개념을 보여준다.

이 기법도 터틀 그룹의 진입 규칙과 마찬가지로 지금도 사용되고 있다. 터틀 그룹의 진입 규칙과 비교해보면, 돈키언 시스템 쪽이 승률은 높으나 RR비율이 내려가는 결과를 보였다.

오랫동안 하락하던 추세가 반전했는데 50일 이동평균선(단기선)은 아직 300일 이동평균선(장기선)보다 아래에 있는 경우를 흔히 볼 수 있다. 돈키언 시스템에 따르면 매수 기회를 놓칠 위험이 있기에 터틀 그룹은 이를 업그레이드한 것이다.

이처럼 터틀 그룹 역시 당시의 뛰어난 기법을 모아 독자적인 시스템을 구축했다. 당신도 여러 기법을 종합하여 자신에게 가장 잘 맞는 자신만의 규칙을 만들어야 한다.

6장

⌄

청산 규칙

🎯 수익을 확정하는 청산 규칙

터틀 그룹에게 진입 규칙은 하나지만, 청산 규칙은 두 가지다. 하나는 수익을 확정하는 청산 규칙이고, 또 하나는 손실을 잘라내는 청산 규칙(손절매)이다.

두 규칙 중 어려운 것은 수익을 확정하는 청산 규칙이다. 어느 시점에 청산해야 할지 판단하기가 쉽지 않기 때문이다. 다만 트레이더는 가질 수 있는 수익을, 취할 수 있을 때 확보해두어야 한다. 수익을 확보할 기회가 오면, 온 힘을 다해서 최대한의 수익을 손에 넣어야 한다.

다만, 옛말에 욕심이 과하면 화를 부른다고 했다. 주식시장이야말로 욕심이 과해지기 쉬운 곳이다. 수익을 키우려고만 한 나머지 예기치 못한 반전에 휘말려 수익이 크게 줄거나 심지어는 손실로 바뀌기도 한다. 트레이더가 현실적으로 취할 수 있는 것은 '머리'와 '꼬리'를 뺀 '몸통' 부분이다. 수익을 확정하는 청산 규칙에서는 이 부분을 확실히 잡아내느냐 아니냐가 포인트다.

그림 6-1 › 수익 확정의 기본

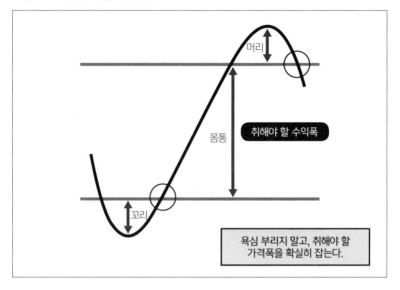

가격을 기준으로 수익을 확정하지 말라

트레이딩 고수들은 가격을 기준으로 수익을 확정하지 않는다. 옛날에 는 포지션을 취할 때 얼마까지 내려가면 손절매할까, 얼마까지 올라가 면 수익을 확정할까를 미리 정해놓아야 한다고 흔히 생각했다. 하지만 그것은 낡은 사고방식이다.

'그림 6-2'를 보자. 어떤 종목을 1,000엔에 매수했다고 하자. 손절매 라인은 900엔, 수익 확정 기준은 1,300엔으로 정했다. 이 '사전 설정 방 식'의 효과를 몇 가지 사례에 따라 검증해보자.

그림 6-2 › 수익 확정 기준을 가격으로 정한다면

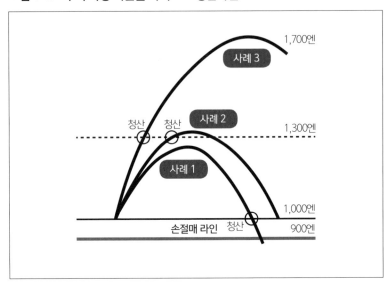

① 사례 1: 매수 진입 후에 가격이 상승했다. 그런데 1,300엔까지 오르지 못하고 반락했다. 결국 손절매 라인에 걸려서 매도되고 말았다. 실패한 트레이딩이다.

② 사례 2: 매수 진입 후에 가격이 상승하여 1,300엔에 도달했다. 1,300엔에 도달했을 때 청산했다. 그 후 곧바로 천장을 찍고 하락했다. 이 경우에는 대성공이다.

③ 사례 3: 매수 진입 후에 가격이 상승하여 1,300엔에 도달했다. 1,300엔에 도달했을 때 청산했다. 그런데 그 후에도 가격은 점점 오르더니 1,700엔까지 상승했다.

사례 3은 성공일까, 실패일까? 청산하지 않고 매수 포지션을 계속 유지했다면 훨씬 큰 수익을 올렸을 것이다. 그런데 경직된 규율을 고집한 탓에 가질 수도 있었던 수익을 놓치고 말았다. 따라서 사례 3도 실패다. 세 가지 사례 중 목표 가격을 정해서 성공한 것은 2번뿐이라는 것을 알 수 있다.

그러면 수익은 어떤 식으로 확정해야 할까? 이 역시 단순하다. '추세가 있는 한 포지션을 유지하고, 추세가 끝나면 청산한다'를 기본 원칙으로 정해야 한다.

트레이딩의 성패는 큰 추세가 발생했을 때, 그 추세를 확실히 붙잡을 수 있느냐 아니냐에 달려 있다. 수익을 확정할 가격을 미리 정해놓으면 큰 추세를 타기가 어렵다.

'머리'와 '꼬리'는 필요경비

주식시장에는 '놓친 수익을 아까워하지 말라'라는 격언이 있다. 예를 들어, 상승 추세를 잘 찾아내서 매수 진입했다고 해보자. 그 후에도 가격이 순조롭게 상승하여, 현재 100만 엔이라는 계산상 수익(미실현수익)이 나고 있다. 그런데 계속 오를 것만 같던 시세가 반전을 한다. 가격이 내려간 지점에서 청산 신호가 나왔기에 매도했다. 실제로 손에 쥔 수익은 70만 엔이다.

이런 일은 비일비재하다. 고점에서 매도했다면 내 손에 들어왔을 그 30만 엔을 아까워하는 것은 인지상정이다. '왜 그때 청산하지 않았을까' 하고 후회하게 된다.

이런 경험을 한 트레이더는 다음에 똑같은 상황에 처했을 때 어떻게 할까? 아마도 대부분이 100만 엔이라는 수익을 확정할 것이다. 그런데 꼭 그럴 때만 가격이 더 기세좋게 올라 '계속 들고 있었더라면 300만 엔 수익을 올렸을 텐데' 하고 후회하게 한다.

상승 추세 중에 매수 포지션을 청산하면 잠재적인 상승 여지를 포기하는 것이다. 그리고 한번 청산하고 나면 더 오를 것 같다는 생각이 들더라도 좀 전에 청산했던 지점보다 높은 가격에서는 다시 매수할 용기를 내기 어렵다.

만약 당신이라면, 상승 도중에 청산하여 이후 상승분을 포기하는 것과 정점을 확인한 후에 수익의 일부분을 줄이는 것 중 어느 쪽을 선택하겠는가?

어떤 면에서는 누구도 답할 수 없는 질문처럼 보인다. 하지만 자기만의 트레이딩 규칙을 세워둔 트레이더라면 주저없이 후자를 택한다. 즉, 정점을 지나서 하락할 때 청산하여 천장에서부터 내려온 만큼의 수익을 포기한다. 하지만 대부분 트레이더는 전자, 즉 상승하는 도중에 청산하여 이후 더 상승하여 갖게 될 잠재 수익을 포기하는 쪽을 택한다. 잠재 수익이 얼마나 될지 짐작할 수 없는 데다 언제 반락할지 몰라 두렵기 때문이다.

트레이딩 고수를 목표로 한다면, 대시세를 잡는 것이 포인트라는 점을 다시 한번 마음에 새기자. 전자를 택하는 트레이더는 대시세를 잡을 수 없다. 대시세를 잡는 것은 후자를 선택한 트레이더뿐이다. 가격이 정점에서 내려와 계산상 수익이 적어졌다 하더라도, 이는 대시세를 잡기 위한 것이었던 만큼 필요경비라고 생각할 수 있다. 큰 수익을 손에 넣는 데 필요한 것을 아까워해서는 트레이딩 규칙을 지켜낼 수 없다.

추세추종에서는 트레이딩 중에 큰 수익이 났다고 해도 추세가 유지되는 한 청산하지 않는다. 청산은 추세가 끝났음을 알려주는 신호가 나왔을 때 실행한다. 그때는 수익이 줄어들었을 테지만, 그 감소분을 절대 아깝게 생각하지 말라. 트레이딩에서 중요한 것은 '큰 추세가 발생했을 때, 그 추세를 확실히 잡을 수 있는가' 하는 것이다. 만약 수익 확정 가격을 사전에 정해둔다면 큰 추세를 타기 어렵다.

큰 추세를 잡기 위해서는 추세가 살아 있는 한 포지션을 계속 유지해야 한다. 그러자면 바닥에서 천장까지의 상승폭에 비해 실세 확보할 수 있는 수익은 적어질 수밖에 없다. 아까워하지 말고 이 격언을 되뇌자. "머리와 꼬리는 시장에 돌려줘라."

큰 추세를 노려라

'그림 6-3'을 보자. 위쪽 그림과 같은 가격 움직임이라면 상승폭이 커서 그럭저럭 수익을 취할 수 있다. 그런데 아래쪽 그림의 사례는 어떨까?

이 사례에서도 실제 상승폭은 그럭저럭 있다. 하지만 결과적으로 손에 쥔 수익은 미미한 수준이다. 더 작은 추세였다면 수익이 나기는커녕 손실로 끝났을 것이다.

그림 6-3 › 수익 확정의 궁극적인 의의는 대시세를 잡는 것

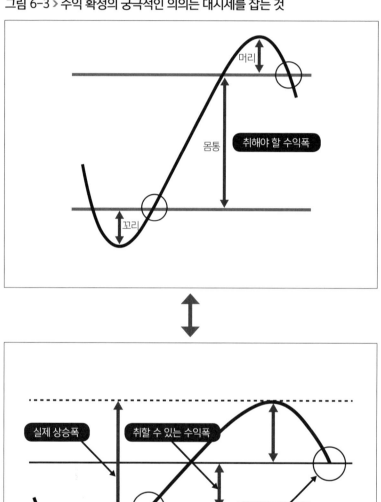

여기에 수익 확정의 궁극적인 의의가 숨어 있다. 대시세는 말 그대로 엄청난 기세로 지속되는 추세를 말한다. 아주 드물기 때문에 길목에서 기다리고 있다가 잡아챌 수 있는 사람은 없다. 따라서 매번 트레이딩을 할 때마다 준비를 해야 한다. 그것이 바로 추세가 지속되는 한 포지션을 보유해야 하는 이유다.

초보 트레이더는 작은 추세까지 포함하여 다양한 국면에서 진입하면서 승률을 높이는 데에만 집착하는 경향이 있다. 작은 추세에서 이기려고 하면, 노릴 수 있는 수익의 폭이 적을 수밖에 없다.

문제는 그런 작은 추세를 노리는 것이 습관이 되면, 대시세 종목을 매수해놓고도 조금만 수익이 나면 청산하여 수익을 확정하고 만다는 것이다. 의식의 밑바닥에 '빨리 수익을 확정하지 않으면 날아갈지도 몰라'라는 강박관념이 깔려 있다. 지금까지 적은 수익을 얻는 데 길든 탓에 그 이상의 수익을 올릴 기회를 만나면 더 조급해진다. 그리고 이어지는 대세 상승을 구경만 할 뿐이다.

'그림 6-4'를 보면, 그해 후반에 접어들면서부터 시세가 움직이기 시작했다. 8월부터 9월까지의 상승과 11월부터 12월까지의 상승을 확실히 붙잡느냐 아니냐가 포인트였다. 이 가격 변동만 잡을 수 있었다면 최고의 한 해가 됐을 것이다.

차트를 보면 알 수 있듯이, 1월부터 8월까지는 수익을 거의 내지 못하는 시기가 이어졌다. 바로 그 시기를 꾹 참고 기다린 트레이더만이 후반기에 큰 수익을 올릴 수 있었던 것이다.

그림 6-4 › 대시세를 잡아낼 수 있는가

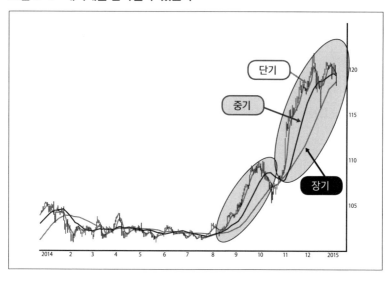

대부분의 트레이더는 그해의 전반기에도 어떻게든 벌어보려고 적은 수익을 주는 트레이딩을 반복했을 것이다. 그리고 자잘한 수익을 취하는 데 익숙해져 후반에 발생한 두 번의 큰 상승 추세에서도 미미한 수익만 취한 채로 끝나고 말았을 것이다.

초보와 프로는 극과 극의 매매 행태를 보인다. 초보 트레이더는 수익을 찔끔찔끔 벌어들이다가, 마지막에 가서는 그마저도 토해내고 만다. 프로 트레이더는 그 반대다. 적은 손실을 거듭하다가도 결국에는 큰 추세에 올라탐으로써 그간의 손실을 회복함은 물론 큰 수익까지 손에 쥔다.

수익 확정의 궁극적인 의의는 대시세를 확실히 잡아낼 수 있는 시스텝을 만드는 것이다. 큰 추세가 나타나지 않을 때는 오랫동안 수익이 나지 않을 수도 있으나, 그 기간을 담담하게 견뎌야 한다.

⌖ 손실을 잘라내는 청산 규칙

손절매 라인의 올바른 설정법

손절매의 개념은 3장 리스크관리에서 설명했다. 여기서는 그 중요성을 다시 한번 짚어본 후 실전에 필요한 내용을 소개하고자 한다. 손절매 라인을 설정하는 방법은 다음과 같다.

① 추세를 유지하는 한, 일시적으로 반대 방향으로 움직여도 청산하지 않는다.
② 추세가 무너져서 반전했다면, 재빨리 청산한다.
③ 위 두 가지가 양립하는 지점에 손절매 라인을 설정한다.

가격은 물결치면서 상승하고 물결치면서 하락한다. 그 물결의 폭을 노이즈라고 하며, 추세는 언제나 노이즈를 동반한다. 손절매 라인이 그 노이즈에 걸리면 일시적인 하락에 손절매 주문이 실행되고 만다. 한편 추세가 반전했다면 재빨리 포지션을 청산해야 한다.

이런 점을 고려할 때 적적한 손절매 라인은 노이즈 바깥쪽, 즉 노이

그림 6-5 > 손절매 라인 설정

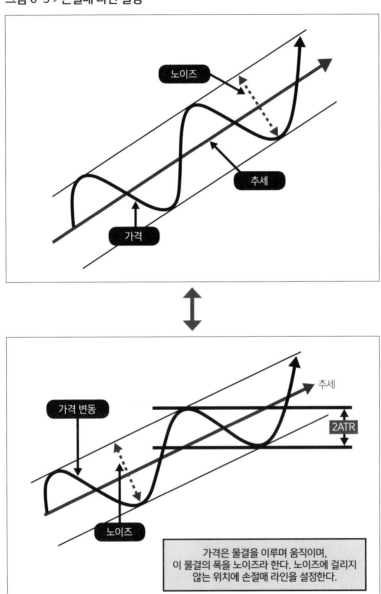

즈의 최대 진폭에 가까운 지점에 설정해야 한다. 그러려면 먼저 노이즈의 폭을 알아야 한다.

터틀 그룹은 다양한 종목으로 조사한 결과, 노이즈 중에서 직전 고가에서 현재 저가까지의 폭이 평균적으로 '2ATR 이하'라는 점을 발견했다. 터틀 그룹이 손절매 라인을 ATR의 2배로 설정한 이유가 바로 이것이다.

손절매 라인의 적정 폭

터틀 그룹은 손절매 라인을 ATR의 2배 지점에 설정했지만, 그것은 지금으로부터 30년도 더 된 옛날의 이야기다. 오늘날 우리가 트레이딩하는 시장은 당시와 다르다. 따라서 지금 자신이 트레이딩하고 있는 종목의 노이즈 폭이 어느 정도인지를 항상 파악하고 있어야 한다. 그리고 상황에 따라서는 손절매 라인을 ATR의 2배와 다르게 설정할 필요도 있다.

앞서 언급했듯이, 가장 기본이 되어야 하는 사항은 다음과 같다.

① 추세가 지속되는 한 일시적인 노이즈에 걸리지 않도록 주의한다.
② 추세가 끝났을 때는 재빨리 청산한다.

이 두 가지를 바탕으로 자신이 트레이딩하는 종목의 노이즈 폭을 살펴본다.

터틀 그룹은 ATR의 2배를 손절매 라인의 기준으로 삼았지만, 다양한 트레이딩 고수들의 기법을 분석한 결과 2.5배에서 3배 정도까지 늘렸다는 사실을 알 수 있었다.

예를 들어 ATR의 3배라면, 달러/엔의 ATR이 0.8엔일 때는 2엔 40전이 된다. 이것은 손절매 라인으로서는 깊을까, 아니면 얕을까? 사람에 따라 적절하다고 생각할 수도 있고, 상당히 깊다고 느낄 수도 있을 것이다.

1유닛은 1ATR 움직여서 1%의 손익이 발생하는 거래량이다. 따라서 ATR의 3배만큼 반대 방향으로 움직였다고 해도 3% 손실에 불과하다. 트레이딩 자금이 1,000만 엔이라고 할 때 30만 엔 정도의 손실이다.

개인 트레이더는 일반적으로 손절매 라인을 너무 얕게 설정하는 경향이 있다. 적절한 손절매 라인이 ATR의 2~3배 정도라고 한다면, 2배 미만은 너무 얕다. 그런데도 그 얕은 지점에 손절매 라인을 설정하는 트레이더가 많다. 그래서 반대 방향으로 조금만 움직여도 쉽게 손절매당하고 마는 것이다.

이처럼 잘못된 설정을 하는 이유는 '1회당 적정 거래량'을 정하지 못했기 때문이다. 적절한 거래량을 정하지 않고 무턱대고 트레이딩을 하면, 종종 의도치 않게 거래량이 많아질 수 있다. 특히 신용거래(증권회사에서 돈을 빌려 주식을 사는 것으로, 미수거래라고도 한다. 종목별로 일정률의 증거금이 필요하다─옮긴이) 등에서는 자신의 자금으로 살 수 있는 양이 늘어나기 때문에 적절한 거래량을 반드시 정해두어야 한다. 거래량은 많으면서 손절매 라인은 얕게 설정해 실패하는 경우를 초보 트레이더에게서 곧잘 볼 수 있는데, 시세가 예상과 반대로 움직일 때 손실이 확대될 것을 두려워하기 때문이다.

손절매는 필요경비다

앞서 가격 변동폭 중 머리와 꼬리를 필요경비라고 했는데, 손절매에 따른 손실 역시 필요경비다. 손절매 라인에 걸렸다고 해서 트레이딩에 실패한 것으로 생각해서는 안 된다. 모든 트레이딩에서 성공할 수는 없기 때문이다. 제때 손절매를 하여 손실을 막아내고, 대시세에서 수익을 키우면 되는 것이다. 모든 트레이딩에서 성공하겠다고 생각하면 손절매가 늦어지고, 결국에는 치명적인 실패로 이어지고 만다. 손절매는 필요경비다.

다만, 손절매 라인을 설정했는데 청산 시점이 어긋나 손절매 라인을 크게 넘어 청산되는 경우도 있으니 주의가 필요하다.

<**손절매 라인을 크게 넘어 청산되는 경우**>
① 오버나이트(포지션을 보유한 채로 밤을 넘기는 것) 했을 때
② 오버위크(포지션을 보유한 채로 주말을 넘기는 것) 했을 때
③ 오버홀리데이(포지션을 보유한 채로 휴일을 지내는 것) 했을 때
④ 유동성이 낮아서, 자신의 손절매 주문으로 가격이 형성될 때

예를 들어, 매수가에서 200엔 낮은 가격에 손절매 라인을 설정했다

고 하자. 전날에는 190엔 내려간 가격에 시장이 끝났다. 이때는 손절매 되지 않는다. 그런데 다음 날 매수가보다 250엔이 떨어져 시가가 형성 된다면, 그때 손절매가 발동된다. 이 상황에서는 손절매 라인을 50엔이 나 넘어섰다.

현재는 대부분 시장에서 24시간 가까이 거래가 이루어지고 있기에, 오버나이트 리스크는 많이 줄었다. 하지만 오버위크나 오버홀리데이 는 주의할 필요가 있다. 휴일에도 거래가 있는 FX를 제외하고, 오버홀 리데이의 경우 해외에서 큰 가격 변동이 있으면 휴일이 끝난 다음 개장 일 시가에 그 변동폭이 한꺼번에 반영되기도 한다. 3~4일 연휴는 특히 위험하다.

오버홀리데이 리스크를 피하려면 연휴 전에 포지션을 모두 청산해 야 한다. 그 포지션이 정말 매력적이라면, 연휴가 지난 다음 가격 변동 을 살핀 후 다시 들어가면 된다.

이런 섬세함이 최종 손익을 좌우한다. 주문이 체결돼 몇 차례 적은 손실을 보게 되더라도, 최종적으로는 충분히 수익을 회복할 수 있다. 하지만 손절매 라인을 크게 넘겨서 입은 손실은 되돌리기 어렵다. 이것 을 회피할 수 있느냐 없느냐가 성패를 가른다는 사실을 기억하자.

1회 트레이딩에서 취하는 리스크

앞서 말했듯이 터틀 그룹은 손절매 라인을 ATR의 2배 수준에 설정했 다. 그들은 ATR을 'N'이라고 하고, 모든 것을 N으로 관리했다. 즉, 터틀 그룹은 2N만큼 반대 방향에 손절매 라인을 설정했다.

수익 확정도 N으로 관리하면 편리하다. 수익을 5N 취하고 다음 트레이딩에서 2N만큼 손실을 봤다고 하자. 계산하면 3N만큼 수익을 올린 것이 되므로 트레이딩 자금이 3% 늘었음을 의미한다.

그런데 2N 지점에 손절매를 설정했을 때, 한 번의 트레이딩에서 취하는 리스크는 트레이딩 자금의 몇 퍼센트에 해당할까? 답은 간단하다. 트레이딩 1회는 1유닛이고 그에 대해서 2N의 리스크, 즉 예상 손실이 ATR의 2배에 해당하므로 2%가 된다.

이 '2%'라는 숫자에 주목하자. 터틀 그룹뿐만 아니라 수많은 우수한 트레이더가 1회 트레이딩에서 취하는 리스크를 2%로 설정하고 있다. 세계 표준이라 해도 될 것이다. 즉 한 번의 트레이딩이 실패로 끝났을 경우 트레이딩 자금이 100만 엔이면 2만 엔, 1,000만 엔이면 20만 엔의 손실만 입는 것이다.

이 세계 표준과 자신의 트레이딩을 비교해보기 바란다. 자금이 100만 엔인데 한 번의 트레이딩에서 30만 엔이나 손실을 내는 트레이더가 수도 없이 많다. 투자의 세계에 절대적인 것은 존재하지 않는다. 맞고 틀리고를 반복하면서 수익을 쟁취해나가는 과정이므로, 한 번의 트레이딩에 과도한 리스크를 취하지 말아야 한다.

🎯 트레일링 스탑

트레일링 스탑trailing stop은 가격 변동에 맞춰서 손절매 라인을 조정하는 것을 말한다. 갠 이론의 고안자인 윌리엄 D. 갠william D. Gann이 100여 년 전에 제창했다.

트레일trail은 영어로 '뒤를 따르다'라는 의미다. 매수 포지션일 경우 가격이 상승하면 그에 맞춰서 손절매 라인도 끌어올리고, 매도 포지션일 경우 가격이 하락하면 그에 맞춰서 손절매 라인도 끌어내린다. 손절매 라인이 현재 시세를 계속해서 뒤따르기 때문에 '추격 역지정가'라고 한다. 가격이 상승함에 따라 손실은 조금씩 감소하고, 어느 지점부터는 자동으로 매도 주문이 실행돼도 수익을 낼 수 있는 것이 트레일링 스탑의 이점이다.

일반적인 손절매 라인 설정과 트레일링 스탑을 비교하여 살펴보자.

먼저 일반적인 손절매 라인 설정이다. 예를 들어, 100엔에 매수하여 손절매 라인을 98엔에 설정했다고 하자. 그 후 가격이 순조롭게 상승하다가 어느 가격을 정점으로 반전하여 급락했다. 가격이 손절매 라인까지 내려와 손실을 낸 채로 거래가 끝났다.

이번에는 트레일링 스탑을 보자. 100엔에 매수하여 손절매 라인을 98엔에 설정한 것은 앞의 예와 같다. 그 후 가격이 102엔까지 상승하자, 같은 폭을 유지하면서 손절매 라인도 100엔으로 끌어올렸다.

마찬가지로 가격이 104엔이 되면 102엔에, 106엔이 되면 104엔에 설

그림 6-6 > 일반적인 손절매 라인

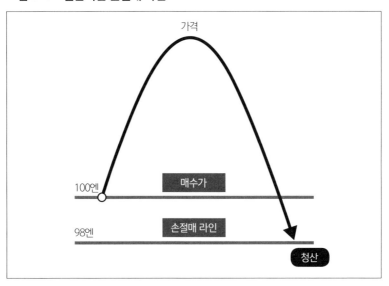

그림 6-7 > 트레일링 스탑에 의한 손절매 라인

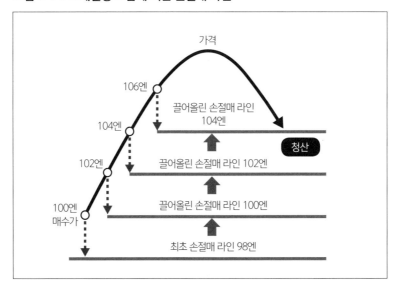

정하는 식으로 손절매 라인을 계속해서 끌어올린다. 가격은 어딘가에서 천장을 찍고 내려가기 시작할 것이다. 만약 106엔이 천장이었다면, 손절매 라인이 이미 104엔까지 올라와 있으므로 거기서 청산된다.

트레일링 스탑에는 두 가지 방식이 있다. 하나는 가격이 상승하면 그 상승폭이 어느 정도이든 애초 설정한 손절매 폭만큼 손절매 라인을 올려주는 방식이다. 다른 하나는 마디가 되는 가격, 예를 들어 10엔 오를 때마다 손절매 라인도 10엔씩 올려주는 방식이다. 어떤 방식을 사용하든 큰 상관은 없으나, 나는 상승한 만큼 올려주는 방식을 추천한다.

트레일링 스탑의 문제점과 개선점

트레일링 스탑 자체는 유효한 기법이기에 초보 트레이더에게는 반드시 추천하고 싶다. 다만, 주의해야 할 점이 있다.

'그림 6-8'을 보자. 트레일링 스탑을 적용했는데, 상승하던 가격이 일시적으로 하락해 눌림목을 만든다. 그런데 이때 가격이 손절매 라인을 건드려 청산되고 말았다. 청산된 가격이 매수가보다 높기 때문에 수익은 얻을 수 있었지만, 이후 시세는 다시 상승을 이어가고 있다. 만약 끌어올린 손절매 라인에서 청산되지 않았다면 더욱 큰 수익을 올렸을 것이다.

트레일링 스탑을 사용하면 이런 큰 수익을 놓치게 되기도 한다. 따라서 자신에게 맞춰 어느 정도 규칙을 만들 필요가 있다. 트레일링 스탑을 응용하는 두 가지 방식이 있다.

그림 6-8 > 트레일링 스탑 설정 시 주의할 점

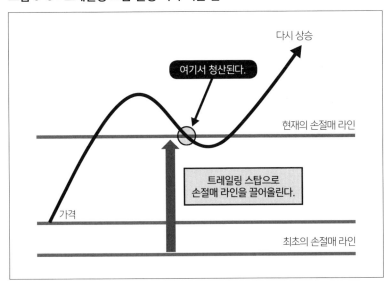

① 어느 정도까지는 트레일링 스탑을 사용하지만, 그 이후부터는 사용
하지 않는다.

② 가격 상승에 맞춰서 손절매 라인을 끌어올리지만, 그 폭은 가격 상
승분의 2분의 1 수준으로 한다.

터틀 그룹이 사용한 방식은 ①이었고, 나는 ②를 사용하고 있다. ②
번 방식으로 하면, 손절매 라인을 점점 끌어올리되 상승분을 적게 따라
가므로 어느 정도 눌림목이 나타나도 청산되는 일은 없다. 기계적으로
손절매 라인을 끌어올리는 방법이 만능이 아니라는 점을 기억하자.

터틀 그룹의 청산 규칙

터틀 그룹은 어떤 식으로 수익을 확정했을까? 그에 앞서 진입 규칙을 먼저 확인해보자.

<진입 규칙 1>
- 20일간 고가에서 매수 진입
- 20일간 저가에서 매도 진입

<진입 규칙 2>
- 55일간 고가에서 매수 진입
- 55일간 저가에서 매도 진입

터틀 그룹이 따른 '고가 경신에서 매수, 저가 경신에서 매도'라는 이 규칙은 전형적인 추세추종 전략의 돌파 기법이다. 앞에서 설명한 대로 20일간 고가·저가는 중기 추세를 잡기 위한 전략이고, 55일간 고가·저가는 장기 추세를 잡기 위한 전략이다.

수익을 확정하는 청산 규칙도 두 가지다. 하나는 규칙 1에 따라서 20일간 고가에서 매수 진입한 포지션은 10일간 저가에서 청산하고, 20일간 저가에서 매도 진입한 포지션은 10일간 고가에서 청산하는 것이다. 다른 하나는 규칙 2를 따라서 55일간 고가에서 매수 진입한 포지션은 20일간 저가에서 청산하고, 55일간 저가에서 매도 진입한 포지션은 20일간 고가에서 청산하는 것이다.

<청산 규칙 1>
· 20일간 고가에서 매수 진입 → 10일간 저가에서 청산
· 20일간 저가에서 매도 진입 → 10일간 고가에서 청산

<청산 규칙 2>
· 55일간 고가에서 매수 진입 → 20일간 저가에서 청산
· 55일간 저가에서 매도 진입 → 20일간 고가에서 청산

7장

이익을 극대화하는
피라미딩 규칙

⊙ 터틀 그룹의 1/2N 추가 규칙

추가 매수(포지션 추가) 규칙은 매수 진입한 후에 같은 종목을 더 매수하는 것으로, 피라미딩을 시스템화하는 것이 목적이다. 트레이더 중에는 추가 매수는 하지 않는 이들도 많다. 하지만 추가 매수를 하지 않으면 전체적으로 큰 수익을 올리기가 어려워진다. 트레이딩 결과가 '매수 후 가격이 오르면 매도하여 수익을 확정하고, 하락하면 손절매하여 손실을 확정'하는 데 한정되기 때문이다. 이런 점을 고려하면 추가 매수 규칙을 세워서 기회가 올 때마다 포지션을 늘려가는 것은 중요한 전술이라 할 수 있다.

터틀 그룹의 추가 매수 규칙은 단순하고 논리적이다. 규칙 자체는 최초 진입한 후에 기대한 방향으로 가격이 1/2N(즉, 1/2ATR) 움직일 때마다 1유닛씩 추가하는 것이다. 다만, 가격이 기대한 대로 움직인다고 해서 언제까지고 추가 매수를 계속하는 것은 아니다. 앞서 언급했듯이, 다음과 같은 종목 분산 규칙을 대전제로 하기 때문이다.

- 같은 종목은 4유닛까지

- 상관관계가 높은 종목은 6유닛까지
- 상관관계가 있는 종목은 10유닛까지
- 같은 포지션으로는 12유닛까지

동일 종목은 최대 4유닛밖에 보유할 수 없으므로, 추가 매수는 최대 세 번까지 가능하다.

예를 들어 어떤 종목을 2,000엔에 매수 진입했고, 그 종목의 ATR이 100엔이었다고 하자. ATR의 2분의 1은 50엔이므로 2,050엔에 1유닛, 2,100엔에 1유닛, 2,150엔에 1유닛 하는 식으로 3회에 걸쳐 추가할 수 있다. 이렇게 하면 최대 한도인 4유닛에 도달하므로 더는 추가할 수 없다.

① 2,000엔에 1유닛 매수 진입(최초 진입)

② 2,050엔에 1유닛 추가 매수, 총 2유닛, 평균 매수가 2,025엔

③ 2,100엔에 1유닛 추가 매수, 총 3유닛, 평균 매수가 2,050엔

④ 2,150엔에 1유닛 추가 매수, 총 4유닛, 평균 매수가 2,075엔

※ 'ATR = 100엔' 가정

추가 매수를 하면 그때마다 당연히 리스크가 높아진다. 그래서 터틀 그룹은 추가 매수와 트레일링 스탑을 하나의 세트로 실시했다. 추가 매수를 할 때마다 손절매 라인을 마지막 진입 가격에서 2N(이 예에서는 200엔) 떨어진 위치로 조정했다. 그리고 최종 손절매 라인을 전체 유닛에 적용

했다.

터틀은 처음 매수 진입할 때 매수가에서 2N 낮은 가격에 손절매 라인을 설정한다고 앞서 설명했다. 추가 매수를 하면 평균 매수가가 상승하므로, 그에 맞춰서 손절매 라인도 끌어올린다.

① 2,000엔에 1유닛 매수 진입 → 손절매 라인 1,800엔

② 2,050엔에 1유닛 추가 매수 → 손절매 라인 1,850엔

③ 2,100엔에 1유닛 추가 매수 → 손절매 라인 1,900엔

④ 2,050엔에 1유닛 추가 매수 → 손절매 라인 1,950엔

※ 'ATR = 100엔' 가정 ※ 평균 매수가 2,075엔

터틀 그룹은 모든 수단을 동원하여 리스크를 줄이려고 노력했다. 리스크를 줄인다고 하면, 일반인은 주문 수량을 줄인다거나 트레이딩 횟수를 줄이는 등의 소극적인 방법을 떠올릴 것이다. 하지만 프로는 많은 거래량을 소화하면서도 리스크를 얼마나 줄일 수 있을지를 고심한다.

터틀 그룹이 추가 매수를 계속한 결과 어느 종목을 4유닛 보유했다고 하자. 이 경우 최대 리스크는 어느 정도일까? 1유닛의 최대 리스크는 트레이딩 자금의 2%이므로, 4유닛이라면 8%일까?

터틀 그룹은 1유닛 단위로 추가 매수를 했으므로, 트레일링 스탑에 따라서 손절매 라인을 조정한다. 이 경우 최초 포지션과 세 번의 추

가 매수로 늘린 포지션은 매수가가 다르기 때문에 각각이 부담할 리스크도 달라질 것이다. 예를 들어 최초 포지션의 매수가는 2,000엔에 마지막 손절매 라인은 1,950엔이므로, 이 포지션이 부담하게 될 리스크는 50엔이다. 50엔은 0.5N이다. 그리고 2,050엔에 매수한 첫 번째 추가 매수 포지션이 부담할 리스크는 1N(2,050-1950=100엔)이다. 이렇게 네 번째 추가 매수까지 리스크를 계산하여 모두 더하면 5N, 즉 5%가 된다.

① 2,000엔에 1유닛, 최종 손절매 라인 1,950엔 → 리스크 = 0.5N

② 2,050엔에 1유닛, 최종 손절매 라인 1,950엔 → 리스크 = 1N

③ 2,100엔에 1유닛, 최종 손절매 라인 1,950엔 → 리스크 = 1.5N

④ 2,150엔에 1유닛, 최종 손절매 라인 1,950엔 → 리스크 = 2N

※ 'ATR = 100엔' 가정 ※ 전체 리스크 = 0.5N+1N+1.5N+2N = 5N

이런 논리를 이해하면, 기회가 왔다고 해서 한 번에 4유닛의 포지션을 취하는 것이 얼마나 위험한지 알 것이다. 매도의 경우도 마찬가지다. 처음에 매도 진입했을 때부터 1/2N만큼 가격이 내려갈 때마다 1유닛만큼 매도 포지션을 늘린다.

예를 들어 처음 매도 진입 가격이 4,000엔이고, 그때 ATR이 80엔이었다고 하자. 최초 진입은 1유닛만 한다. 손절매 라인은 2ATR을 적용하여 4,160엔에 설정한다.

● 80엔(ATR)×2+4,000엔 = 4,160엔

첫 번째 추가 매도는 ATR의 2분의 1인 40엔만큼 내려갔을 때 실행한다.

● 4,000엔-80엔×1/2 = 3,960엔

이때 손절매 라인은 마지막 매도 진입 가격인 3,960엔에서 2N만큼 높은 위치에 설정한다.

● 3,960엔+80엔×2 = 4,120엔

4유닛이 될 때까지 추가로 매도하는 방식은 일테면 다음과 같다.

① 4,000엔에 1유닛 매도 진입 → 손절매 라인 4,160엔
② 3,960엔에 1유닛 추가 매도 → 손절매 라인 4,120엔
③ 3,920엔에 1유닛 추가 매도 → 손절매 라인 4,080엔
④ 3,880엔에 1유닛 추가 매도 → 손절매 라인 4,040엔
※ 'ATR = 80엔' 가정

이것이 터틀 그룹의 피라미딩 기법의 개념이다. 터틀 그룹은 시세

가 반대 방향으로 움직일 때는 추가 진입하지 않는다. 2N 지점에서 깔끔하게 청산하고 나올 뿐이다.

🎯 터틀 그룹의 1N 추가 규칙

'1/2N 추가'는 최초 진입 후 가격이 기대한 방향으로 1/2N 움직일 때마다 1유닛씩 추가하고, 그에 맞춰서 손절매 라인도 조정해주는 규칙이다. 터틀 그룹은 이 외에 '1N 추가'라는 규칙도 사용했다.

예를 들어 최초 매수 진입 가격이 500엔, ATR이 40엔이라고 할 때 다음과 같이 추가한다.

① 500엔에 1유닛 매수 진입 → 손절매 라인 420엔

② 540엔에 1유닛 추가 매수 → 손절매 라인 460엔

③ 580엔에 1유닛 추가 매수 → 손절매 라인 500엔

④ 620엔에 1유닛 추가 매수 → 손절매 라인 540엔

※ 'ATR = 40엔' 가정

이 이상 가격이 올라가도 추가 매수는 하지 않는다. 트레일링 스탑도 하지 않는다. 최대 4유닛에 도달했기 때문이다.

<터틀 그룹의 피라미딩 규칙>
· 터틀 그룹의 피라미딩 규칙은 1/2N마다 추가하는 기법과 1N마다 추가하는 기법 두 가지가 있다.
· 어떤 경우에도 피라미딩 규칙보다 종목 분산 규칙이 우선한다.
· 포지션을 추가할 때마다 매수가의 2N 지점에 손절매 라인을 설정한다.

1/2N 추가 규칙에 따라 피라미딩하여 4유닛을 보유했다면 최대 리스크는 5N, 즉 트레이딩 자금의 5%였다. 여기서도 다시 한번 확인해보자.

① 500엔에 1유닛, 최종 손절매 라인 480엔 → 리스크 = 0.5N

② 520엔에 1유닛, 최종 손절매 라인 480엔 → 리스크 = 1N

③ 540엔에 1유닛, 최종 손절매 라인 480엔 → 리스크 = 1.5N

④ 560엔에 1유닛, 최종 손절매 라인 480엔 → 리스크 = 2N

※ 'ATR = 40엔' 가정 ※ 전체 리스크 = 0.5N+1N+1.5N+2N = 5N

이에 비해 1N 추가 규칙에 따라 4유닛을 채웠을 때는 리스크가 2N으로 낮아진다.

① 500엔에 1유닛, 최종 손절매 라인 540엔 → 리스크 = -1N

② 540엔에 1유닛, 최종 손절매 라인 540엔 → 리스크 = 0N

③ 580엔에 1유닛, 최종 손절매 라인 540엔 → 리스크 = 1N

④ 620엔에 1유닛, 최종 손절매 라인 540엔 → 리스크 = 2N

※ 'ATR = 40엔' 가정 ※ 전체 리스크 = −1N+0N+1N+2N = 2N

이렇게 최대 리스크 수치만 비교하면 '1/2N'보다 '1N'의 추가 규칙이 리스크가 낮아서 유리한 것처럼 보인다. 정말로 그럴까?

먼저 1/2N 추가 규칙에서의 평균 매수가를 계산해보자.

● (500엔+520엔+540엔+560엔)÷4 = 530엔

그리고 1N 추가 규칙에서의 평균 매수가도 계산해보자.

● (500엔+540엔+580엔+620엔)÷4 = 560엔

즉, '1N' 쪽의 평균 매수가가 높다. 결론을 이야기하면, 피라미딩의 기본은 1/2N 추가 규칙으로 하고, 상황에 따라 1N 추가 규칙을 보완적으로 사용해야 한다.

터틀 그룹의 피라미딩 기법을 응용해보자. 예를 들어 ATR 100엔인 종목을 1,000엔에 매수 진입했다고 하자. 1/2N 추가 규칙으로는 첫 번째 피라미딩이 1,050엔에서 이루어질 것이다. 하지만 실제 시장에서는 가격이 뛰는 경우가 있다. 1,050엔에 주문을 냈는데 1,070엔에 체결됐다면,

이때 손절매 라인은 얼마에 설정해야 할까? 또 다음 추가 매수는 얼마에 해야 좋을까?

손절매 라인은 1,070엔에서 2N 아래 지점, 즉 200엔 낮은 870엔에 설정해야 한다. 물론 최초 포지션도 포함해서다. 그리고 다음 추가 매수는 1,070엔에서 1/2N 높은 1,120엔이 된다. 즉, 언제나 매매가 이뤄진 가격을 기준으로 한다.

1/2N 추가 규칙에 따라 피라미딩을 할 때, 가격이 1유닛에 해당하는 만큼 뛰었다면 어떻게 해야 할까? 산술적으로는 2유닛을 추가해야 할 것 같지만, 터틀 그룹은 그런 경우에도 1유닛을 기본으로 정했다.

🎯 물타기와 피라미딩

피라미딩에는 '물타기'라 불리는 기법이 있는데, 트레이더마다 평가가 제각각이다. 우선 어떤 시스템인지부터 살펴보자.

매수 포지션을 취한 후에 가격이 내려가서 평가손이 났을 때 추가로 매수하는 것이 '물타기 매수'다. 이를 '매수 단가를 낮춘다'라고 표현하기도 한다. 매도 포지션을 취한 후에 가격이 상승하여 추가로 매도하는 것은 '물타기 매도'라고 한다.

· 물타기 매수: 매수 포지션을 취한 후에 가격이 하락했을 때 매수 포

지션을 추가하는 것

- 물타기 매도: 매도 포지션을 취한 후에 가격이 상승했을 때 매도 포
지션을 추가하는 것

'그림 7-1'을 보자. 2,000엔에 1,000주를 매수한 뒤 시세가 내려가서
1,800엔에 한 번 더 1,000주를 매수했다. 물타기 매수는 평균 매수가를
내려주는 효과가 있다. 즉 1,900엔에 2,000주를 산 것과 같다.

처음에 2,000엔에 1,000주를 사고 멈췄다면, 1,800엔까지 내려갔을
때는 가격이 2,000엔까지 다시 올라와야 비로소 손익이 플러스마이너
스 제로가 된다. 수익이 나려면 2,000엔 이상으로 올라가야 한다. 그런

그림 7-1 › 물타기의 구조

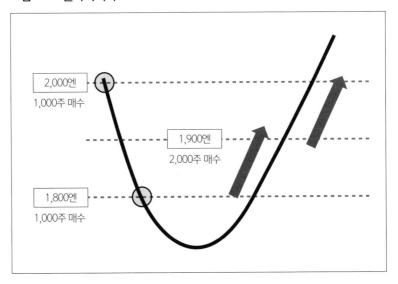

데 물타기 매수를 하면, 가격이 1,900엔까지만 상승해도 손실이 사라진다. 혹시 운 좋게 가격이 2,000엔까지 올라가면 1주당 100엔의 수익을 거둘 수 있어서 계산상 20만 엔의 수익이 된다.

이처럼 물타기의 장점은 미실현손실을 빠르게 없애준다는 데 있다. 그리고 시세가 상승하면 수익이 증대된다.

하지만 장점만 있는 것은 아니다. 존경받는 트레이더인 윌리엄 D. 갠은 "물타기는 트레이더가 범하는 최악의 과오다"라고 말했다.

매수 포지션을 취한 후에 시세가 내려가는 것은 트레이더에게 대단히 괴로운 일이다. 하지만 물타기를 하면 평균 매수가가 내려가기 때문에 미실현손실을 회복하기 쉬워진다. 내려갈 때마다 사들이는 작업을 반복하면 평균 매수가가 계속 낮아지므로, 어느 시점을 경계로 시세가 역전하여 상승하면 커다란 수익을 올리게 된다는 원리다.

그런데 여기에는 함정이 있다. 물타기라는 전략의 성공은 최종적으로 가격이 반전 상승하는 것을 전제로 하기 때문이다. 만약 시세가 계속해서 내려간다면 어떻게 될까? '그림 7-2'를 보면 알 수 있다.

물타기를 계속하기 위해서는 자금이 필요하다. 더는 자금이 없어 물타기를 중단하면 그 시점에 매수 평균가가 고정된다. 거기서 가격이 더 내려가면 포지션이 늘어난 만큼 손실이 커진다.

가격이 기대와 반대 방향으로 움직이면 손절매 라인에서 깨끗하게 손절매하는 것이 트레이딩의 철칙이다. 그런데 물타기는 그 철칙에 역행한다. 게다가 포지션을 더욱 늘리기까지 하는 무모한 전략이다.

그림 7-2 › 물타기의 손실 패턴

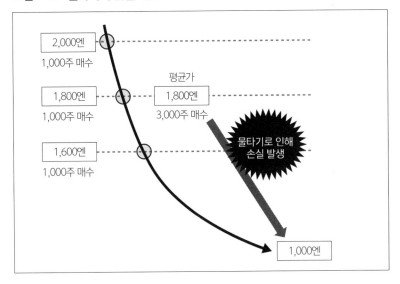

트레이딩은 결코 어려운 것이 아니다. 손실을 보는 경우도 있으나, 그 손실을 컨트롤할 수 있다면 충분히 회복할 수 있다. 손실을 컨트롤하려면 자신에게 적정한 리스크만을 부담해야 한다. 물타기를 하면 그 적정 리스크를 순식간에 넘어서게 되며, 오기로 물타기를 계속하다가는 결국 치명적인 손실을 볼 수 있다.

시장에서 쓴맛을 봤다는 사람들에게 물으면, 대부분이라 해도 좋을 만큼 물타기에서 실패한 것이 원인이었다고 답한다. 물타기는 '모 아니면 도'인 도박과도 같다. 우리가 목표로 하는 트레이딩 스타일에는 결코 어울리지 않는 전략이다.

쌀 때 사서 비싼 때 판다?

시장에는 '쌀 때 사서 비싼 때 판다'라는 격언이 있다. 이 말이 흔히 오해를 낳는다. 앞서 짚었듯이, 정확한 의미는 '장래의 가격과 비교해 쌀 때 매수하여, 장래의 가격과 비교해 비싼 때 매도한다'라는 것이다. 그런데도 대부분 사람이 과거 가격과 비교하여 싼지 비싼지를 판단한다.

'그림 7-3'을 보자. 2만 엔 전후에서 움직이던 주식이 1만 2,000엔 전후까지 하락했다. 이 1만 2,000엔이라는 가격은 쌀까, 비쌀까?

얼핏 대단히 싼 것처럼 보이지만, '그림 7-4'와 같은 상황이 벌어진다면, 대단히 비싼 가격이었음을 알 수 있다.

추세추종에서는 가격이 상승한 후에야 추세가 발생했다고 판단하

그림 7-3 > 현재 가격은 쌀까, 비쌀까?

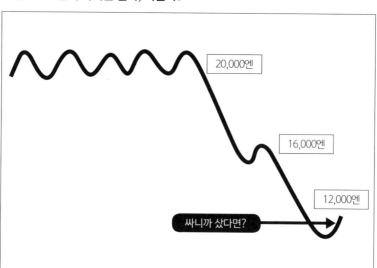

그림 7-4 › 싸 보였지만, 비싼 가격이었다

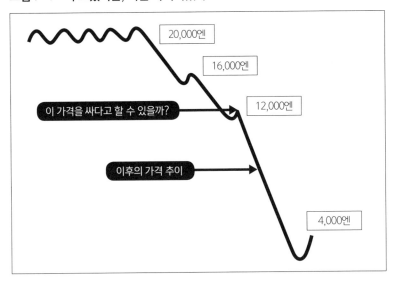

여 매수 진입한다. 이것은 언뜻 보면 '쌀 때 산다'라는 격언에 반하는 것처럼 보인다. 하지만 추세추종 기법을 사용하는 트레이딩에서는 그것이 정답이다. 왜냐하면 중요한 것은 앞으로의 가격 움직임이기 때문이다. 현재 상승 추세가 발생했고 앞으로도 상승한다면, 매수한 가격은 '싼 가격'이 된다.

즉, 현재 가격이 싼지 비싼지는 앞으로의 가격 변동에 따라 정해진다. 따라서 이제 상승 추세가 시작되는 거라면 지금 가격이 과거 가격 변동 중에서 비싸 보이는 위치에 있다고 해도 주저하지 말고 매수해야 한다. 마찬가지로, 하락 추세가 시작됐다면 지금 가격이 싸 보이더라도 매도 포지션을 취하는 것이 정답이다.

오른 다음에는 내려가고, 내린 다음에는 올라간다?

'시세는 올라가면 내려가고, 내려가면 올라간다'라는 격언도 있다. 오르기만 하는 시세는 없으며 내리기만 하는 시세도 없다는, 경험에서 나온 말이다.

그런데 언젠가는 내려가고 언젠가는 올라간다고 할 때, 그 '언젠가'란 도대체 언제일까? 또 얼마나 내려가고 얼마나 올라가는 걸까?

사람은 누구나 선입견을 가지고 있다. '시세는 올라가면 내려가고, 내려가면 올라간다'라는 말을 들으면 가격이 제자리로 돌아올 것 같다는 생각을 하기 마련이다. 예를 들어 1,000엔에서 2,000엔까지 오른 종목이 있다면, 언젠가 다시 1,000엔으로 내려갈 거라고 느껴질 것이다. 하지만 실제로는 두 번 다시 1,000엔까지 내려가지 않는 시세, 즉 오르기만 하는 시세도 얼마든지 있다. 예를 들어 '그림 7-5'와 같은 차트에서는 '올라가면 내려가고, 내려가면 올라간다'라는 전개를 보이지 않는다. 오히려 오르기만 하는 것처럼 보인다.

그럼 앞으로의 시세는 어떻게 될까? 내려갈 수도 있고, 더 오를 수도 있다. 이는 누구도 예측할 수 없다.

물타기라는 기법은 내려가면 언젠가는 올라가고, 올라가면 언젠가는 내려간다는 착각에 뿌리를 두고 있다. '내려간 만큼의 몇 퍼센트는 오르겠지'라거나 '올라간 만큼의 몇 퍼센트는 내릴 거야'라는 생각이다. 하지만 현실에서는 장기간 하락하는 시장, 장기간 상승하는 시장이 있기에 그때 큰 실패를 겪게 된다.

그림 7-5 > 오르기만 하는 시장

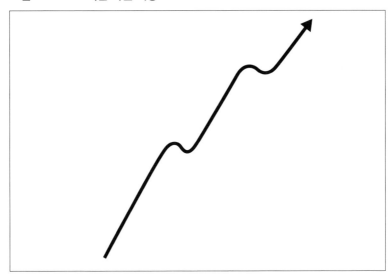

터틀 그룹의 피라미딩과 물타기

지금까지 추가 매수에 대해서 터틀식 피라미딩과 물타기라는 두 가지 방법을 설명했다. 터틀식 피라미딩은 가격 상승 과정에 매수 포지션을 늘리는 기법이다. 물타기는 그와 반대로, 하락 과정에 매수 포지션을 늘리는 기법이다.

어느 쪽 전략이 유리한지를 생각해보자. 예를 들어 ATR이 200엔이고 매수가가 1,000엔이라고 하자. 터틀 기법이라면 1/2ATR 상승할 때마다 1유닛씩 매수 포지션을 늘린다. 예컨대 100엔이 상승할 때 1유닛씩, 최대 4유닛까지 늘린다.

① 1,000엔에 1유닛 매수 진입, 총 1유닛

② 1,100엔에 1유닛 추가 매수, 총 2유닛

③ 1,200엔에 1유닛 추가 매수, 총 3유닛

④ 1,300엔에 1유닛 추가 매수, 총 4유닛

이에 비해 물타기는 가격이 내려갈 때마다 매수한다. 터틀 그룹의 규칙에는 물타기가 없기 때문에 얼마가 내려갔을 때 매수할지가 정해져 있지 않다. 여기서는 동일하게 100엔 하락할 때마다 1유닛씩 매수 포지션을 늘리고, 포지션 한도도 최대 4유닛이라고 해보자.

① 1,000엔에 1유닛 매수 진입, 총 1유닛

② 900엔에 1유닛 추가 매수, 총 2유닛

③ 800엔에 1유닛 추가 매수, 총 3유닛

④ 700엔에 1유닛 추가 매수, 총 4유닛

터틀식 피라미딩에서는 포지션이 4유닛일 때 평균 매수가가 1,150엔[= (1,000엔+1,100엔+1,200엔+1,300엔)÷4]이다. 한편 물타기에서 평균 매수가는 850엔[= (1,000엔+900엔+800엔+700엔)÷4]이다. 평균 매수가는 850엔과 1,150엔이므로 300엔 차이가 난다.

이렇게 비교해보면 평균 가격이 낮은 물타기 쪽이 유리하다고 생각할 수도 있을 것이다. 하지만 이는 '쌀 때 사서 비쌀 때 판다', '올라가면 언젠가는 내려가고, 내려가면 언젠가는 올라간다'와 똑같은 착각이다.

그럼 왜 착각을 일으키는 걸까? 같은 매수 포지션으로 같은 종목, 같은 수량이라면 매수가가 높은 것보다 싼 것이 유리하다는 선입견 때문이다. 하지만 여기서 간과한 것은 두 기법에서 4유닛에 도달했을 때의 가격, 즉 현재의 가격이 얼마냐 하는 것이다.

터틀식 피라미딩에서 현재가는 1,300엔이다. 평균 매수가가 1,150엔이므로 이 시점에 600엔(4유닛×150엔)의 미실현수익을 내고 있다. 이에 비해서 물타기 방식에서의 현재 가격은 700엔이고, 평균 매수가는 850엔이다. 현시점에 600엔(4유닛×150엔)의 미실현손실을 보고 있다.

가격이 어느 위치에 있든, 이제부터 올라갈지 내려갈지는 5:5의 확률이다. 그렇다면 미실현수익 4유닛을 가진 기법과 미실현손실 4유닛을 가진 기법 중 어느 쪽이 우수할까? 전자가 우수하다는 걸 누구라도 알 수 있을 것이다.

그런데도 왜 많은 트레이더가 이와 반대로 하는 걸까? 바로, 시세는 내려가면 언젠가는 올라간다고 굳게 믿고 있기 때문이다. 하지만 떨어지고 떨어져 지칠 만도 한데, 계속해서 내려가는 시세도 있다! 이를 의식하지 못하면 투자의 세계에서 살아남을 수가 없다.

🎯 롱-숏 전략

롱-숏 전략이란 트레이더 한 사람이 매수와 매도 포지션을 동시에 보유하는 것으로, 트레이딩 전략상 보험과 같은 효과를 발휘한다.

롱-숏 전략에도 여러 가지가 있다. '차익거래'도 롱-숏 전략의 일종이다. 예를 들어 서로 다른 종목에서 한쪽은 매수 포지션을, 다른 쪽은 매도 포지션을 취하는 것이다. 이때 주의해야 할 점이 있다. 이 매수와 매도를 반드시 한 세트로 실행하여, 타이밍이 오면 반드시 한 세트로 청산해야 한다는 것이다.

선물옵션 거래처럼 만기일이 있는 종목은 같은 상품이라도 특정 만기일을 가진 상품을 매수함과 동시에 다른 만기일을 가진 상품을 매도하는 거래도 '차익거래'라고 한다.

갠은 자신이 투자 이론을 제창할 때 '롱-숏 전략은 금지'라고 분명히 밝혔다. 나 역시 기본적으로는 롱-숏 전략에 반대하지만, 조건에 따라서는 롱-숏 전략이 요긴할 때가 있다.

보험으로서 롱-숏 전략

예를 들어, 앞으로 가격이 오를 것으로 보고 금 선물을 10계약 매수한 트레이더가 있다고 하자. 매수가는 4,500엔이다. 그런데 기대가 어긋나서 금 가격이 내려갔다. 현시점에 이미 4,400엔이 되어 계약 1건당 100엔이라는 평가손실이 발생했다. 금 선물은 1,000그램 단위로 거래하므로, 계산상으로는 100만 엔(100엔×1,000그램×10계약) 손실을 봤다.

이 트레이더는 가격이 상승할 것으로 예상했으므로 아직은 손절매하고 싶지 않다. 그렇지만 시세가 어디까지 떨어질지 알 수 없는 상황이다. 이때 현재 보유하고 있는 포지션을 청산하지 않고 금 선물 10계약을 새로 매도하는 것이 롱-숏 전략이다. 현재의 포지션은 4,500엔에 매수 진입한 금 선물 10계약, 4,400엔에 매도 진입한 금 선물 10계약으로 총 20계약을 보유하게 된다.

만약 4,400엔에서 가격이 더욱 내려가면 매수 포지션의 평가손은 커지지만, 매도 포지션은 같은 정도로 평가익을 내게 된다. 즉, 손익이 서로 보완하여 매도 포지션에 진입하기 전에 발생한 평가손 100만 엔

그림 7-6 › 롱-숏 전략 1

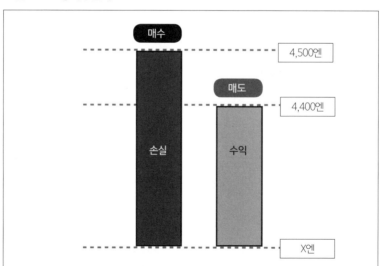

은 시세가 어느 쪽으로 움직여도 변하지 않는다. 그래서 보험과 같은 기능이 있다고 표현하는 것이다.

그렇다고 해도 양쪽 포지션을 언제까지나 들고 있어서는 의미가 없다. 만약 가격이 상승할 것으로 전망한다면, 하락이 지속되는 동안은 롱-숏 전략을 계속하다가 드디어 바닥을 치고 반등했음이 확인될 때 매도 포지션을 청산한다.

예를 들어 4,000엔에서 청산했다고 한다면 매도 포지션은 1계약당 400엔, 10계약에 400만 엔(400엔×1,000그램×10계약)의 수익을 낸 것이다. 다만 이 400만 엔이라는 실현수익을 반드시 기뻐할 일은 아니다. 매수 포지션의 미실현손실(평가손)이 500만 엔에 달해 있기 때문이다.

그림 7-7 › 롱-숏 전략 2

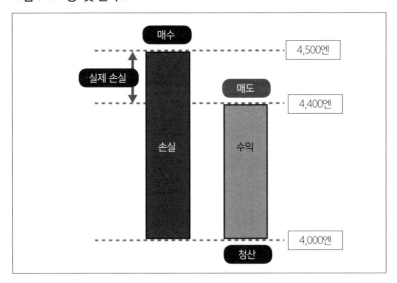

롱-숏 전략의 음과 양

앞의 사례에서 이후 금 가격이 얼마까지 회복되면 매수와 매도 합해서 손실이 없어질까? 수수료는 일단 생각하지 않기로 하겠다.

<상황>
· 금 선물 10계약을 4,500엔에 매수 진입
· 4,400엔까지 내려간 시점에 금 선물 10계약을 매도 진입(롱-숏 전략)
· 4,000엔에서 바닥을 확인하여 매도 포지션 10계약을 청산(실현수익 400만 엔). 매수 포지션은 그대로 유지

<문제>
앞으로 금 가격이 얼마까지 상승하면 트레이더의 손실이 해소되는가?

매수와 매도를 나눠서 생각하겠다. 나중에 진입한 매도 포지션 10계약은 4,400엔에서 시작하여 4,000엔에서 청산했다. 따라서 400엔의 차익이 발생했다.

보유한 포지션은 매수와 매도 모두 같은 수량이므로, 매수 포지션에서 400엔의 차손을 메울 수 있다. 즉, 메우지 못한 나머지 100엔(4,500-4,400)이 손익의 분기점이 되는 것이다. 현재의 금 가격은 4,000엔이므로, 4,100엔을 1엔이라도 넘으면 거기서부터 수익이 발생한다.

중요한 사실은 '나머지 100엔'은 롱-숏 전략을 취한 시점에 이미 발생한 손실이라는 것이다. 롱-숏 전략은 보험이므로 매수와 매도로 같

은 수량의 포지션을 보유하게 된 후에는 가격이 아무리 내려가도 손실이 늘어나지는 않는다.

이 예에서는 4,000엔까지 내려가서 상당한 손실이 발생한 것처럼 보이지만, 실제로는 100엔밖에 잃지 않았다. 롱-숏 전략을 해제하면 매수 포지션만 남는데, 그 시점부터 100엔만 회복하면 손실이 사라지게 된다. 이번 예에서는 4,000엔에서 청산했으므로 4,100엔에서 손실이 사라질 것이다. 만약 3,800엔에서 청산했다면 3,900엔, 3,500엔에서 청산했다면 3,600엔까지 시세가 반전 상승했을 때 손실이 사라진다.

롱-숏 전략에는 몇 가지 함정이 있다. 하나는 수수료가 2배로 든다는 점이다. 그리고 또 하나는 전략을 해제하는 타이밍을 잡기가 어렵다는 점이다.

후자에 관해서는 매수 포지션을 살리고자 하는 경우라면 바닥을 확인하고 매도 포지션을 청산하는 것이 기본이다. 하지만 어디가 바닥인지 알기 어렵다. 실제로 매도 포지션을 해제한 후에 가격이 더욱 내려가는 경우도 드물지 않다.

앞으로 시세가 상승하리라 기대하고 4,000엔에서 매도 포지션을 청산했는데 뜻밖에 다시 하락할 수도 있다. 이때 다시 한번 롱-숏 전략을 취하는 선택지는 어떨까?

예를 들어 3,900엔 시점에 다시 매도 포지션 10계약을 체결했다고 하자. 애초의 롱-숏 전략은 매수 4,500엔과 매도 4,400엔으로 그 차는 100엔이었다. 그런데 이번 롱-숏 전략은 매수 4,500엔과 매도 3,900엔이다. 물론 400엔의 차익을 이미 확보했으므로 조금은 안심할 수 있을지도 모르겠다.

그런데 이런 상황에서 자주 발생하는 것이, 두 번째 롱-숏 전략을 시작한 순간에 가격이 슬금슬금 상승하더니 매수가와 매도가 사이에 머무는 경우다. 일테면 4,500엔의 매수 포지션과 3,900엔의 매도 포지션을 보유한 상태에서 현재 가격이 4,200엔에 왔을 때다. 이런 상황에 처하면 초보 트레이더는 어떻게 해야 할지 몰라 몹시 당황하게 된다.

손절매를 할 수 있는 트레이더라면, 애초에 손절매를 하여 거래를 마쳤을 것이다. 하지만 애초에 그러지 못해서 롱-숏 전략을 취한 것 아닌가. 그러던 중 어느 쪽도 청산하지 못하는 상태에 빠지고 말았다. 이런 상황에서 최악인 것은 매수 10계약과 매도 10계약은 그대로 두고 새로운 매수 또는 매도 포지션을 추가해 손실을 만회해보려고 하는 것이다.

예를 들어 매수 포지션 5계약을 새로 추가했다고 하자. 그런데 시세가 내려가면 그 매수 포지션이 다시 손실을 내기 시작하므로 이번에는 매도 포지션 5계약을 주문하여 롱-숏 전략을 취하게 된다. 이후에는 이런 일이 반복된다. 포지션은 점점 복잡해지고, 나중에는 자신이 뭘 하고 있는지조차 모르게 된다.

물론 롱-숏 전략도 어떻게 사용하느냐에 따라 매우 효과적일 수 있다. 방금 든 예도 롱-숏 전략이 나쁘다는 것이 아니라, 손절매하기 싫어서 롱-숏 전략을 취하는 오류를 이야기한 것뿐이다. 담담하게 손절매를 할 수만 있다면 문제는 해결된다.

수익 고정 롱-숏 전략

롱-숏은 기본적으로는 피해야 할 전략이지만, 다른 시각에서도 생각해보자.

롱-숏 전략은 어느 종목을 매수 진입한 후에 가격이 내려갔는데 손절매를 하고 싶지 않아서 새로운 매도 포지션을 취하는 경우가 일반적이다. 요컨대 '손절매하기 싫다'라는 발상에서 나온 것이다. 이를 '손실을 회피하는 롱-숏 전략'이라고 할 수 있다.

그런데 '수익을 고정하는 롱-숏 전략'도 있다. 이는 어떤 종목을 매수 진입한 후에 가격이 상승하여 포지션에서 수익(미실현수익)이 발생한 것을 전제로 한다. 그러다가 조정을 받아서 가격이 내려가 미실현수익이 감소했을 때 또는 가격 변동이 상하 어느 쪽으로 움직일지 불투명할 때 일시적으로 매도 포지션을 추가해 미실현수익을 고정하는 것이다. 수익 고정 롱-숏 전략을 단순화하여 나타낸 것이 '그림 7-8'이다.

수익 고정 롱-숏 전략을 취한 뒤 가격이 움직임에 따라 어떤 결과가 나올까?

'그림 7-9'를 보자. 4,400엔에서 매수 진입하여 4,500엔까지 상승했을 때 포지션을 청산하여 수익을 확정하는 대신 매도 포지션을 추가하여 롱-숏 전략을 취한 사례다. 그 후 가격이 내려가도 롱-숏 전략을 취한 시점에 확보한 100엔의 수익은 유지된다.

4,500엔에서 롱-숏 전략을 취한 후에 가격이 내려갔다. 예를 들어 4,000엔까지 떨어졌다고 하자. 매수 가격 4,400엔에서 4,000엔까지 내

그림 7-8 > 수익 고정 롱-숏 전략

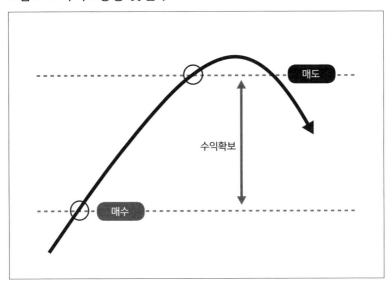

그림 7-9 > 롱-숏 전략 이후 하락한 사례

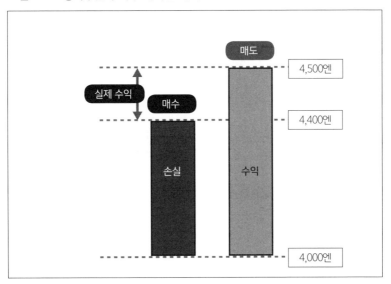

려갔으므로 400엔의 미실현손실이 발생한다. 한편 4,500엔에서 진입한 매도 포지션은 4,000엔까지 내려가서 500엔의 수익이 발생했을 것이다. 이때 매수와 매도 포지션을 동시에 청산하면 100엔의 수익을 거둘 수 있다.

'그림 7-10'은 롱-숏 전략을 취한 후에 가격이 상승한 사례다. 이 경우에도 롱-숏 전략을 취한 시점에 그때까지의 수익은 확보되지만, 롱-숏 전략을 취한 탓에 매도 포지션에서 손실이 발생하여 매수 포지션의 수익을 상쇄하고 만다.

나중에 보면 롱-숏 전략을 취하지 말았어야 한다고 후회할 사례이지만, 반드시 실패했다고는 할 수 없다. 매도 포지션만 보면 4,500엔에

그림 7-10 > 롱-숏 전략 이후 상승한 사례

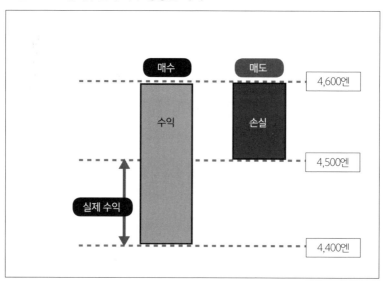

서 매도하여 4,600엔까지 상승했으므로 100엔의 손실이 발생한 것이 분명하다. 대신 4,400엔의 매수 포지션은 200엔의 수익을 내고 있다. 그런데도 수익 100엔을 뺏긴 것 같은 기분이 들 것이다. 하지만 여기서 중요한 것은 롱-숏 전략을 취함으로써 가격이 내려가든 올라가든 그 시점의 수익을 확보할 수 있었다는 것이다.

기업의 중요한 사안을 결정하는 투표나 회의가 주말에 있어서 그 결과에 따라 시세가 크게 움직일 수 있는 상황이 종종 있다. 즉 상승을 전망하면서도 단기적으로는 조정을 받을지도 모른다거나, 눈앞의 가격 변동이 불투명해질 때 이 전략을 활용할 수 있다.

물론 그런 상황에서는 일단 포지션을 청산하는 것이 올바른 선택이다. 그런데 청산한 후에 어디서 다시 들어갈지 고민하게 되는 경우도 자주 있다. 이런 상황을 피하기 위해서 일시적으로 롱-숏 전략을 취하는 것이다.

헤지에 수익까지 추가할 수 있는 일시적 롱-숏 전략

일시적 롱-숏 전략은 헤지가 목적이다. 어떤 매수 포지션에 대하여 같은 수량만큼 매도 포지션을 취하는 경우는 기본적으로 헤지를 목적으로 한다.

일시적 롱-숏 전략은 매수 후 장기 투자에서 위력을 발휘한다. 장기적으로 가격이 상승하리라는 판단으로 어떤 종목을 샀다고 하자. 현재는 순조롭게 상승하고 있다. 아직은 더 오를 것으로 생각되지만 조정을 한 번 받을 법한 타이밍이 왔다고 하자. 원래 장기 투자를 목적으로 한 매수이므로 도중에 있을 일시적인 하락은 참는 것이 일반적이다. 하지만 상승 시세임에도 제법 에지 있는 매도 국면이 만들어질 때도 있다. 이를 취하지 않으면 아까운 노릇이다.

예를 들어 장기 투자를 목적으로 1,000엔에 어떤 종목을 1계약 매수했다고 하자. 1,300엔까지 순조롭게 상승했으나 거기서 천장을 찍었다. 그래서 처음 매수한 포지션 1계약은 그대로 두고, 매도 포지션으로 1계약을 추가했다. 1,300엔에서 만든 매도 포지션은 1,100엔까지 내려간 지점에서 청산했고, 가격은 이후 1,600엔까지 상승했다.

매수 포지션은 순조로워 보였으나, 1,600엔에 도달했을 때 다시 천

그림 7-11 > 일시적 롱-숏 전략

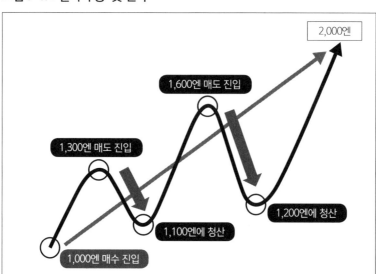

장을 찍어서 한 번 더 매도 포지션 1계약을 체결했다. 이것도 일시적 롱-숏 전략이다. 그 매도 포지션을 시세가 1,200엔까지 내려간 지점에서 청산했고 이후 가격이 다시 상승하여 2,000엔까지 올랐다.

보통은 애초 1,000엔에서 매수한 것이 2,000엔까지 올라서 1,000엔의 수익을 거두게 된다. 하지만 일시적 롱-숏 전략을 취함으로써 도중에 200엔과 400엔의 수익도 얻을 수 있었다.

다만, '여기가 천장이다'라고 생각하여 매도 포지션을 추가했는데, 시세가 계속해서 올라갈 수도 있다. 그럴 때는 재빨리 손절매하는 수밖에 없다. 하지만 그때도 매수 포지션은 유지한다. 매도 포지션을 추가한 후 시세가 상승하면 손해가 나는 것처럼 보일 수 있으나, 사실은 그만큼 매수 포지션에서 수익이 불어났기 때문에 실제로는 손실이 아니다. 이것이 일시적 롱-숏 전략의 장점이다.

여기서 설명한 롱-숏 전략에서는 매수와 매도 포지션을 같은 수량으로 가정했지만, 헤지를 위해서는 때에 따라 추가 포지션의 수량을 적게 하거나 많게 하는 식으로 조절하는 고급 전술도 있다.

8장

시장의 선택과
종목 분석 규칙

🎯 터틀 그룹이 제외한 트레이딩 대상

터틀 그룹은 주식만이 아니라 채권, 선물거래, 금리, 외환 등 갖가지 종목을 트레이딩 대상으로 했다. 가격만 매길 수 있다면 무엇이든 트레이딩한다는 입장이다. 다만, '이것만큼은 하지 않는다'는 종목도 있다. 어떤 이유로 트레이딩 대상에서 제외했는지, 그 제외 조건을 살펴보자.

터틀은 다음의 네 가지 조건에 해당하면 트레이딩 대상에서 제외했다.

① 유동성이 없는 시장과 종목
② 변동성이 낮은 시장과 종목
③ 매수밖에 하지 못하는 시장과 종목
④ 매매에 규제가 따르는 시장과 종목

① 유동성이 없는 시장과 종목

유동성liquidity 이란 어떤 시장에서 거래가 얼마나 활발하게 이루어지느냐를 뜻한다. 여기에는 거래량이 중요한 기준이 될 수 있다.

시장에서 트레이더가 보는 가격은 직전에 성사된 매매 가격이다.

사고 싶을 때 원하는 가격에 살 수 있고, 팔고 싶을 때 원하는 가격에 팔수 있는 곳이 유동성이 있는 시장이다. 유동성이 없을 경우 사려고 하면 가격이 오르고, 팔려고 하면 내린다. 당연히 트레이더에게 불리한 시장이다. 예를 들어 매수 주문을 냈지만 주문한 가격에 팔고 싶어 하는 트레이더가 없으면, 시세는 점점 올라간다. 매도도 마찬가지다. 그렇기에 유동성이 필요한 것이다.

② 변동성이 낮은 시장과 종목

변동성volatility이란 가격 변동의 크기를 뜻한다. 트레이딩 고수라도 가격이 움직이지 않으면 수익을 올릴 수가 없다. 상승이든 하락이든, 어쨌든 가격이 움직여야 트레이딩이 시작된다. 특히 추세추종에서는 가격 변동의 크기가 생명선과도 같다.

③ 매수밖에 하지 못하는 시장과 종목

터틀 그룹은 현물 주식을 취급하지 않았다. 매수밖에 하지 못하는 종목은 수익을 낼 기회가 절반으로 줄기 때문이다. 시세는 올라갈 때가 있으면 내려갈 때도 있다. 상승 추세에서는 매수로 올라타고, 하락 추세에서는 매도로 올라타는 것이 트레이더의 올바른 자세다.

그런데 매수와 매도, 어느 쪽이 유리할까?

초보 트레이더는 보통 매수 쪽이 안전하다고 생각한다. 예를 들어 어떤 종목을 2,000엔에 매수했다면 손실은 2,000엔이 최대 한도다. 하지만 2,000엔에 매도 포지션을 취한 종목이 5,000엔이 되면 3,000엔 손실이 나고, 1만 엔이 되면 8,000엔 손실이 된다. 이런 논리에 따라 매수하는 편이 안전하다고 생각하는 것이다.

하지만 정말 그럴까?

'상승할 때는 쌓아 올리고 하락할 때는 무너진다'라는 표현이 있다. 벽돌을 하나씩 하나씩 쌓아 올렸는데, 무너질 때는 하나씩 하나씩이 아니라 한꺼번에 무너져 내리는 모습에 비유한 것이다. 시장에서는 실제로 그런 가격 움직임을 흔히 볼 수 있다.

비슷한 맥락에서 매수를 '롱long', 매도를 '숏short'이라고 한다. 상승은 오래 걸리고 하락은 순식간에 끝난다는 상징적인 표현이다. 이 표현이 맞는다면 매수보다 매도가 유리하다고 할 수 있다. 매수 진입한 후에 수익을 올리기까지는 시간이 오래 걸리지만, 매도라면 단기간에 수익을 낼 수 있다. 시세가 예상과 반대로 갈 때도 마찬가지다. 매도로 진입했을 때는 손실이 발생하더라도 서서히 진행되지만, 매수의 경우에는 순식간에 손실이 발생한다.

차트를 가만히 살펴보자. 장대양봉보다 장대음봉이 많은 데다 길이도 더 길다는 걸 알 수 있을 것이다. 하락 시세는 급격히 진행된다. 그래서 매수 포지션에서 손절매 주문을 냈을 때 실제로는 주문 가격보다 더 낮은 가격에 체결되기도 한다. 그런데 매도 포지션일 때의 손절매는 다르다. 시세는 서서히 오르기 때문에 설정해놓은 손절매 라인에서 주문이 체결될 가능성이 크다.

그리고 일반적으로 매수세에는 개인 트레이더가 많고, 매도세에는 자금이 풍부한 펀드나 기관투자가 같은 프로들이 많다. 이에 따라 매수세와 매도세의 싸움이 아마추어와 프로의 대결이 되기 쉽다. 프로가 늘 유리하다고 할 수는 없지만, 과거의 사례를 보면 역시 프로는 프로다.

일찍이 '매도 장군'이라 불렸던 투자가 야마자키 다네지山﨑種二는 "매수로 벌어들인 1억 엔과 매도로 벌어들인 1억 엔은 가치가 다르다"라고 말했다. 같은 1억 엔인데 어떻게 다를 수 있느냐고 생각하는 사람도 있을 것이다. 하지만 주식이나 원자재를 매수하여 1억 엔을 벌었을 때는 현실 경제가 인플레이션 상황에 처해 있기 쉽다. 인플레이션 상황이라면 1억 엔의 가치는 이전보다 절하된다. 반대로 하락세에서 매도하여 1억 엔을 벌었다면, 현실 경제는 디플레이션 상황이다. 디플레이션 상황에서 1억 엔은 과거의 1억 엔보다 높은 가치를 가지게 된다.

기본적으로 모든 거래에서 매수세와 매도세는 같은 조건에 있다. 따라서 매수와 매도를 비교하여 어느 쪽이 유리한가 불리한가를 따지는 것은 그다지 의미가 없다. 그러나 이상의 내용을 바탕으로 굳이 따지자면, 매도세가 조금 유리하다고 볼 수 있다.

④ 매매에 규제가 따르는 시장과 종목

예를 들어 주식 시장에 적용되는 공매도 규제가 바로 그것이다. 더욱이 틀림없이 내릴 것 같은 종목에만 공매도 제한이 걸리는데, 이는 매우 불합리하다. 그런 시장에서는 마음껏 트레이딩하기 어렵다.

🎯 기본적 분석의 장단점과 활용

가격은 펀더멘털의 변화에 영향을 받아서 움직인다. 중요한 경제지표가 발표됐을 때 시세가 급등하거나 급락하는 것은 흔히 일어나는 일이다. 그래서 기본적(펀더멘털) 분석은 대단히 중요하다. 다만, 기본적 분석에도 몇 가지 문제점이 있다.

기본적 분석의 문제점

· 문제점 1: 개인 트레이더가 아는 펀더멘털은 대부분 누구나 알고 있는 정보다.

트레이딩 세계는 누구나 아는 정보를 가지고 이길 정도로 호락호락하지 않다. 프로들은 전 세계에 정보망을 펼쳐놓고 있다. 어떤 정보가 개인 트레이더에게 도달할 때쯤에는 이미 수많은 트레이더의 손을 거쳤다고 생각해야 한다.

개인 트레이더는 이른바 '내부 정보'를 구하기 어려운 데다, 혹시 내부 정보라는 것을 접해도 그것의 진위를 가려낼 능력이 없다. 결국 써먹지 못하는 정보일 뿐이다.

· 문제점 2: 가격을 움직이는 재료는 너무나 많다. 개인의 힘으로 분석

할 수 있는 것은 아주 작은 일부에 불과하다.

한때는 미국의 금리 동향이 세계 증시를 좌우한다고 하던 시절이 있었다. 하지만 주가가 올라갈지 내려갈지는 수많은 요인이 뒤엉켜서 정해진다. 금리 변화, 그것도 미국이라는 한 나라의 금리만으로 정해지는 것이 아니다.

• 문제점 3: 이미 가격에 반영된 경우가 자주 있다.

시장에는 '내가 알 정도면 이미 끝난 정보'라는 말이 있다. 그 정보가 가격에 얼마나 반영되어 있는지를 알 수 없다는 것도 문제다.

• 문제점 4: 매수·매도 타이밍을 구체적으로 알려주지 않는다.

기본적 분석을 통해 이제부터 상승할 거라는 결과가 나온다 하더라도 언제 사면 좋을지, 언제 팔면 좋을지를 알 수가 없다. 구체적인 진입 포인트는 기술적 분석으로 찾는 수밖에 없다. 그러므로 기본적 분석을 하는 트레이더도 기술적 분석을 활용할 필요가 있다.

• 문제점 5: 경제지표에 따라 가격이 움직이는 것은 사전 예측치와 차이가 있기 때문이다. 그런데 사전 예측보다 좋아질지 나빠질지는 누

구도 알 수 없다.

고용지표 중 실업률이 내려가면 주가에는 일반적으로 호재로 작용한다. 그렇지만 실제로 수치가 좋아도 주가가 내려갈 수 있다. 그 이유는 사전 예측에 있다. 해마다 특정 시기가 되면 통계 예측치를 분석하여 실업률이 어느 정도 될 것으로 보인다는 전망이 곳곳에서 나오는데, 그 전망과 실제로 발표되는 수치의 차이가 중요하다. 만약 실업률이 개선됐더라도 기대에 미치지 못하면 오히려 매도의 재료가 된다.

· 문제점 6: 시세는 이벤트성으로 발표된 수치나 정책이 아니라, 그것을 시장이 어떻게 판단할지에 따라 움직인다. 시장의 판단을 읽기란 대단히 어렵다.

여기서 말하는 이벤트란 각종 경제지표와 정책 등 미리 정해진 날에 보고되는 뉴스를 말한다. 고용지표가 전형적인 예다. 고용지표에서 실업률이 예상보다 개선되면 주가가 상승하지만, 때로는 반대로 움직이기도 한다.

실제로 2015년에는 미국의 고용지표에서 양호한 수치가 나왔음에도 지수가 하락하는 사태가 일어났다. 시장은 통계 수치가 개선됐다는 점을 FOMC(미국연방공개시장위원회)가 금리를 끌어올릴 수도 있다고 받아들였던 것이다. 그 결과 주가는 하락 방향으로 압력을 받았다. 이런 반응을 '시장의 정서'라고 하는데, 정해진 패턴이 있는 게 아니어서 파악하기가 거의 불가능하다.

· 문제점 7: 기본적 분석은 트레이딩 규칙을 적용할 수 없다.

트레이딩 규칙에 기본적 분석을 사용하는 사람은 없다. 나는 트레이딩 세계에 입문하여 처음 10년간 기본적 분석 한 가지만 파고들었다. 기본적 분석에 통달하면 시장에서 이길 수 있을 거라 믿었기 때문이다. 그리고 기본적 분석을 사용하여 몇 번 대시세를 잡기도 했다. 하지만 만족스럽지가 않았다.

그 이유는 내가 전업 트레이더였기 때문이다. 직업으로 트레이딩을 한다면 안정적으로 수익을 올려야 한다. 하지만 기본적 분석으로는 안정적으로 이기는 방법을 끝내 알아낼 수 없었다. 올해는 대박을 터트렸다고 해도 내년에는 어떨지 알 수 없다. 대박을 터트렸다가 쪽박을 찼다가 해서는 행복해질 수 없지 않은가.

그즈음 터틀 그룹을 알게 됐다. '제대로 배우기만 하면 누구라도 승리하는 트레이딩 규칙을 익힐 수 있다'는 사실을 알고 몹시 큰 충격을 받았다. 그때부터 밤을 새워가며 터틀 그룹의 트레이딩 기법을 연구했다. 그 결과 터틀 그룹은 '예상하지 않는다', 즉 기본적 분석을 일절 하지 않는다는 사실을 알게 됐다.

기본적 분석을 사용하지 않고도 시장에서 이길 수 있다. 안정적으로 수익을 올리기 위해 중요한 것은 이기는 트레이딩 규칙을 만들어내는 것이다. 그리고 그 규칙을 수시로 업그레이드하면서 시장 상황에 맞추고자 노력하는 것이 전업 트레이딩을 가능케 하는 유일한 방법임을 깨달았다. 물론 기본적 분석은 중요하지만, 안타깝게도 트레이딩 규칙에는 적용할 수가 없다.

기본적 분석을 어떻게 활용할까

가격이 펀더멘털의 변화에 따라 움직인다는 사실은 틀림이 없다. 그리고 중요한 경제지표 발표가 펀더멘털에 영향을 미친다는 것도 의심의 여지가 없다. 하지만 펀더멘털의 변화만으로 가격이 상승하거나 하락하는 것이 아니다. 중요한 것은 시장 정서다.

그러면 펀더멘털은 어떻게 이용해야 할까?

- 이용 방법 1: 대세 국면을 붙잡는다.

세계의 거대한 흐름을 포착할 수 있다. 이벤트를 보고 당장의 가격 변동을 읽어내기는 어렵지만, 기본적 분석을 올바르게 했다면 세계의 커다란 흐름을 잡을 수 있다.

예를 들어, 세계 주요국이 경기 후퇴를 이유로 금융완화를 실시한 결과 돈이 흘러넘치는 상태가 됐다고 하자. 그러면 사람들이 주식을 사들여 주가가 올라가더라도, 실물 경기가 좋지 않기 때문에 사들인 주식을 금방 팔 것으로 예측할 수 있다. 커다란 흐름이란 그런 현상을 말한다.

- 이용 방법 2: 이벤트를 계기로 일어날 반전을 읽는다.

시장이 과열됐을 때는 커다란 이벤트를 반전의 계기로 삼기 쉽다. 사람들이 주식을 사들여 주가가 점점 상승했다고 하자. 어느 정도 상승한 시장에는 과열의 기운이 돈다. 그럴 때 어떤 경제지표가 발표되면 이를 계기로 하락을 시작하는 경우가 있다.

가격이 이미 고가권에 있으므로 호재가 나와도 반응이 크지 않다. 그런데 악재가 나오면 정말 사소한 것이라도 그것을 계기로 폭락이 일어날 수 있다. 마치 부풀 대로 부푼 풍선을 바늘로 찌른 것처럼, 가격이 순식간에 쏟아져 내릴 수도 있다.

가격은 자신이 움직이고 싶은 방향으로 움직인다. 어느 정도 올라간 시세는 내려갈 계기를 찾고, 내려간 시세는 올라갈 계기를 찾는다. 이벤트는 그 계기가 된다. 이미 너무 많이 오른 시세에서는 매수 재료가 나와도 오히려 매도를 유도할 수도 있다. 이처럼 이벤트가 방아쇠가 된다는 사실을 안다면, 이에 대한 대응법을 준비할 수 있다.

⊚ 기술적 분석의 장단점과 활용

가격은 어떻게 움직일까?

예를 들어 석유나 농산물로 대표되는 원자재에서는 수요와 공급의 변화에 영향을 받아 가격이 오르거나 내린다. 즉, 결정권이 수요와 공급의 관계에 있다. 이 수요-공급 관계의 변화에는 거시경제 동향이 강하게 영향을 끼친다.

주식도 마찬가지다. 주가는 주식의 수요-공급 관계에 따라 정해지지만, 그 배경에는 기업 실적에 강하게 영향을 미치는 지역경제 또는 거시경제 동향이 있다. 이 변화를 해석하는 데 실마리가 되는 것이 기본적 분석이다.

그런데 시장에서는 때때로 펀더멘털과 주가가 일치하지 않는다. 기업 실적이 좋은데도 주가가 점점 내려가는 것이 그 전형이다. 그런 기업을 발견한 트레이더는 절호의 매수 기회라고 생각할 것이다. 실적이 호조임을 알고 있는 트레이더는 주가가 내려가면 내려갈수록 매수 포지션을 늘리면서 주가가 반대 방향으로 상승 반전하기를 기다릴 것이다.

하지만 실상은 이것이 바로 시장에서 크게 실패하는 전형적인 패턴이다. 기본적 분석상 최고조에 있다고 해도 가격이 점점 내려가는 경우가 있다. 물론 그 반대 경우도 있다. 펀더멘털이 최악임에도 가격이 점점 상승하는 것이다. 이런 상황에 맞닥뜨렸을 때, 기본적 분석만 하는 트레이더는 '시장이 틀렸다'고 말한다.

하지만 시장이 틀리는 경우는 없다. 시장에서 붙여준 가격, 그것은 언제나 옳다.

시장은 언제나 옳다

펀더멘털이 최고일 때 가격이 내려가기도 하고, 펀더멘털이 최악일 때 가격이 올라가기도 하는 이유는 무엇일까? 시장 가격을 최종적으로 움직이는 것이 '매수세와 매도세의 힘 겨루기'이기 때문이다. 매수세가 강하면 가격이 상승하고, 매도세가 강하면 가격이 내려간다는 지극히 단순한 원리다. 그 힘 겨루기를 해석하는 열쇠가 되는 것이 바로 기술

그림 8-1 > 시장은 언제나 옳다

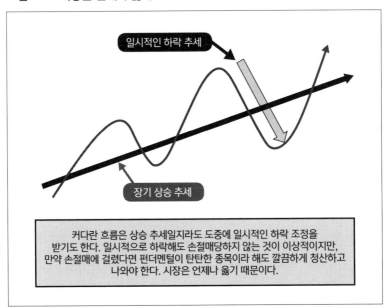

일시적인 하락 추세

장기 상승 추세

커다란 흐름은 상승 추세일지라도 도중에 일시적인 하락 조정을 받기도 한다. 일시적으로 하락해도 손절매당하지 않는 것이 이상적이지만, 만약 손절매에 걸렸다면 펀더멘털이 탄탄한 종목이라 해도 깔끔하게 청산하고 나와야 한다. 시장은 언제나 옳기 때문이다.

적 분석이다.

가격이 펀더멘털을 무시하여 움직일 때는 우리가 알지 못하는 재료가 원인이 됐을지도 모른다. 하지만 그와 별개로, 가격이 펀더멘털에 역행하는 경우가 믿을 수 없을 만큼 자주 일어난다는 것을 인정해야 한다. 그것이 기본적 분석의 결과를 맹신해서는 안 되는 이유다.

그렇다고 해서 펀더멘털을 가볍게 보는 것도 올바른 자세가 아니다. 매도세와 매수세의 힘 겨루기에서 승자는 대국적으로는 펀더멘털(수요-공급, 기업 실적, 거시경제 등)의 변화, 중기적으로는 추세, 그리고 당장은 인기나 평판에 따라 정해지기 때문이다.

이것은 어디까지나 주관적인 생각이지만, 나는 가격 변동의 약 70%가 펀더멘털에 의해서 일어난다고 생각한다. 그리고 20%가 추세, 나머지가 그 밖의 이유다.

상승이든 하락이든 추세가 한번 형성되면 펀더멘털에 다소 변화가 있어도 방향성을 유지하는 특징이 있다. 오름세를 타고 가격이 상승하면, 매도세는 시장에서 서서히 빠져나가고 매수세가 세력을 키운다. 그 상승 추세가 유지되는 동안 일단 수익을 확정해두고 싶다는 생각으로 매수세가 매도 주문을 내는 경우가 있다. 매도 주문이 나오면 가격이 내려간다. 하지만 시장은 상승세의 지배를 받고 있기 때문에 하락은 일시적일 뿐, 매수세가 다시 진입한다. 이것이 눌림목이다. 이런 움직임을 반복하기에 가격이 물결치듯이 상승을 지속하는 것이다. 이 사이클을 자세히 뜯어보면 가격 상승을 주도하는 매수와 수익을 확정하는 매도가 모두 매수세의 행위라는 것을 알 수 있다.

매수세 입장에서는 대단히 유리하고 마음이 편안한 상황이다. 그러므로 매수세는 그 상태를 유지하기 위해서 같은 행위를 반복한다. 결과적으로, 가격은 안정적으로 상승한다. 그런 상황에서는 매도세가 어설프게 시장에 뛰어들지 못한다. 즉 상승 추세는 매수세의 독무대라고 할 수 있다. 하락 추세는 당연히 그 반대다.

그리고 당장의 움직임은 인기나 평판에 따라 강하게 영향을 받는다. FRB(미국연방준비이사회) 의장이 금융 규제를 시사하거나 각국 중앙은행 총재가 강력한 발언을 하는 등 아직 실현되지 않은 일로도 가격은 슬금슬금 움직인다. 그런 사태는 사전에 알아차리기 어렵다. 애널리스트들이 반년 후보다 내일 일어날 일을 예측하기가 어렵다고 입을 모으는 것도 그 때문이다.

그러면, 트레이더는 어떻게 해야 할까?

당장의 움직임은 알 수 없다. 기본적 분석 결과를 데이 트레이딩에 반영하는 것은 거의 불가능하다. 기본적 분석으로 대국면을 파악한 후 그에 따라 트레이딩하는 것도 생각할 수 있겠지만, 초보 트레이더에게는 권장하기 어렵다. 기본적 분석을 통해 이제부터 상승할 것을 예측했다 하더라도, 일시적인 하락 추세가 수시로 나타나기 때문이다.

사실 이것은 트레이더에게 대단히 중요한 주제다. 장기 상승 추세를 예측하여 매수했는데 시세가 일시적으로 반대 방향으로 움직여 손절매 라인에 닿으면, 그때는 도리 없이 청산된다. 그런데 기본적 분석 결과를 강하게 확신한 나머지 자신의 예측을 믿으면 믿을수록 손절매를 할 수 없게 된다. 결국에는 가격이 올라갈 것이라는 확신 속에 물타기 매수 기회가 왔다고 생각하게 될 수도 있다. 그런데 꼭 그럴 때 가격은 더 내려가곤 한다.

아무리 우상향을 확신한다고 해도 가격이 손절매 라인에 걸렸다면 손절매하는 것이 트레이딩의 대원칙이다. 대시세를 예상하여 트레이딩하는 것은 이 원칙에 어긋난다.

추세는 당신의 친구다. 트레이더는 추세를 중요하게 여겨야 한다. 추세를 찾아 올라타기 위해서는 기술적 분석이 필요하다.

기술적 분석의 장점과 문제점

물론 기술적 분석에도 약점은 있다. 차트를 보고 미래를 내다볼 순 없다고 강조하는 사람이 있는데, 이는 지극히 당연한 말로 반론의 여지가 없다. 그러면 기술적 분석은 무엇 때문에 하는 걸까?

현재 상황을 분석하기 위해서다. 즉, 현재 상황에서 벌어지는 매수세와 매도세의 관계 변화를 파악하기 위해서다. 현재 상황을 올바르게 분석하면 에지가 눈에 보인다. 평상시라면 앞으로 가격이 오를지 내릴지는 확률이 반반이다. 하지만 때때로 균형이 무너져서 매수세에 에지가 나타나거나 매도세에 에지가 나타나는 상황이 생긴다. 에지를 발견했을 때 그 에지가 발생한 쪽으로 거래를 하는 것이 기술적 분석 기법이다.

이때 중요한 것은 '예상'이 아니라 '확률'이다. V 트레이더를 목표로 한다면, 트레이딩을 '예상의 게임'에서 '확률의 비즈니스'로 바꿔야 한다. 이를 위한 도구가 바로 기술적 분석이다.

어떤 기업이 압도적으로 훌륭한 신제품을 개발하여 출시를 앞두고 있다고 하자. 당연히 그 회사 사람은 그 사실을 알고 있을 것이다. 그 이야기가 친구나 지인에게 전해지고 퍼져나가서, 사람들이 그 회사의 주식을 사들이기 시작한다. 이럴 때 일반인의 눈에 그 회사의 주식은 아무런 이유도 없이 올라가는 것처럼 보일 것이다.

그럴 때 차트가 도움이 된다. 정확히 어떤 일이 벌어지고 있는지는 모르지만, 무언가가 일어나고 있다는 사실은 차트를 보면 알 수 있다.

외국에서 큰 사건이 일어났을 때도 마찬가지다. 그 사건이 우리에게 전달되기까지는 상당한 시간 지연이 있다. 텔레비전으로는 한나절이 늦거나 신문으로는 하루가 늦을 수도 있다. 그런데 그것이 원유 가격에 영향을 미치는 사건이라면, 원유 차트는 그 사건이 일어난 직후부터 격하게 움직이기 시작한다. 사건을 알게 된 사람이 그 사건을 재료로 원유 트레이딩에 참가한 것이다. 차트를 읽을 줄 알면 그 움직임을 놓치지 않을 수 있다.

<기술적 분석의 장점>

- 에지 있는 상황을 알려주기 때문에 그것을 바탕으로 확률에 기반한 트레이딩을 할 수 있다.
- 어디에서 살지 또는 팔지, 매매 시점을 알려준다.
- 트레이딩 규칙에 적용할 수 있다.
- 우리가 알 수 없는 내부 정보가 있음을 보여준다.

<기술적 분석의 단점>

- 미래를 예측하는 도구가 아니다.
- 분석 지표의 종류가 너무 많아서 어떤 것을 사용해야 좋을지 정하기 어렵다.
- 올바른 기술적 분석 방법을 해설하는 책이나 사이트가 적어서 정확한 사용법을 모르거나 잘못된 사용법을 알고 있는 트레이더가 많다.

9장

V 트레이더를 향해:
준비 편

🎯 V 트레이더로 가는 3단계

V 트레이더는 매년 일정하게 목표 수익을 올리는 트레이더를 말한다. 트레이더의 최정상이라고도 할 수 있다. V 트레이더가 되는 게 쉬운 일은 아니다. 하지만 그 정점을 목표로 하는 것과 생각조차 하지 않는 것은 결과적으로 큰 차이를 낳는다.

단숨에 V 트레이더가 되겠다고 생각하는 것은 실현 가능성이 없는 몽상에 불과하다. 우선 지지 않는 트레이더가 되고, 그다음으로 이기는 트레이더가 되어야 한다. 그리고 마지막으로, 안정적인 트레이더가 되어야 한다.

① 지지 않는 트레이더가 된다.
② 이기는 트레이더가 된다.
③ 안정적으로 이기는 트레이더가 된다.

지지 않는 트레이더가 된다

지지 않는 트레이더란 자금관리와 리스크관리 규칙을 빈틈없이 지키는 트레이더를 말한다. 이 두 가지는 투자로 성공하는 데 필수적인 조건이다. 이렇게 중요한데도 제대로 알려지지 않은 것은, 많은 트레이더가 '언제 살까'와 '언제 팔까'에만 관심을 가지기 때문이다.

오랫동안 트레이딩을 하다 보면 매매 타이밍을 포착하는 기술은 자연스럽게 숙달된다. 하지만 자금관리와 리스크관리 기법은 제대로 배우지 않는 한 아무리 시간이 흘러도 익힐 수 없다. 큰 손실을 피하려면 자금관리와 리스크관리 기법을 확실히 몸에 익혀야 한다. 이것이 바로 '지지 않는 트레이더가 된다'의 진정한 의미다.

이기는 트레이더가 된다

이기는 트레이더가 되기 위해서는 트레이딩을 '예상의 게임'으로 여기는 사고방식에서 벗어나야 한다. 대다수 트레이더는 시세가 오를 거라 예상하여 사고, 내려갈 거라 예상하여 판다. 하지만 그것은 그저 도박에 지나지 않는다. 운이 좋은 사람은 이기고, 운이 나쁜 사람은 지게 될 뿐인 세계다. 예상의 게임에서 벗어나자. 트레이딩이 확률의 비즈니스임을 이해한 순간부터 정확히 겨누어서 이기게 된다.

트레이딩을 '취미'로 생각해서는 영원히 이길 수가 없다. 취미라고 생각한다는 건 자신이 아마추어임을 인정한다는 증거다. 장기나 바둑이라면 몇 수 양보해줄지도 모르겠지만, 트레이딩 세계에서는 오늘 처음으로 주문한 초보 트레이더나 기관투자가나 똑같은 조건에서 겨루어야 한다. 아마추어라고 선언하는 것은 "저는 호구입니다. 마음껏 털

어가세요"라고 말하는 것과 같다.

전업 트레이더가 아니니 별수 없다고 생각하는 사람도 있을 것이다. 본업을 가지고 있는 것은 좋다. 하지만 그 상황에서 트레이딩할 때도 새로운 비즈니스에 도전한다는 의식을 가져야 한다. 직업을 가지고 있다면 짧은 시간에 집중적으로 트레이딩해야 하므로, 사전에 조사하고 분석하는 것은 필수적이다. 그리고 '확률의 비즈니스'로서 트레이딩을 성공시키려면 반드시 대수의 법칙을 활용해야 한다.

대수의 법칙은 불확실한 트레이딩 세계에서 확실하다고 말할 수 있는 유일한 법칙이다. 확률적으로 유리한 타이밍에서만 트레이딩하기 때문에 도중에 손익을 반복할 수도 있지만 최종적으로는 반드시 이길 것이다. 바로 그때 트레이딩이 비즈니스로 바뀐다.

대수의 법칙으로 이기기 위해서는 확률적으로 유리한 국면, 즉 에지 있는 국면을 찾아내야 한다. 그러기 위한 도구가 기술적 분석이다.

다음 두 문장은 의미가 크게 다르다. 그 차이가 무엇일까?

① 기술적 분석의 매수 신호는 이제부터 시세가 올라갈 국면을 가르쳐 주고, 매도 신호는 내려갈 국면을 가르쳐준다.
② 기술적 분석의 매수 신호는 매수에 에지가 있는 국면을 가르쳐주고, 매도 신호는 매도에 에지가 있는 국면을 가르쳐준다.

어떻게 다른지 알아보겠는가? 시세가 '올라갈 거다' 또는 '내려갈 거다'라고 하는 것은 예상이다. 그에 비해 매수 또는 매도에 에지가 있다는 것은 확률을 이야기하는 것이다.

예를 들어 ①의 사고방식으로 이후 가격이 올라갈 것으로 생각한 국면에서 매수했다고 하자. 그런데 결과적으로 내려갔다고 한다면, 그 매수는 실패한 것이 된다. 한편 ②와 같은 사고방식으로 매수에 에지가 있다고 여겨지는 국면에서 매수했다고 하자. 마찬가지로 가격이 내려갔다. 하지만 그것은 예측 범위 안에 있는 것이다.

이 둘의 차이는 어디에서 발생하는 걸까?

확률에서는 이미 반대편으로 움직일 것도 고려하고 있다. 예를 들어 시세가 상승할 확률이 66%일 때 샀다면, 세 번 중 한 번은 내려갈 것이다. 그러므로 그 하락은 예측 범위 안에 있다고 할 수 있다. 질 확률도 있다는 사실을 분명히 의식하면서 최종적으로는 대수의 법칙에 따라 이길 수 있다고 확신하는 것이다. 그러므로 당장의 승패로 일희일비할 필요가 없다.

기술적 분석의 매매 신호가 상승 추세나 하락 추세를 가르쳐주는 편리한 도구라고 착각하는 사람은 트레이딩에 실패하면 '신호에 속았다'며 원망하기도 한다. 하지만 에지의 본질을 올바르게 이해한다면 어떤 기술적 지표든 자기 역할이 있다는 것을 알게 될 것이다.

안정적으로 이기는 트레이더가 된다

트레이더는 그저 이기기만 하면 되는 것이 아니다. 더 중요한 것이 안정적으로 이기는 것이다. 그것이 '마치 노린 듯이 정확히 이기는 것'이며, 그러기 위해서는 트레이딩 규칙을 세워야 한다.

나는 35년에 걸친 연구 끝에, 트레이딩 규칙을 만들고 그 트레이딩 규칙을 갈고닦는 것이 안정적으로 이기는 트레이더가 되는 유일한 방법이라는 사실을 깨달았다. 또한 트레이딩 규칙을 만들려면 기술적 분석이 필수적이라는 사실도 알게 됐다.

승률이 80%인데 수익은 마이너스인 해도 있고, 반대로 승률이 30%인데 플러스 수익을 올리는 해도 있다. 이 차이가 무엇인지 생각하며 얻어낸 답이 TE, 즉 트레이딩 에지를 계산하는 식이다. 앞서 설명했듯이, 다음과 같은 공식이다.

● TE = 승률×평균수익-패율×평균손실

TE가 플러스이면 반드시 이기고, 마이너스이면 반드시 진다.

🎯 V 트레이더에게 필수적인 세 가지 조건

하지만 이것을 아는 것만으로는 아직 진정한 의미에서 승자가 될 수 없다. 연간 수익 목표를 세우고 이를 정확히 실현해야 비로소 승자가 될 수 있다. 즉 V 트레이더가 되는 것이다.

안정적으로 수익을 올리는 데에는 다음의 조건이 필요하다.

① 트레이딩 자금을 명확히 한다.
② 목표 수익을 설정한다.
③ 승리의 방정식을 만든다.

트레이딩 자금을 명확히 한다

의외로 많은 트레이더가 트레이딩 자금을 명확히 한다는 규칙을 가지고 있지 않다. 보너스를 받았다고 자금을 늘렸다가, 차를 사기 위해 빼내 쓰는 식으로는 트레이딩 자금이 명확히 어느 정도인지 규정할 수가 없다.

보너스를 트레이딩 자금에 더하는 것 자체에는 문제가 없다. 그리고 트레이딩에서 벌면 늘어나고 잃으면 줄어드는 것이므로, 트레이딩 자금이 늘거나 줄어드는 것 자체는 괜찮다. 하지만 온전히 트레이딩에만 쓰이는 자금이 얼마인지를 확실히 해야 한다.

특히 투자 원금에 신경을 써야 한다. 예를 들어 올해 100만 엔 수익을 거뒀다고 해도, 그것만으로는 투자에 성공했는지 실패했는지 알 수 없다. 원금 200만 엔에 대한 수익 100만 엔과 원금 1억 엔에 대한 수익 100만 엔은 의미가 다르기 때문이다. 전자라면 대성공이겠으나, 후자를 성공이라고 할 수는 없을 것이다. 원금이 불분명하면 현재 자신의 트레이딩이 순조로운지 아닌지를 판단할 수 없게 된다.

우리의 최종 목표는 V 트레이더가 되는 것, 즉 목표 수익을 정확히 획득하는 것이다. 게다가 그 목표를 매년 일정하게 달성하는 것이다. 몇 년 연속으로 이기고 있다고 자만하는 트레이더도 있으나, 이기고 지는 것을 수익이 플러스냐 마이너스냐로 판단할 순 없다. 목표로 한 수익을 달성했느냐 아니냐, 그것이 한 해 트레이딩에서 이겼느냐 졌느냐를 판가름하는 유일한 기준이다.

목표 수익을 설정한다

수익금은 많으면 많을수록 트레이더를 기쁘게 해준다. 하지만 '많으면 많을수록'을 목표로 설정할 수는 없다. 올해는 수익을 얼마나 올리기 위해 트레이딩하고 있는가? 그 목표 금액이 명확하지 않으면 트레이딩에서 성공하기 어렵다. 예를 들어 트레이딩 자금이 1,000만 엔이라고 하자. 그 1,000만 엔으로 1년 동안 200만 엔을 버는 트레이딩 전략과 2배로 늘리는 트레이딩 전략은 완전히 다르다. 큰 수익을 거두려면 그에 상응하는 리스크를 취해야 하기 때문이다.

목표 수익을 설정하는 것은 간단한 일이 아니다. 트레이딩 숙련 정도나 리스크에 대한 내성에 따라서도 달라지기 때문이다. 일테면 소액 자본을 가진 트레이더는 리스크를 높여 잡아도 되지만, 고액 자본을 가진 트레이더는 리스크를 낮춰야 한다.

목표 수익을 설정할 때 중요한 것은 큰 수익을 추구하기보다 일정한 수익을 획득하고자 하는 것이다. 아무리 계획적으로 트레이딩을 해도 예상치 못했던 큰 수익을 거두기도 하고, 목표 수익에 도달하지 못하기도 한다. 하지만 안정적인 수익을 거두는 것이야말로 V 트레이더가 목표로 할 지점임을 잊지 말아야 한다.

어떤 해에 놀랄 만큼 수익을 올렸다면 물론 기쁜 일이다. 하지만 다음 해에 놀랄 정도로 큰 손실을 본다면 아무런 의미가 없다. 1년에 500만 엔씩 2년 동안 벌어들인 트레이더와 첫해에 2,000만 엔을 벌고 다음 해에 1,000만 엔을 손해 본 트레이더가 있다고 하자. 누가 더 행복할까? 최종 수익은 같아도 전자가 더 행복할 것이다.

수익 목표를 크게 잡으면 그만큼 리스크가 커지고, 수익 목표를 낮추면 그만큼 리스크를 낮출 수 있다. 리스크는 낮으면서 수익만 높은 투자법은 없다. 제로 리스크에 수익이 안정적으로 늘어난다는 투자법이나 FX와 주식으로 원금을 단기간에 10배로 만들어준다는 광고 문구는 믿지 마라. 물론 가격 변동이 클 때는 트레이딩 자금이 2배, 3배가 되는 경우도 있다. 하지만 매번 정확히 2배, 3배의 수익을 달성하게 하는 기법은 없다.

승리의 방정식을 만든다

트레이딩 자금 1,000만 엔을 가진 트레이더가 연간 300만 엔의 수익을 거두고 싶다고 할 때, 어떤 사고를 하게 되는지 시뮬레이션해보자.

한 번의 트레이딩은 1유닛 단위로 이루어진다. 즉 1% 리스크를 취하는 거래량이다. 이때 연간 몇 번이나 트레이딩을 할지 트레이딩 횟수를 상상해보자. 예를 들어 종목을 1개로 한정하고, 스캘핑(초단타 매매)이나 데이 트레이딩 같은 단타를 제외하여 연간 10회 정도라고 하자. 그렇다면 연간 300만 엔의 수익을 거두려면 단순히 계산해봐도 한 번의 트레이딩에서 30만 엔의 수익을 내야 한다.

1회당 수익이란 기댓값을 말하고, 이는 곧 트레이딩 에지TE를 의미한다. 30만 엔의 수익을 달성하기 위해서는 승률과 평균수익이 얼마나 되어야 하는지 다음 식으로 구해볼 수 있다.

● TE = 승률×평균수익−패율×평균손실

예를 들어 승률이 50%라고 하자. 유닛 단위로 트레이딩하여 손절매 라인을 2N(2ATR)에 설정한 경우 평균손실은 트레이딩 자금의 2%에 해당하므로, 이번 사례에서는 20만 엔이 된다.

● TE = 50%×평균수익−50%×20만 엔 = 30만 엔

위 식에 따르면 평균수익 80만 엔이 필요하다. 풀이 과정은 다음과 같다. 평균수익을 X라고 하고, 50%를 0.5라고 바꿔 쓰면 다음과 같이 된다.

● 0.5×X−0.5×20 = 30

0.5X−10 = 30

$$0.5X = 40$$

$$X = 80$$

이 결과를 통해 RR비율이 4라는 것을 확인할 수 있다. 이를 계산하는 식은 '평균수익÷평균손실'이다.

● 80만 엔÷20만 엔 = 4.0

하지만 승률 50%로 RR비율 4를 올리기란 쉬운 일이 아니다. 터틀 그룹도 승률이 35~40%에 RR비율은 3 정도였다고 한다. 여기서 승률을 바꿔 현실적인 방법은 없는지 검토해보자.

'표 9-1'에 정리한 것이 TE 30만 엔을 획득하기 위한 트레이딩 패턴이다. 이 중에 달성할 수 있으리라 생각되는 패턴이 있는가? RR비율은 트레이더가 어떤 기법을 쓰느냐에 크게 좌우되기는 하지만, 만약 표 안에서 가능성이 있는 패턴을 찾을 수 없다면 수익 목표를 달성하기는 애초에 어려울 수밖에 없다.

표 9-1 › TE 30만 엔을 획득하기 위한 트레이딩 패턴

승률(%)	20	30	40	50	60	70	80	90
평균수익(만엔)	230	147	115	80	63	52	43	36
RR비율	11.5	7.3	4.3	4	3.2	2.6	2.1	1.8

그러면 어떻게 해야 할까? 실은 좀더 낮은 승률이라도, RR비율이 낮아도, 연간 목표를 달성할 수 있는 방법이 하나 있다. 바로, 트레이딩 횟수를 늘리는 것이다. 연간 트레이딩 횟수를 늘리면 TE가 낮아도 연간 수익은 커지기 때문이다.

● TE×연간 트레이딩 횟수 = 연간 수익

그러나 단일 종목에서 트레이딩 횟수를 늘리면, 수익이 날 확률이 낮은 곳에서도 무리하게 진입하기 쉽다. 그러면 TE가 낮아질 수밖에 없다. 그 마이너스 효과를 극복하기 위해서는 트레이딩 종목을 늘려야 한다.

● 연간 목표 수익 = (승률×평균수익-패율×평균손실)× 트레이딩 횟수

연간 목표 수익을 구하는 이 공식은 반드시 기억하자. 공식 중 '승률×평균수익-패율×평균손실' 부분은 TE를 계산하는 과정이다. 즉, TE에 연간 트레이딩 횟수를 곱하면 연간 수익이 된다.

⊙ 자신만의 트레이딩 모델을 찾자

대다수 트레이더는 최대한 많은 수익을 올리려고 기를 쓴다. 하지만 보다 많은 수익을 올리는 것보다 중요한 것은 수익을 안정적으로 올리는 것임을 잊지 말아야 한다.

트레이딩 자금 2,000만 엔에 연간 600만 엔을 목표 수익으로 한다고 가정해보자. 연간 목표 수익 600만 엔은 연간 30%의 수익을 올려야 한다는 뜻이다.

이 목표를 달성하기 위해서는 다음 식에 따른 행동이 필요하다.

● TE×연간 트레이딩 횟수 ≥ 600만 엔

여기서 TE를 구하는 식은 다음과 같다.

● TE = 승률×평균수익−패율×평균손실

앞서 살펴봤듯이, TE는 '기댓값'이다. 기댓값이란 어떤 트레이딩 기법으로 트레이딩했을 때, 트레이딩 1회당 얻을 수 있으리라 기대되는 수익의 액수다. 예를 들어 기댓값이 5만 엔으로 산출됐다고 해도, 매번 5만 엔의 수익을 낼 수 있는 것은 아니다. 하지만 트레이딩을 반복하는 동안 기댓값에 트레이딩 횟수가 곱해져서 수익이 올라가게 된다.

마법처럼 보일지도 모르겠지만, 그 비밀은 '대수의 법칙'에 있다. 기댓값이 5만 엔인 트레이딩 기법으로 연간 100번 트레이딩을 하면, 5만 엔의 100배, 즉 500만 엔의 연간 수익을 기대할 수 있다. 트레이딩 횟수가 많으면 많을수록 이 계산은 더 정확해진다.

그러면 600만 엔의 연간 수익을 올리기 위한 트레이딩 기법을 생각해보자. 우선은 여러 가지 모델을 만들어 어느 것이 실현 가능한지 찾는 데서 출발한다.

<모델 1>

승률 60%, 평균수익 25만 엔, 평균손실 30만 엔, 연간 트레이딩 횟수 200회

· 기댓값 = 0.6×25만 엔-0.4×30만 엔 = 15만 엔-12만 엔 = 3만 엔

· 연간 수익 = 3만 엔×200회 = 600만 엔

<모델 2>

승률 70%, 평균수익 30만 엔, 평균손실 30만 엔, 연간 트레이딩 횟수 50회

· 기댓값 = 0.7×30만 엔-0.3×30만 엔 = 21만 엔-9만 엔 = 12만 엔

· 연간 수익 = 12만 엔×50회 = 600만 엔

<모델 3>

승률 50%, 평균수익 40만 엔, 평균손실 25만 엔, 연간 트레이딩 횟수 80회

· 기댓값 = 0.5×40만 엔-0.5×25만 엔 = 20만 엔-12.5만 엔 = 7.5만 엔

- 연간 수익 = 7.5만 엔×80회 = 600만 엔

<모델 4>

승률 40%, 평균수익 60만 엔, 평균손실 30만 엔, 연간 트레이딩 횟수 100회

- 기댓값 = 0.4×60만 엔-0.6×30만 엔 = 24만 엔-18만 엔 = 6만 엔
- 연간 수익 = 6만 엔×100회 = 600만 엔

모델 1은 승률 60%, 평균수익 25만 엔, 평균손실 30만 엔, 연간 트레이딩 횟수 200회로 상정했다. TE를 계산해보자. 평균수익이 15만 엔(60%×25만 엔)이고 평균손실이 12만 엔(40%×30만 엔)이므로, 기댓값은 두 값의 차인 3만 엔(15만 엔-12만 엔)이 된다. 그 기댓값으로 200번 트레이딩하면 연간 600만 엔 수익을 기대할 수 있다.

여기까지 했다면 그다음에는 자신의 트레이딩 규칙이 모델 1에 들어맞도록 조정하는 것인데, 그 방법은 한 가지만이 아니다. 복수의 모델을 만들어서 자신의 트레이딩 스타일에 가까운 것을 선택하는 것이 현실적이다.

여기서는 네 가지 모델을 제시했지만, 이것 말고도 패턴은 무수히 많다. 그중에서 자신에게 맞고, 실현 가능한 것은 무엇인가를 연구하면 된다. 패턴을 여러 개 만들어보면서 자신의 트레이딩 방식에 가까운 것을 찾아보자.

트레이딩 규칙을 만드는 동안에는 다양한 시행착오를 거치기 마련

이다. 승률을 올리려고 하면 평균수익이 내려가고 평균손실은 늘어난다. RR비율을 올리려고 하면 승률이 떨어지는 것이 보통이다.

우선은 올바른 기댓값을 가지는 트레이딩 기법을 확립하는 것이 중요하다. 이를 갖추지 못하면 수익을 거둘 수 없다.

트레이딩 기법이 만들어지면, 기댓값과 연간 목표 수익을 기본으로 몇 번 트레이딩을 하면 되는지 계산할 수 있다.

● 필요한 트레이딩 횟수 = 연간 목표 수익÷기댓값

예를 들어 연간 목표 수익이 600만 엔이고 자신이 확립한 트레이딩 기법의 기댓값이 4만 엔인 경우, 그 기법으로 연간 150회 트레이딩하면 된다.

여기서 주의해야 할 점은 무턱대고 트레이딩 횟수만 늘리려고 하면 오히려 기댓값을 끌어내리게 된다는 것이다. 에지가 없을 때도 트레이딩을 반복하게 되기 때문이다. 그런 실패를 피하려면 트레이딩하는 종목을 늘리는 수밖에 없다. 즉 종목 수를 늘려서 트레이딩 횟수를 늘리고, 그로써 목표 수익을 달성하는 것이다.

그런데 트레이딩 자금에는 제한이 있으므로 자금관리가 엄격한 터틀 그룹의 기법으로는 종목 수를 늘리고 싶어도 늘릴 수 없다는 딜레마가 있다. 하지만 그런 딜레마에 빠졌다면 애초부터 전제했던 목표 수익 자체가 적정하지 못한 것이다.

이런 방식으로 시행착오를 거치는 동안 자신에게 맞는 목표 수익을 알게 된다. 그러면 '목표 수익은 많으면 많을수록 좋다'라는 사고방식에서 벗어나게 된다.

물론 여기서 소개한 기법을 구사해도 트레이딩하는 종목의 가격 변동률은 매년 달라지기 때문에, 안정적으로 수익을 올린다는 것은 간단한 일이 아니다. 하지만 이런 점들을 생각하면서 트레이딩하는 것과 아무 생각 없이 트레이딩하는 것에는 상당한 차이가 있다.

목표 수익에 대해서도 많은 트레이더가 아무 생각 없이 막연히 정한다. 심지어 적정 목표 수익을 정하는 방법조차 모르는 사람도 있다. 그 결과 기댓값이 마이너스인, 애초부터 이기지 못할 기법으로 트레이딩을 반복한다. V 트레이더를 목표로 하는 우리는 이런 잘못을 저지르지 않도록 주의해야 한다.

10장

트레이더를 향해: 실천 편

🎯 자신의 트레이딩 내용을 기록하자

연간 목표 수익을 정확히, 안정적으로 거두는 것이 우리의 목표다. 이를 위해 실천해야 할 사항을 짚어보자.

조사 결과에 따르면, 자신이 트레이딩한 내용을 기록하는 사람은 전체 트레이더 중 10%에 불과하다고 한다. 지금은 온라인 매매가 주류를 이루고 있어서 모니터상에서 트레이딩 기록을 확인할 수 있으며, 파일로 다운로드받을 수도 있다. 하지만 마우스를 클릭해 간단히 파일을 받아보는 것과 자기 손으로 직접 기록하는 것은 엄연히 다르다. 이런 수고를 귀찮아해서는 승자가 될 수 없다. 컴퓨터에 의존하는 것이 탐탁지 않은 이유는, 프린터로 찍어 나오는 거래 이력에는 트레이더의 감정이 담겨 있지 않기 때문이다. 트레이딩 기록을 간단히 손에 넣을수록 자신의 트레이딩을 되돌아보지 않게 된다. 직접 기록해야 자신의 트레이딩 방식을 돌아보고 분석할 수 있다.

트레이딩을 빈번하게 반복하는 트레이더는 기록을 하는 데 시간이 너무 오래 걸리는 데다, 데이터가 방대해져서 귀찮다고 말하기도 한다. 하지만 반대로 생각해야 한다. 하루에 허용되는 트레이딩 횟수는 제대로 기록할 수 있는 범위가 한계인 것이다. 기록할 여유조차 없을 정도로 트레이딩 횟수를 늘려는 안 된다.

그러면 어떤 내용을 기록해야 할까?

진입 기록 항목

<진입할 때 기록할 항목>

① 주문 시간

② (주식의 경우) 종목 코드

③ 종목명

④ 매매 종류(매수 진입인지 매도 진입인지)

⑤ 주문 종류(시장가, 지정가, 역지정가 주문 등)

⑥ 거래량(몇 주, 몇 통화, 몇 계약)

⑦ 주문 가격

⑧ 체결 시간

⑨ 체결 가격

⑩ 슬리피지

⑪ ATR

⑫ 유닛 환산

⑬ 진입 이유

더 자세하게 기록하는 트레이더도 있지만, 자신에게 필요하지 않은 항목은 제외해도 된다. 여기서 제안하는 것은 어디까지나 예시다. 원래 트레이딩 기록을 작성하는 방법은 십인십색이다. 어떤 항목을 기록할

지는 자신이 분석하기 편리한 식으로 정하면 된다. 중요한 것은 계속하는 것이다. 제아무리 트레이딩 기록을 자세하게 작성해도, 한 달만 하고 말아서는 의미가 없다.

항목들은 각각 분명하게 구분되지만, 혼동을 피하기 위해 몇 가지만 짚고 넘어가겠다.

⑦ 주문 가격은 시장가 주문, 지정가 주문, 역지정가 주문으로 나뉘어 내용이 조금씩 다르다. 원래 시장가 주문은 주문을 낼 때의 가격과 주문이 체결될 때의 가격이 같아야 한다. 하지만 주문 버튼을 누른 후 그 주문이 HTS를 통해 거래소 등에 도달하는 동안 가격이 바뀌는 경우도 있다. 가격 변화가 급격할 때가 그렇다. 따라서 시장가 주문을 냈을 경우에는 주문 버튼을 눌렀을 때의 가격이 주문 가격이고, 실제 체결된 가격이 거래 가격이 된다.

지정가 주문은 '몇 엔에 매수' 또는 '몇 엔에 매도' 식으로, 매매 가격을 지정하는 것이다. 가장 흔한 주문 방식이므로 어렵지 않을 것이다. 한편 역지정가 주문은 가격을 지정가 주문과 반대로 정하는 것이다. 즉, '몇 엔 이하에서 매도' 또는 '몇 엔 이상에서 매수'라고 내는 주문이다. 예컨대 '1,000엔 이하에서 매도'라는 주문을 냈을 때 1,000엔이 주문 가격이고, 그 주문이 999엔에 체결됐다면 999엔이 거래 가격이 된다.

주문 방식별로 주문 가격을 정리하면 다음과 같다.

· 시장가 주문: 주문을 내는 시점의 가격

- 지정가 주문: 지정한 가격
- 역지정가 주문: 역지정한 가격

⑩ 슬리피지는 주문 가격과 체결 가격의 차이를 말한다. 가격이 달라졌다고 해서 반드시 트레이더에게 불리한 것은 아니다. 예를 들어 지정가 주문으로 1,000엔에 매수하는 주문을 냈는데 996엔에 체결됐다면 지정한 가격보다 4엔이나 유리하다. 이 역시 가격이 급변할 때 종종 나타나는 현상이다. 슬리피지는 유리한 쪽으로 움직였을 때는 '+'로, 불리한 쪽으로 움직였을 때는 '-'로 기록한다.

⑪ ATR을 계산하는 방법은 2장에서 설명했다. 혹시 계산하기가 어렵다면, 증권사마다 ATR을 계산하는 차트 시스템을 제공하는 HTS가 있으니 그것을 참고하자.

⑫ 유닛 환산에 대해서도 2장에서 설명했다. 나는 유닛 단위로 트레이딩할 것을 권하는데, 유닛 단위로 매매하지 않는다고 해도 ATR을 기반으로 1유닛 거래량을 계산하면 거래량을 유닛으로 환산할 수 있다. 그 경우에는 소수점 이하 둘째 자리까지는 계산하는 것이 좋다.

⑬ 진입 이유는 대단히 중요한 항목이다. 이미 자신만의 규칙을 확립한 트레이더는 예컨대 '규칙 3번에 따라 매수 진입'이라는 식으로 간단히 작성할 수 있을 것이다. 만약 트레이딩 규칙을 아직 확립하지 못한 트레이더라면 '경제신문에서 기사를 보고'라는 식으로 자유롭게 작성하자. 그것이 뇌동 매매를 막아주는 교훈으로 돌아올 것이다.

뇌동 매매란, 당시 느낌에 따라서 트레이딩하는 것을 말한다. 무계획적인 트레이딩은 커다란 손실을 초래한다. 그런 가슴 떨리고 판단력을 흐리는 매매를 피하기 위해서라도 진입 이유를 반드시 작성해야 한다. 진입 이유를 기록하다 보면, '텔레비전 뉴스를 보고'라든가 '잡지에 난 특집 기사를 읽고' 등의 이유가 얼마나 말도 안 되는지를 알게 된다. 어떤 정보가 유용한지 아닌지를 알게 된다는 것만으로도 기록이 필수적인 일이라고 할 수 있다.

청산 기록 항목

여기에서도 혼동의 여지가 있는 항목만 짚고 넘어가겠다.

④ 수량은 진입했을 때 수량과 반드시 똑같을 필요는 없다. 예를 들어 6,000주를 매수하여 3,000주씩 청산하는 경우도 있을 테고, 한 번에 낸 주문이 여러 가격으로 체결되는 경우도 있을 것이다. 그럴 때는 몇 줄에 나눠서 기록한다.

⑤ 주문 가격은 진입 기록과 같은 방식으로 작성한다. 시장가 주문은 주문을 낸 가격을 기입하고, 지정가와 역지정가 주문은 지정한 가격을 적는다. ⑧ 슬리피지도 진입 기록과 같은 방식이다.

그리고 ⑨~⑬의 다섯 항목은 모두 손익 계산을 위한 요소다. 예를 들어 FX거래에서 50pips 수익을 올렸다면 ⑨에 그 값을 넣고, ⑩에는 그 가격을 적는다. 스와프는 ⑪에 적고, 수수료는 ⑫에 적으며, 이것들을 더하고 뺀 차감 손익이 ⑬이다.

<**청산할 때 기록할 항목**>

① 주문 시간

② 매매 종류(매수 진입의 매도 청산인지, 매도 진입의 매수 청산인지)

③ 주문 종류(시장가, 지정가, 역지정가 등)

④ 수량

⑤ 주문 가격

⑥ 체결 시간

⑦ 체결 가격

⑧ 슬리피지

⑨ 시세폭(수익폭, 손절매폭)

⑩ 손익

⑪ 스와프 등

⑫ 수수료(진입 시와 청산 시의 수수료를 함께)

⑬ 차감 손익

⑭ N 환산

⑮ 청산 이유

⑭ N 환산은 터틀 그룹 고유의 방식으로 6장에서 설명했다.

그리고 마지막으로 ⑮ 청산 이유를 기록한다. 이유 없는 청산도 이류 트레이더에게서 곧잘 나타나는 패턴이다.

◎ 자신만의 트레이딩 규칙을 만들자

초보 트레이더는 트레이딩 규칙을 만든다는 게 너무 막연해 시도조차 하지 않으려 한다. 하지만 일단 만들어보는 것이 중요하다. 이 책에서 지금까지 설명한 내용을 이해한 트레이더라면 이미 기초를 뗀 것이므로 결코 어렵지 않다. 처음부터 완벽한 것을 꿈꾸지 말고 시범적으로 만들어보자. 이를 조금씩 업그레이드해나가면 된다.

예시로 내가 트레이딩 규칙을 작성할 때 사용하는 시트를 준비했다. <나만의 규칙>이라고 쓰인 곳에 자신의 트레이딩 규칙을 적어 넣으면서 시작해보자.

기본 규칙

지금부터 설명하는 내용은 터틀 그룹의 규칙을 바탕으로 내가 업그레이드한 것이다. 이를 참고하면서 세부적인 내용은 자신에게 맞춰 바꿔나가기 바란다. 트레이딩 규칙은 어디까지나 트레이더 고유의 것으로, 다른 트레이더가 만든 규칙을 그대로 적용해서는 제대로 기능하지 않는다.

시트에 제시된 <예> 부분은 트레이딩 규칙을 만드는 데 참고하기 위한 것일 뿐이므로, 이것이 성공을 약속하는 트레이딩 규칙이라고 여겨서는 안 된다.

① 거래 종목, 거래하는 봉(캔들)의 조건

<예>

· 유동성이 있다. 변동성이 있다. 매수와 매도가 가능하다. 거래에 규제가 없다.
· 갭이 없다. 위아래 꼬리가 길지 않다. 시세 등락이 심하지 않다. 추세가 알아보기 쉽고 장기 지속한다.

<나만의 규칙>

트레이딩하는 시장은 많을수록 좋다. 주식, 외환, 원자재 중 하나만 트레이딩한다면 기회를 스스로 제한하는 것이다. 다만, 어떤 시장이든 상기 조건에 맞아야 한다.

② 트레이딩 자금과 연간 목표 수익
\<예\>   · 없어져도 생활에 지장을 주지 않는 자금. 그중에서 투자에 사용하겠다   고 정한 금액   · 수익 목표는 연간 ○%
\<나만의 규칙\>

    목표 수익은 통상 10%에서 30% 정도가 적당하다. 40%를 넘으면서 부터는 리스크가 커지고, 100%를 넘으면 현실성이 없어진다. 다만, 소액 자본 트레이더는 그렇지 않을 것이다. 예컨대 트레이딩 자금이 10만 엔인 트레이더는 연간 100% 이상의 수익을 올리려고 할 것이다. 이에 따라 소액 자본 트레이더는 그에 걸맞은 리스크를 부담할 수밖에 없다.

③ 1회당 거래량

<예>

· ATR에서 역산한 1유닛 단위

※ 1유닛은 1회에 부담할 수 있는 1%의 리스크를 취하는 거래량을 말함

<나만의 규칙>

터틀 그룹의 트레이딩 규칙 중에서도 '유닛'이라는 자금관리 방식은 특히 훌륭하다. 자신만의 규칙을 만드는 데 꼭 활용하길 바란다.

④ 최대 거래량

<예>
- 동일 종목으로 최대 4유닛까지
- 상관관계가 높아지지 않는 선에서 3종목으로 최대 12유닛까지

<나만의 규칙>

예로 든 것은 어디까지나 참고하라는 의미다. 최대 거래량은 트레이딩 숙련도에 따라서 달라질 수 있다. 숙련될수록 거래량을 늘릴 수 있다. 다만, 초보 트레이더는 가능한 한 늘리지 않는 것이 바람직하다.

⑤ 진입 규칙

<예>

· 이동평균선 대순환 분석과 대순환 분석 MACD 신호를 바탕으로 진입
  ※ 조기진입, 시험진입

<나만의 규칙>

이동평균선 대순환 분석, 대순환 분석 MACD에 관해서는 2부를 참고하기 바란다. 조기진입과 시험진입도 2부에서 다룬다. 진입 규칙은 직접 공부하고 연구해야 한다.

⑥ 손절매 규칙

<예>

· 진입 지점과 반대 방향으로 ATR의 2배에서 3배 지점에 역지정가 주문을 내놓는다.

<나만의 규칙>

터틀 그룹은 ATR의 2배를 손절매의 기본선으로 사용했다. 하지만 트레이더 중에는 2배가 작다고 느끼며 종목이나 시장에 따라 3배가 적절하다고 주장하는 이들도 있다. 손절매 수준을 정하는 데에는 트레이더의 성향이 드러난다. 다만 2배 미만으로 설정하는 것은 손절매 수준이 너무 얕다고 생각된다.

⑦ 트레일링 스탑 규칙

\<예\>
- 가격이 1/2N 상승할 때마다 손절매 라인을 1/2N만큼 끌어올린다.
- 추가한 유닛도 포함하여 손절매 라인이 평균 매수가를 넘어서는 가격 위치까지 위 규칙을 반복한다.
- 그 이후는 가격이 1N 상승할 때마다 손절매 라인을 1/2N만큼 끌어올린다.

\<나만의 규칙\>

트레일링 스탑은 권장하지만, 어떤 식으로 트레일링 스탑을 할 것인지는 각자가 연구할 필요가 있다. 다만, 단순한 트레일링 스탑을 계속 사용하는 것은 유효성이 낮아지므로 주의할 필요가 있다. 예를 들어 가격이 50엔 상승하면 손절매 라인을 같은 금액만큼 끌어올리는 기법이 그렇다.

⑧ 수익 확정 규칙

<예>

· 전날 중기 이동평균선 가격에 역지정가 주문

  ※ 가격이 그 금액 아래로 내려가면 청산

<나만의 규칙>

예로 든 것은 이동평균선 대순환 분석을 활용할 때의 청산 규칙으로, 상급 트레이더에게 적합하다. 수익 확정 규칙은 자신이 어떤 진입 규칙을 사용하느냐에 따라 크게 달라진다.

⑨ 포지션 추가 규칙

\<예\>

- 가격이 1/2N 상승할 때마다 1유닛 추가
- 최대 4유닛까지(즉, 추가 매매는 3회까지)

\<나만의 규칙\>

포지션을 추가하는 데에는 현재 포지션에서 가격이 얼마나 유리한 방향으로 움직였을 때 추가할지, 또 어떤 조건에 따라서 추가할지 등 여러 가지 전략이 있다. 제시한 예는 설명을 하기 위해 극히 단순화한 것이므로 독자적인 규칙을 연구해야 한다.

기타 규칙

트레이딩을 반복할수록 여러 가지 발견을 하게 되므로, 그때마다 트레이딩 규칙을 업그레이드할 수 있다. 기타 규칙에는 다음과 같은 것이 있다.

- 트레이딩 시간을 어느 정도로 할 것인가.
- 수익금을 트레이딩 자금에 추가할 것인가, 아니면 따로 뺄 것인가.
- 월간 어느 정도 손실이 나면 트레이딩을 멈출 것인가.
- 월간 어느 정도 수익이 나면 트레이딩을 멈출 것인가.
- 본업이 매우 바쁘거나 건강 이상, 신경 불안이 있을 경우 트레이딩을 멈출 것인가 또는 이를 고려하지 않을 것인가.

⊙ 규칙을 정기적으로 점검하고 업그레이드하자

트레이딩 기록은 최소한 한 달에 한 번은 남길 것을 권한다. 다만, 트레이딩 규칙에 따라서는 한 달 매매 횟수가 적을 수도 있다. 그러면 검증해야 할 자료가 적어 정확한 결과를 얻을 수 없다.

중요한 검증은 6개월에 한 번꼴로 실시하는 것이 좋다. 그리고 그 결과를 바탕으로 트레이딩 규칙을 재검토하여 업그레이드한다. 즉 트레이딩 기록을 점검하는 것은 트레이딩 규칙을 업그레이드하는 데 필요한 작업이다.

검증 시점에 청산하지 않은 포지션이 있으면, 그때의 가격으로 모두 청산했다고 가정하여 기록을 작성하고 검증에 포함시킨다. 규칙을 만들 때, 수익 확정은 빠르게 하고 손절매는 늦추는 식으로 하는 사람도 있다. 수익만 먼저 취하고 손실은 뒤로 미뤄서 검증하면, 성적이 더 좋게 나타나기 때문이다. 그런 착오는 반드시 피해야 한다.

검증에 필요한 데이터

검증에 필요한 최소한의 데이터는 다음과 같다.

<검증에 필요한 데이터>
① 트레이딩 자금: A
② 트레이딩 기간: B
③ 트레이딩 횟수: C
④ 승리한 트레이딩 횟수: D
⑤ 패배한 트레이딩 횟수: E
⑥ 전체 수익금: F
⑦ 전체 손실금: G
※ 연간 목표 수익을 'X'라 함

---

⑥ 전체 수익금(F)은 해당 기간에 승리한 트레이딩만 골라 금액을 합산한 것이다. ⑦ 전체 손실금(G)은 그 반대다.

이때 주의해야 할 점은 ③ 트레이딩 횟수ⓒ를 계산하는 방식이다. 예를 들어 1만 주를 매수했는데 5,000주씩 두 번으로 나눠서 청산했을 경우, 트레이딩 횟수를 2회로 본다면 승률과 RR비율을 산출할 때 올바른 수치가 나오지 않는다.

이럴 때 유용한 것이 터틀식 1유닛 단위 트레이딩이다. 진입과 청산을 1유닛 단위로 실행하면 그 1유닛을 1회 트레이딩이라고 정확하게 정의할 수 있다. 예를 들어, 1유닛을 진입한 후에 포지션을 추가하여 4유닛까지 늘렸다고 하자. 그 4유닛을 한 번에 청산했다면 트레이딩 횟수가 4회가 되므로 간단히 검증할 수 있다.

한편, 1만 주를 한 번에 매매하여 진 것과 5,000주씩 두 번 매매하여 이긴 것을 1패와 2승이라고 해도 되는지 궁금해하는 트레이더가 있을 것이다. 하지만 유닛 단위로 생각하면 그런 의문도 간단히 해결된다.

애초에 유닛이라는 방식은 트레이딩 규칙을 만드는 과정에서 생긴 개념이다. 트레이딩 규칙을 만드는 데 검증은 필수적인 작업이므로 모든 과정을 유닛을 기준으로 생각하는 것이 편리하다.

분석 항목

검증에 필요한 데이터 ①~⑦을 가지고 분석할 항목을 설명하겠다.

⑧ 차감 손익은 실제 수익금 또는 손실금으로 대단히 중요한 수치다. 차감 손익이 플러스여야 트레이딩이 의미가 있다.

⑨ 평균수익은 전체 수익금ⓕ을 승리한 트레이딩 횟수로 나누어서

<분석 항목 1>

⑧ 차감 손익: H = F–G

⑨ 평균수익: I = F÷D

⑩ 평균손실: J = G÷E

구한다. 이를 통해 승리한 트레이딩 1회당 금액(평균수익)을 알 수 있다.

⑩ 평균손실은 그 반대다. 기록할 때는 평균손실이 30만 엔이라면 '–30만 엔'이 아니라 '30만 엔'이라고 절댓값으로 써준다. 뒤에서 설명할 RR비율을 계산하는 데 필요하다.

<분석 항목 2>

⑪ RR비율: K = I÷J

⑫ 승률: L = D÷C

⑬ 패율: M = 1–L

⑭ TE: N = L×I–M×J

⑮ 기대할 수 있는 연간 손익: O = N×C

※ C는 연간 트레이딩 횟수

⑯ V 트레이딩률: P = O÷X

⑪ RR비율이 '손실은 적고 수익은 큰 상태'를 실현하는 데 중요한 숫자라는 점은 앞서 설명했다. RR비율이 1보다 크면 클수록 손실은 적고 수익은 큰 상태가 되고, 반대로 1보다 작으면 작을수록 손실은 크고

수익은 적은 상태가 된다. 승률을 우선하는 트레이더는 RR비율이 낮아진다.

⑫ 승률과 ⑬ 패율은 승리(패배)한 트레이딩 횟수(D 또는 E)를 전체 트레이딩 횟수(C)로 나눈 값이다. 그런데 초보일수록 승률에만 집착한 나머지 RR비율을 고려하지 못하는 경향이 있다. 최종 성적을 보면, 승률이 90%인데 손실을 본 경우도 있고 승률은 10%인데 수익을 낸 경우도 있다. 그런 사실을 전제로 트레이딩에서 이기는 것이란 과연 어떤 상태인가를 면밀히 고찰해보면, 승률과 RR비율의 관계로 정해진다는 사실을 다시 한번 확인할 수 있다. 어떤 승률에 대해서 RR비율이 일정 값 이상이라면 승리, 그 미만이라면 패배다. 이를 정리한 것이 '표 10-1'이다.

표 10-1 > 승률과 RR비율

승률(%)	10	20	30	40	50	60	70	80	90	100
RR비율	9.0	4.0	2.3	1.5	1	0.7	0.4	0.3	.01	–

승률이 20%일지라도 RR비율이 4.0 이상이라면 승자, 승률이 70%여도 RR비율이 0.4 미만이면 패자가 되는 것이다. 이것이 트레이딩 규칙을 만드는 데 가장 중요한 공식이다.

⑭ TE를 구하는 이 식을 '승률×평균수익+패율×평균손실'이라고 표현할 수도 있다. '패율×평균손실'에서 어차피 마이너스가 나오므로 이를 그냥 더해주는 것이다. 나는 앞에서 이야기한 대로 '30만 엔'이라고

절댓값으로 표기하므로 ⑭와 같은 공식이 된다.

⑮ 기대할 수 있는 연간 손익은 TE를 계산하는 식으로 구해낸 수치를 N에 대입하고 연간 트레이딩 횟수ⓒ를 곱해주면 계산할 수 있다. 예를 들어 이 검증을 6개월에 한 번 한다면, C의 트레이딩 횟수는 6개월 분이므로, 1년 트레이딩 횟수는 C의 2배로 한다. 매월 검증한다면 C의 수치는 1개월 트레이딩 횟수가 될 것이므로, 12배로 하여 연간 수치로 조정해준다.

⑯ V 트레이딩률이 1 이상이라면 이미 V 트레이더다. 1보다 작으면 트레이딩 규칙을 업그레이드할 여지가 있다는 뜻이다. 다만 이 수치는 목표 수익을 얼마로 설정했느냐에 따라 달라진다. 아무리 노력해도 1을 넘지 못하거나, 반대로 너무 쉽게 1을 넘어버릴 때는 목표 수익을 잘못 설정했다고 볼 수 있다. 이 말은 수익을 제대로 설정하는 것도 중요하다는 뜻이다.

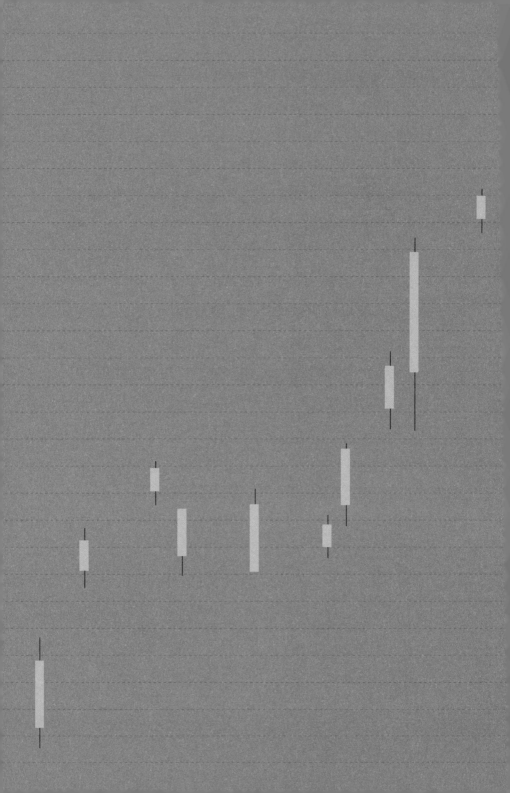

2부

대시세는
대순환에서 나온다

11장과 12장에서는 나의 진입 규칙을 소개한다. 이동평균선 간의 관계를 바탕으로 유리한 국면을 찾아내 진입하는 방법과 MACD를 사용하여 유리한 국면을 보다 빨리 판별해내는 방법이다. 트레이딩 경력이 웬만큼 된다면 선호하는 진입 규칙이 따로 있을 것이고, 그 방법대로 해도 된다. 트레이딩에서 가장 중요한 것은 자금관리와 리스크관리이기 때문에 그 점만 유의하기를 다시 한번 강조한다. 다만, 유효한 진입 규칙을 찾고 있다면 여기서 소개하는 방법을 한번 사용해보기 바란다.

이동평균선
대순환 분석

⊙ 자신만의 진입 규칙이 필요하다

지금까지 터틀 그룹이 쓰던 방식을 바탕으로 진입 규칙을 정립하는 방법을 배웠다. 정리하면 '표 12-1'과 같다.

표 12-1 > 터틀 그룹의 진입 규칙

한 번의 트레이딩에 해당하는 포지션 양	1유닛
진입 규칙	자신에게 맞는 규칙을 채용
손절매 규칙	2N
피라미딩 규칙	0.5N

진입 또는 추가 매수는 1유닛으로 하고, 손절매는 2N만큼 반대 방향에 설정하며, 피라미딩은 같은 방향으로 가격이 0.5N 움직일 때 실시했다. 다만, 20일간 저가·고가 경신이나 55일간 저가·고가 경신이라는 진입 규칙에 관해서는 터틀 그룹의 방식을 고수할 필요는 없다. 나 역시 이동평균선과 MACD를 기준으로 진입 여부를 판단한다.

2부에서는 나의 진입 규칙, 큰 추세를 노리는 방법과 함께 작은 추세도 노리는 방법을 자세히 설명하겠다.

그림 11-1 › 고지로 강사의 진입 규칙

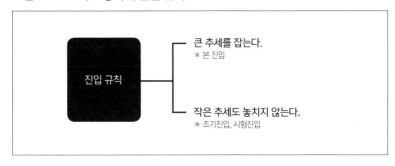

🎯 이동평균선의 기초

기술적 분석을 마스터하기 위해서는 다음의 다섯 가지를 명심해야 한다.

① 계산식을 기억한다.

② 계산식의 의미를 이해한다.

③ 계산식을 바탕으로 그 기술적 지표가 무엇을 가리키는지를 이해한다.

④ 매매 신호를 익힌다.

⑤ 매매 신호의 논리를 이해한다.

언제 매매하는 것이 좋을지를 배우기 위해서는 이 다섯 가지가 필수적인데, 대부분의 초보 트레이더는 다 필요 없다면서 매매 신호만 가르쳐달라고 한다. 하지만 그렇게 해서는 트레이딩을 아무래 오래 해도 올바른 기술적 분석을 할 수 없다. 예를 들어 4장에서 살펴봤듯이, '골든크로스가 어떻게 매수 타이밍을 알려주는가?'처럼 논리를 이해하지 않고서는 기술적 지표를 올바르게 사용할 수 없다.

한 가지 더 중요한 사실이 있다. 기술적 지표에는 '속임수'가 따라다닌다는 점이다. 일테면 매수 신호가 나온 후에 가격이 내려가거나 매도 신호가 나온 후에 가격이 올라가는 경우가 그렇다. 왜 이런 일이 생길까?

기술적 분석은 확률의 지배를 받는다. 어느 트레이더가 아무리 연구에 연구를 거듭해도 현실적으로 달성할 수 있는 승률은 60%, 많아야 70% 정도다. 지금이 기회라고 판단해 진입했는데 반대 방향으로 움직일 확률이 30~40%는 된다는 얘기다. 그러니 시세를 벗어날 때마다 충격을 받는다면 투자 세계에서 오래 버티지 못할 것이다.

계산식을 이해한 후에 기술적 분석을 하면 속임수가 어떤 경우에 자주 발생하고, 어떤 경우에 발생하기 어려운지를 알 수 있다. 또한 속임수가 많은 상황과 적은 상황도 판별해낼 수 있다. 그러면 '리스크를 부담할 가치가 없는 국면에서 포지션을 취하는 위험'을 줄일 수 있다. 속임수에 당하지 않게 되면 기술적 분석이 더욱 재미있어진다.

일정 기간의 종가 평균을 나타낸 선

기술적 분석에 쓰이는 지표는 이동평균선만이 아니라 일목균형표나 볼린저밴드 등 종류가 매우 많다. 언뜻 복잡하고 어려워 보이기 때문에 초보 트레이더는 겁부터 먹기 일쑤다. 실제로 복잡하고 어려운 것도 사실이지만, 그것들을 모두 알 필요는 없다. 자신에게 맞는 것 몇 가지를 골라 사용 기술을 갈고닦으면 된다.

그중 이동평균선에 대해서는 "기술적 분석은 이동평균선으로 시작해서 이동평균선으로 끝난다", "이동평균선을 제압하는 자가 기술적 분석을 제압한다"라고 말하기도 한다.

이 평가처럼, 이동평균선은 대단히 간편하기에 배우기도 쉽고 활용하기도 쉽다. 이 세상에는 이동평균선만으로도 막대한 수익을 내는 탑 트레이더가 많다는 사실을 알아두기 바란다.

주식, FX, 선물을 불문하고 인터넷으로 계좌를 개설하기만 하면 차트 프로그램은 쉽게 구할 수 있다. 또 신진적인 프로그램을 자체 개발하는 트레이더도 있을 것이다. 어떤 프로그램이 됐든 스크린에 캔들차트를 표시하면 이동평균선은 거의 자동으로 그려준다. 그만큼 기술적 분석 지표의 기준이 되어 있다는 뜻이다. 그런데 이동평균선이 의미하는 바와 이동평균선을 올바르게 사용하는 방법은 의외로 잘 알려져 있지 않다.

이동평균선은 추세추종 전략에서 대표적으로 활용되는 기술적 지표다. 추세추종계 기술적 지표에는 추세 유무를 판정하고 그 상황을 보여주는 기능이 있다. 일테면 이동평균선은 과거 일정 기간의 종가를 평균하여 그 값을 선으로 연결한 것이다.

이동평균선은 미국의 애널리스트인 조지프 E. 그랜빌Joseph E. Granville이 1960년에 출간한 《그랜빌의 법칙》이라는 책에서 소개하면서 단번에 유명해졌다. 이동평균선은 그 전부터 있었으나 지금처럼 트레이딩 세계에 받아들여진 것도, 골든크로스나 데드크로스라는 용어가 널리 알려진 것도 모두 이 책이 출발점이다.

이동평균선은 보통 'O일 이동평균선'이라고 한다. 여기서 'O일'은 '과거 O일간 종가'를 의미하고 그 일수를 파라미터라고 한다. 계산하는 식은 단순하다. 10일 이동평균선이라면 과거 10일간 종가를 더한 뒤 10으로 나누어서 구한다. 하루가 지나면 최신 가격을 추가하고 가장 오래된 가격을 빼서 다시 10으로 나누면 된다.

내가 강의를 할 때 자주 접하는 질문이 이것이다.

"며칠 이동평균선을 사용하는 것이 바람직합니까?"

딱 꼬집어 며칠이라는 정답은 없다. 시장의 성격과 각자의 트레이딩 습관 등에 따라 달라지기 때문이다. 참고로, 자주 사용하는 일수는 5일, 20일, 25일, 50일, 75일, 100일, 150일, 200일 등이다. 주봉 차트에서는 13주, 26주, 52주 이동평균선이 자주 사용된다. 일수의 선택은 어느 기간의 추세를 보느냐에 달렸다.

물론 이동평균선을 하나만 사용하여 특정 기간의 추세를 보고 싶다는 트레이더도 있을 것이다. 그런 경우에도 일주일 동안의 추세를 보는 것과 1개월 또는 1년의 추세를 보는 것은 차이가 있다.

이동평균선은 왜 있는 걸까

이동평균선의 목적은 두 가지다.

하나는 가격의 추이를 매끄럽게 하여 추세를 알기 쉽게 하는 것이다. '그림 11-2'의 차트에서는 캔들과 더불어 2개의 이동평균선을 표시하고 있다. 하나는 40일 이동평균선, 다른 하나는 200일 이동평균선이다. 가격은 올랐다가 내렸다가 들쭉날쭉하기 때문에, 캔들차트 자체의 움직임만 봐서는 추세가 어느 쪽으로 향하고 있는지 판별하기가 어렵다.

차트에서 40일 이동평균선을 보자. 상승 곡선을 그리다가 하락했음을 볼 수 있다. 그 기간에 장기 파라미터인 200일 이동평균선은 완만하

그림 11-2 › 추세를 보여주는 이동평균선

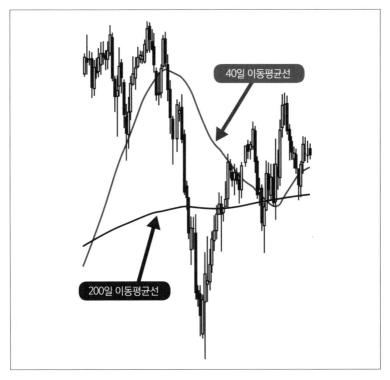

게 우상향하고 있다.

이동평균선이 가지는 또 하나의 목적은 현재의 가격을 과거의 평균 매수가와 비교하는 것이다. 그럼으로써 지금보다 이전에 매수한 트레이더가 얼마나 벌었는가를 알 수 있다. 20일 이동평균선이 보여주는 것은 과거 20일 동안 매수한 트레이더의 평균 매수가(과거 20일 동안 매도한 트레이더의 평균 매도가)이기 때문이다.

이동평균선에서 '이동'은 무엇을 의미할까?

먼저 '평균' 부분을 살펴보자. 예를 들어 '20일간의 평균 가격을 구하라'라고 한다면, 과거 20일 동안의 가격을 더해서 20으로 나누면 된다. 그 평균 가격을 현재의 시간 축으로 '이동'시켜서 그려낸 것이 이동평균선이다. 현재의 위치까지 이동시키는 이유는 '현재의 가격'과 '과거 20일간의 평균값'을 비교하기 쉽게 하려는 것이다.

이를 통해 과거 20일간 매수한 트레이더가 현재 얼마나 벌었는지 또는 잃었는지를 금방 알 수 있다. 이것은 골든크로스나 데드크로스 못지않게 중요한 정보다.

'그림 11-3'을 보자. 원으로 표시한 ①은 현재의 이동평균값, 그리고 ②는 현재 가격이다. 두 값을 비교하면 현재 가격이 위에 있다. 그것은 과거 20일간 매수한 트레이더가 평균적으로 수익 상태라는 점을 보여준다.

차트를 과거로 거슬러 올라가면 캔들차트와 이동평균선이 엉킨 것처럼 보이는 곳(박스 부분)이 있다. 이 기간은 그 시점부터 과거 20일간 매수한 트레이더가 평균적으로 손익이 없는 곳이다. 이 시점부터 현재까지의 움직임을 참고하여 매수 포지션을 보유한 트레이더의 마음을 살펴보면 이런 결론을 얻을 수 있다.

"벌었는지 잃었는지 알 수 없는 조마조마한 기간을 지나 반등이 시작됐으니 기대감을 가지고 있겠구나."

이처럼 이동평균선은 트레이더의 심리까지 읽게 해주는 편리한 도구다.

그림 11-3 > **트레이더의 심리를 보여주는 이동평균선**

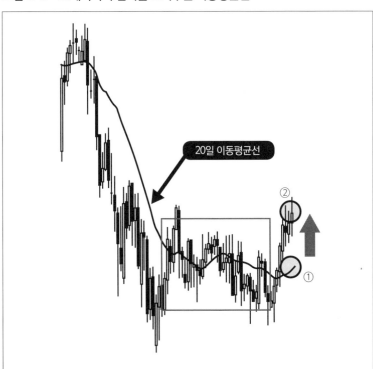

🎯 이동평균선 대순환 분석이란

3개 이동평균선의 배열 순서, 기울기, 간격에 주목한다

'그림 11-4'의 차트에서는 이동평균선 3개를 표시하고 있다. 각각 단기선, 중기선, 장기선이다. 각각의 일수는 트레이더에 따라서 달라질 수 있으나 이 책에서는 5일(단기선), 20일(중기선), 40일(장기선)을 하나의 기준으로 생각하겠다.

3개를 표시하는 이유는 에지가 있는 국면을 드러내기 위해서다. '그림 11-4'에 에지가 있는 국면을 표시했다. 타원형으로 표시한 부분이 매수에 유리한 포인트다. 상승 추세가 명확하게 드러나기 때문이다. 상

그림 11-4 ▶ 3개 이동평균선의 사용법

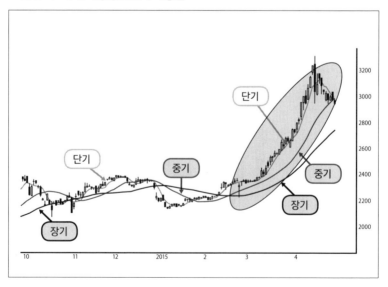

승 추세가 발생할 때는 3개의 이동평균선에 '어떤 특징'이 보인다. 이 특징을 명확하게 하기 위해 주목할 포인트는 3개 이동평균선의 배열 순서와 기울기, 그리고 간격이다.

우선 배열 순서를 보자. 3개 선의 배열이 위에서부터 '단기선/중기선/장기선'으로 되어 있다. 배열을 보면 현재의 국면을 알 수 있다.

그다음, 기울기를 보자. 3개 선의 기울기가 모두 위로 향하고(우상향) 있다. 기울기를 보면 추세의 강도를 알 수 있다.

마지막으로 간격을 보자. 순조롭게 가격이 뻗어가는 동안에는 이동평균선과 이동평균선 간의 간격이 서서히 넓어진다. 간격을 보면 추세의 지속성을 알 수 있다.

이처럼 이동평균선 3개의 배열 순서, 기울기, 간격에 주목함으로써 매수 또는 매도에 유리한 국면을 찾는 방법이 이동평균선 대순환 분석이다.

그림 11-5 › 이동평균선 대순환 분석

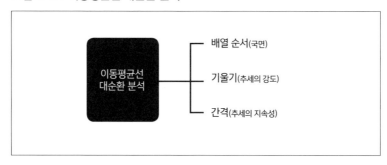

그림 11-6 > 에지가 있는 국면에는 특징이 있다(일봉 차트 예)

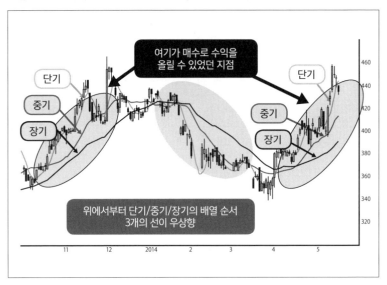

그림 11-7 > 매수에 유리한 국면

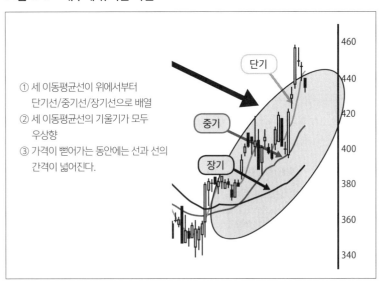

① 세 이동평균선이 위에서부터
　단기선/중기선/장기선으로 배열
② 세 이동평균선의 기울기가 모두
　우상향
③ 가격이 뻗어가는 동안에는 선과 선의
　간격이 넓어진다.

시장은 세 가지 국면으로 나뉜다

이동평균선 대순환 분석을 배울 때 가장 먼저 할 일은 시세를 세 가지 국면으로 나누는 것이다. '그림 11-8'을 보자. 3개의 국면이란 다음과 같다.

① A 부분: 안정적으로 상승하는 구간

② B 부분: 안정적으로 하락하는 구간

③ 그 외의 구간

이 세 가지를 이해했다면 ③ 구간에서는 트레이딩을 쉬어야 한다. 그런데 많은 초보 트레이더는 계속 사고팔면서 트레이딩을 멈추고 싶

그림 11-8 ＞ 시세는 3개의 국면으로 나뉜다

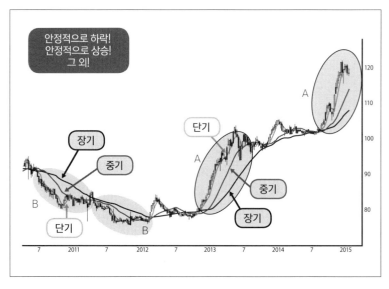

어 하지 않는다. 그러다 보니 에지가 없는 기간에도 매매를 하게 되고, 자잘한 손실을 반복하다가 결국엔 엄청난 손실을 떠안게 된다. 트레이더는 '분명하다'라고 판단할 수 있는 국면에서만 매매에 나서야 한다. 이게 가능해지면 트레이딩이 매우 손쉬워진다.

이동평균선 대순환 분석은 일봉 차트뿐만 아니라 시간 축이 짧은 분봉 차트에서도 똑같이 적용할 수 있다. '그림 11-9'의 5분봉에서도 분석하는 방법은 같다.

매수에 에지가 있는 국면(타원형 부분)에서는 선 3개의 배열이 위에서부터 '단기선/중기선/장기선'이고, 기울기는 모두 우상향이다. 이 기간에는 매수에 에지가 발생했으나, 이후 기간에는 트레이딩 기회가 없다

그림 11-9 › 5분봉에서 보는 에지 있는 국면

는 사실을 알 수 있다. 수익을 올리기 쉬울 때는 완벽한 배열 기간뿐이다. 그 외의 기간에는 프로조차 수익을 올리기 쉽지 않다.

'그림 11-10'부터 '그림 11-12'까지는 시간 축을 달리한 차트다. 가격이 상승 국면에 있는 이동평균선 3개의 배열과 기울기를 확인하자.

월봉 차트에서는 아베노믹스가 시작된 후로 3개 선의 배열이 위에서부터 '단기선/중기선/장기선'을 이루고, 기울기도 우상향이 계속되고 있다. 이 상황이 유지되는 동안은 안심할 수 있겠으나, 언젠가는 상황이 달라질 것이니 추이를 주시해야 한다.

그림 11-10 > 일봉 차트상 에지가 있는 국면

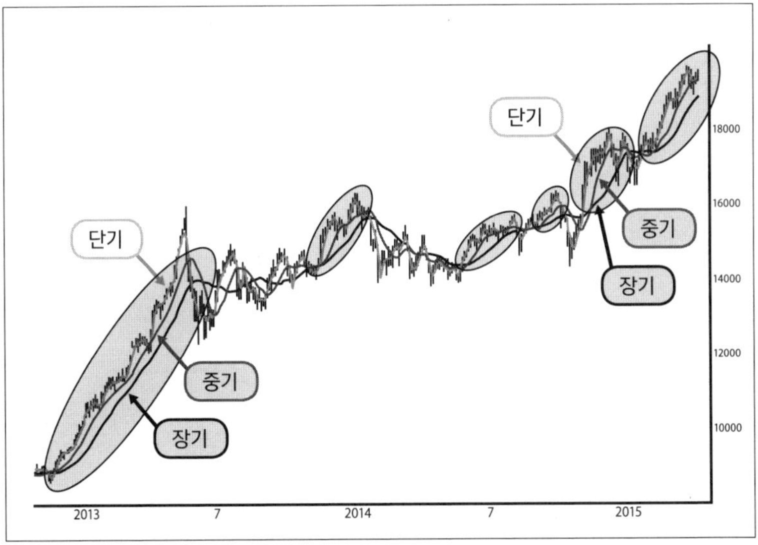

그림 11-11 > 주봉 차트상 에지가 있는 국면

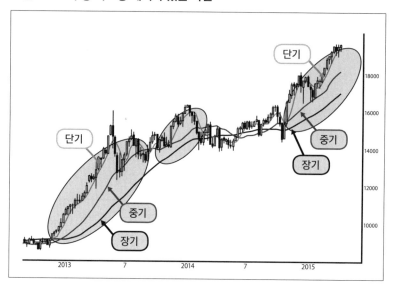

그림 11-12 > 월봉 차트상 에지가 있는 국면

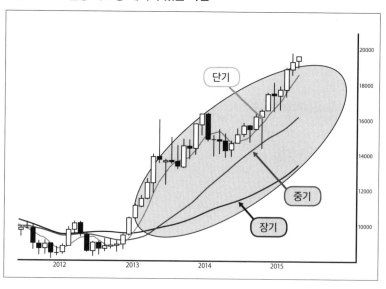

이동평균선 대순환 분석의 이점

이동평균선 대순환 분석이 가지는 이점은 다음과 같다.

> ① 어떤 시간 축에서도 유효하다. → 분봉, 시간봉, 일봉, 주봉, 월봉 등 단기부터 장기까지 모든 트레이딩에 대응할 수 있다.
>
> ② 어떤 시장에서도 유효하다. → FX, 주식, 선물 등에서 동일하게 대응할 수 있다.
>
> ③ 초보 트레이더도 사용하기 쉽다. → 시각적이어서 직관적으로 알아볼 수 있다.

초보 트레이더가 승리하려면 알아보기 쉬운 국면에서만 확실한 수익을 거둬야 한다. 수익을 내기 쉬운 확실한 국면은 곳곳에서 발생한다. 이동평균선 대순환 분석을 적용하면 그런 국면을 쉽게 알아차릴 수 있으니, 바로 그 기회를 확실히 붙들자.

◎ 배열 상태로 현재의 국면을 파악한다

3개 이동평균선의 배열 순서는 전부 여섯 가지

이동평균선 3개의 배열 순서에는 모두 여섯 가지 경우의 수가 있다. 이 여섯 가지 배열 순서를 각각 '국면 1~국면 6'이라고 한다. 나는 이 6개의 국면을 바라보면서 시장의 흐름을 포착하는 대발견을 했다.

　시간이 지남에 따라, 즉 가격이 변화함에 따라 이 6개 국면이 순환한다. 순환하는 방식은 '국면 1 다음은 국면 2, 국면 2 다음은 국면 3, 국면 3 다음은 국면 4…'이며 대부분의 경우 이 순서를 따른다. 조금 통계적으로 말하면 가격 변동 중에 약 70%가 '1 → 2 → 3 → 4 → 5 → 6 → 1 → 2 → 3 → 4 → 5 → 6…'의 순서로 움직인다.

　이것이 대발견이 아니라면 무엇이 대발견이겠는가! 이 대발견을 '이동평균선 대순환 법칙'이라고 한다. 거창한 이름이 붙어 있기는 하지만 그 본질은 이동평균선 3개를 사용하여 분석하는 것이다. 어려울 것 같다고 지레 겁먹지 않기를 바란다.

그림 11-13 › 이동평균선 배열에 따른 국면

국면 1	국면 2	국면 3	국면 4	국면 5	국면 6
단기	중기	중기	장기	장기	단기
중기	단기	장기	중기	단기	장기
장기	장기	단기	단기	중기	중기

　3개의 이동평균선 조합이 대순환하는 모양을 확인해보자.

　'그림 11-14'에서 가장 크게 상승한 기간(타원 부분)을 주목하자. 이 기간은 국면 1이다. 상승 추세가 지속되는 기간에는 위에서부터 '단기/중기/장기'의 순서로 배열됐으나, 상승 종반에는 단기선이 중기선 아래로 내

그림 11-14 > 국면의 순환

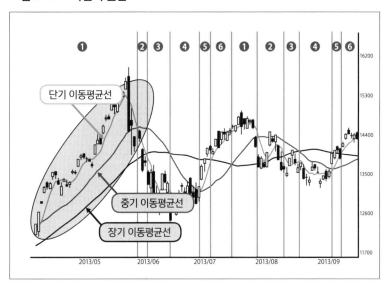

그림 11-15 > 이동평균선 대순환 분석

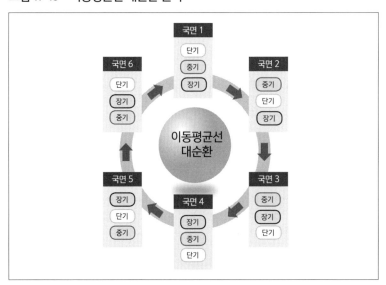

려가 '중기/단기/장기'로 바뀌었다. 이것이 국면 2다.

이처럼 계속 시간의 흐름을 따라가면 차트에 나타난 기간에 '1 → 2 → 3 → 4 → 5 → 6 → 1 → 2 → 3 → 4 → 5 → 6'으로 훌륭하게 대순환 하는 것을 알 수 있다. 이 정도로 깔끔하게 순환하는 경우는 사실 그다 지 많지 않지만, 이 기본형을 머릿속에 넣어두자.

3개 선의 배열 순서가 국면을 말해준다

'그림 11-16'은 가격이 올랐거나 내렸을 때, 가격과 3개의 이동평균선이 어떤 관계를 맺고 있는가를 화살표로 표시한 것이다. 가격이 안정적으 로 상승할 때(상승 추세)는 제일 위에 가격이 있고, 그 아래로 '단기/중기/ 장기' 순서로 배열된다.

여기서 주목해야 할 것은 상승 추세가 하락 추세로 바뀌는 지점이 다. 추세가 변화할 때는 우선 단기선과 중기선이 크로스한다. 그러면 배열 순서가 위에서부터 '중기/단기/장기'가 된다. 다음 변화는 단기선 과 장기선이 크로스하면서 일어난다. 그러면 배열 순서가 위에서부터 '중기/장기/단기'로 바뀐다.

그다음에는 중기선과 장기선이 크로스한다. 그 결과 '장기/중기/단 기' 순서가 된다. 이로써 하락 추세 패턴이 완성되어 이때부터 가격이 본격적으로 내려가기 시작한다. 국면으로 말하자면 '1 → 2 → 3 → 4…' 순서다. 대순환 법칙대로 '1 → 2 → 3 → 4 → 5 → 6 →…' 순서로 진행된 다면 대단히 잡기 쉬운 시세다.

그림 11-16 > 국면의 이행

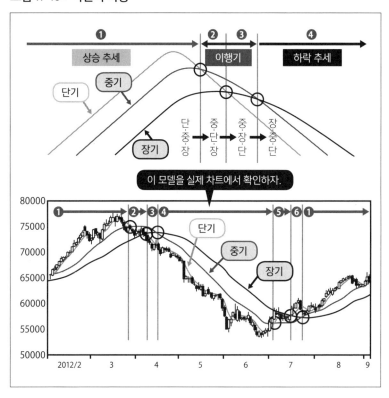

하지만 법칙을 따르지 않는 움직임이 발생하기도 한다. 앞에서 가격 변동 중 약 70%가 '1 → 2 → 3 → 4 → 5 → 6 →…'으로 변화한다고 설명 했는데, 거꾸로 말하면 30%는 법칙을 따르지 않는다고 할 수 있다. 그럴 때도 '이 시세에서는 수익을 내기 어려우니 포기하는 것이 낫다'라고 판 단할 수 있으므로, 이 역시 이점이라고 볼 수 있다. 지금 시세가 대순환 법칙을 따르고 있는지 아닌지를 꿰뚫어 보는 것이 대단히 중요하다.

30%의 확률로 역행한다

그럼 나머지 30%의 경우에는 어떻게 변화할까?

이를 '그림 11-17'에서 확인할 수 있다. 국면이 정반대 방향, 즉 '1 → 6 → 5 → 4 → 3 → 2 → 1…' 순으로 움직인다. 이것을 '역행'이라고 한다. 시세는 70%가 순행이고, 나머지 30%가 역행이며, 그 외의 경우는 없다. 여기서 '그 외의 경우는 없다'라는 점이 대단히 중요하다.

그리고 순행이든 역행이든 한 단계씩 다음 국면으로 움직인다. 국면 1에서 갑자기 국면 3으로 이동하거나 국면 5로 움직이는 경우는 없다. 대단히 드물긴 하지만 3개의 이동평균선이 한 지점에서 크로스하는 경우가 있다. 그때는 국면이 뛰는데, 이는 극단적으로 특수한 경우

그림 11-17 > 역행 패턴

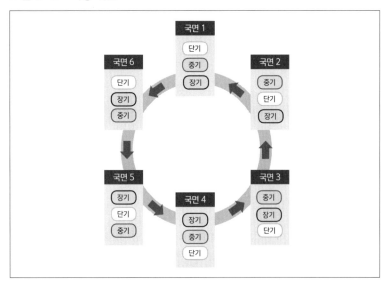

이므로 여기서는 무시한다.

그리고 기억해야 할 또 한 가지가 역행은 어디까지나 '일시적인 현상'이라는 점이다. '1 → 6 → 5…'로 진행되더라도 결국에는 순행으로 돌아온다.

이것을 '그림 11-18'에서 확인해보자. 이 차트는 앞에서 본 '그림 11-16'과 비교해서 약간 복잡한 움직임을 보인다.

시간이 지남에 따른 국면의 변화가 차트 하단부에 표시되어 있다.

순행 기간은 전체의 약 70%이고, 역행 기간은 약 30%이며, 모든 기간에 걸쳐 한 단계씩 진행된다는 것을 확인할 수 있다.

그림 11-18 ﹥ 7:3의 비율로 순행과 역행을 반복한다

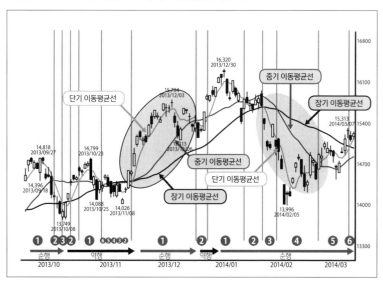

이동평균선의 배열 순서를 보면 현재 국면을 알 수 있다

이동평균선 대순환 분석이 개인 트레이더에게 쓸모 있는 이유는 '국면을 보면 시세의 현재 상황을 알 수 있다'는 점에 있다.

'그림 11-19'를 보자. 우선 국면 1은 안정적으로 상승하는 국면이다. 그리고 국면 2에서 안정적인 상승이 끝났음을 알려주는 국면으로 들어

그림 11-19 > 각 국면과 시세의 관계

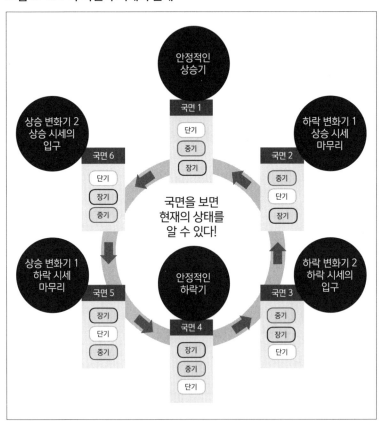

선다. 국면 3은 하락 시세로 들어가는 입구다.

국면 4로 들어가면 하락 시세가 시작된다. 국면 5는 안정적인 하락이 종료되는 국면이다. 그리고 국면 6에서 상승 시세로 들어서는 입구에 도달했음을 알려준다.

이처럼, 이동평균선 3개의 위치 관계를 봄으로써 현재의 시세 상황을 알 수 있다. 더구나 다음에 전개될 상황도 알 수 있다.

국면이 순행하는 기본적인 시세 전개에서 국면 1과 국면 4는 길고, 나머지 국면은 짧다. 이때는 추세도 명확하여 수익을 거두기 쉽다. 그렇지만 때때로 시세는 왔다 갔다 하는 움직임을 보이기도 한다. 그처럼 추세라고 할 수 없는 경우는 두 가지 양상을 보인다. 하나는 국면 1과 국면 4가 짧고, 국면 2와 국면 3, 또는 국면 5와 국면 6이 길다. 다른 하나는 국면 2와 국면 3, 또는 국면 5와 국면 6이 반복된다. 시세가 왔다 갔다 할 때는 수익을 올리기가 쉽지 않다. '쉬는 것도 시세'라는 격언을 지켜야 할 때다.

🎯 기울기로 추세의 강도를 읽는다

이동평균선의 기울기로 알 수 있는 것은 다음 두 가지다.

① 추세의 강도를 알 수 있다

② 크로스당하는 선을 보고 국면이 어느 쪽으로 이행할지를 알 수 있다.

추세의 강도를 알 수 있다

이동평균선을 보면 '선 3개의 기울기가 모두 우상향할 때'를 만나는 경우가 있다. '그림 11-20'의 박스 부분이 한 예다. 3개 선 모두 기울기가 우상향하는 것은 단기, 중기, 장기 추세 모두 오른다는 뜻이다. 상당히 강력한 상승세이므로 당연히 매수 신호다. 국면 1이 되기 전이라 해도 3개 선이 상승 중이라면 매수 포지션으로 조기진입이나 시험진입을 할 기회이기도 하다.

그에 반해 '선 3개가 모두 하락하고 있을 때'는 매도 신호다. 국면 4

그림 11-20 > 우상향하는 이동평균선에 주목하자

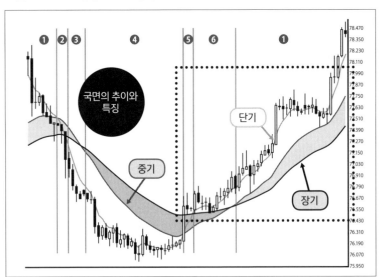

가 되기 전이라 해도 선 3개가 하락하고 있다면 매도 포지션으로 조기 진입이나 시험진입을 할 기회다.

크로스당하는 선을 보면 국면의 이행 방향을 알 수 있다

이동평균선 대순환 분석에서는 선 3개의 위치 관계가 국면을 판단하는 데 중요한 요소이지만, 국면 1에서 국면 2로 이행하거나 국면 2에서 국면 3으로 이행할지 아닐지는 선의 기울기를 보고 알 수 있다. 구체적으로는 단기선과 장기선이 크로스하느냐 아니냐를 보면 된다.

'그림 11-21'에서는 2개의 선이 크로스하는 경우와 크로스하지 않는 경우를 표시했다. 어떻게 다른지 살펴보자. 'A'가 단기선, 'B'가 장기선인데, 크로스하느냐 아니냐는 크로스당하는 쪽 선(아래쪽 선)의 움직임으로 읽어낼 수 있다.

크로스하는 경우를 잘 보자. 2개 선이 어느 시기까지는 함께 상승했으나, 점차 상승세가 약화돼 둘 다 고개를 숙이더니 결국에는 크로스했다. 한편, 크로스하지 않는 경우에서는 장기선이 상승을 계속하고 있다. 즉 장기 추세가 상승 중이라면 단기 추세가 일시적으로 떨어지더라도 상승 동력을 회복할 수 있다. 이를 통해 장기 추세가 방향을 바꾸면 단기 추세도 그에 맞추어 따라간다는 걸 알 수 있다.

그리고 크로스하는 쪽은 항상 단기선이고, 크로스당하는 쪽은 언제나 장기선이다. 단기와 장기의 관계는 상대적인 것이기 때문에, 이동평균선이 3개라 해도 한쪽은 크로스하고 다른 쪽은 크로스당하는 쪽이라

그림 11-21 > 2개 선의 크로스 여부

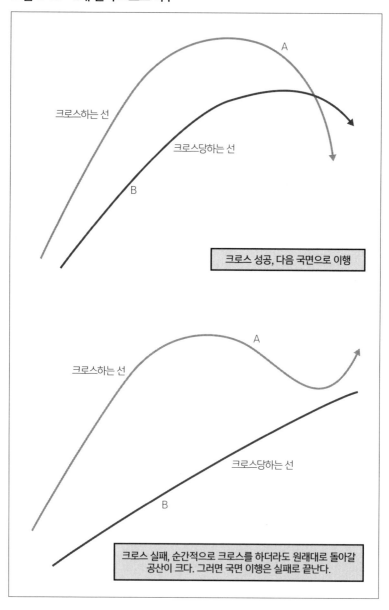

크로스하는 선

크로스당하는 선

A

B

크로스 성공, 다음 국면으로 이행

크로스하는 선

크로스당하는 선

A

B

크로스 실패, 순간적으로 크로스를 하더라도 원래대로 돌아갈
공산이 크다. 그러면 국면 이행은 실패로 끝난다.

는 점은 변하지 않는다.

이 점을 '그림 11-22'에서 확인해보자.

왼쪽의 국면 1에서 국면 2로 이행하는 모습을 보자. 이 경우 이행은 단기선과 중기선이 크로스하면서 성사된다. 국면 1에서 중기선은 이미 미세하게 아래를 향하고 있는 모양을 볼 수 있다.

국면 2에서 3으로의 이행은 단기선과 장기선의 크로스로 일어난다. 중기선이 장기선과 크로스하는 것보다 단기선이 장기선을 더 일찍 크로스하는 것은 민감도의 차이 때문이다. 단기선이 장기선을 크로스하기 전인 국면 2에서 장기선도 이미 아래로 향하고 있음을 알 수 있다.

마지막으로 국면 3에서 4로의 이행이다. 단기선에 비해서 가격에

그림 11-22 › 단기선의 장기선 크로스

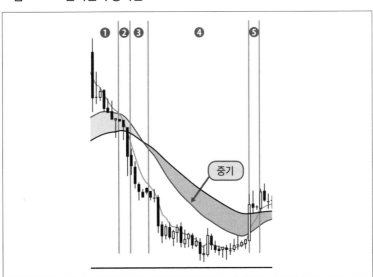

대한 민감도가 낮은 중기선이 마침내 장기선과 크로스한다. 그 전 단계의 국면 3에서 장기선이 이미 내려가기 시작했다는 점에 주목하자.

이처럼 국면의 이행이 성공할지 실패할지는 미리 알 수 있다. 국면 4에서 국면 5, 국면 5에서 국면 6으로의 이행도 같은 양상이므로 직접 확인해보기 바란다.

'그림 11-23'의 국면 1에서 가격이 횡보하는 부분(박스)을 주목하자. 그와 함께 단기선이 중기선에 점점 가까워지고 있다. 그런데 중기선은 흔들리지 않고 상승을 지속하고 있다.

이런 상태에서는 크로스가 일어나지 않는다. 크로스당하는 쪽 선의 기울기를 보고 국면이 이행할지 어떨지를 알 수 있는 것은 이와 같은

그림 11-23 › 횡보기 중 단기선과 중기선의 위치

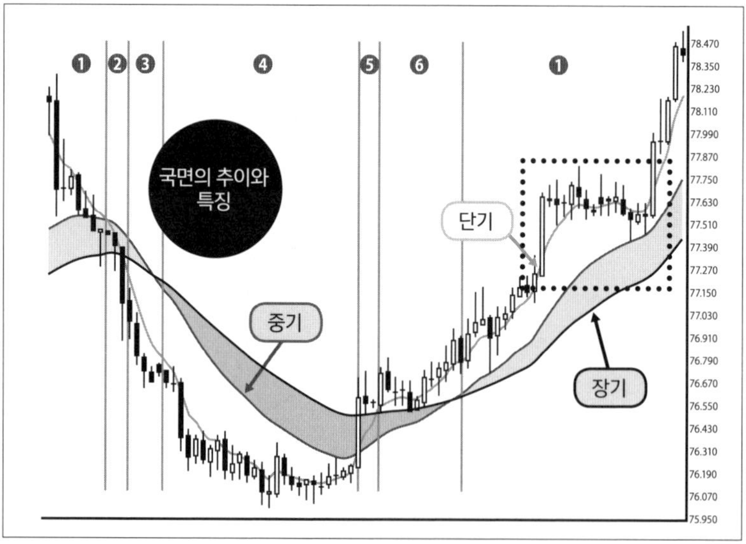

구조를 통해서다.

'그림 11-24'에서는 이해하기 쉽도록 크로스당하는 쪽 선의 기울기를 ①~④로 크게 나누어보았다.

①은 크로스가 성공할 확률이 매우 작고 대부분 실패로 끝난다. 어쩌다가 순간적으로 크로스한다고 해도 금세 원래 국면으로 돌아온다. ②는 크로스에 실패하거나, 순간적으로 크로스했다고 해도 금세 원래 국면으로 돌아올 가능성이 큰 상태다. ③은 크로스가 일어날 가능성이 크고, 크로스한 다음에 금세 원래 국면으로 돌아갈 가능성은 상당히 작다. ④가 되면 크로스는 거의 확실하게 일어나는 데다, 크로스한 다음에 원래 국면으로 돌아갈 가능성도 거의 없다.

그림 11-24 › 크로스당하는 쪽 선의 기울기 예

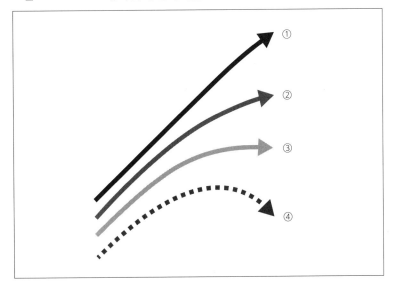

🎯 간격으로 추세의 지속성을 확인한다

국면은 70%가 순행, 30%가 역행으로 나타난다. 즉 지금 국면이 1이라면 70%의 확률로 국면 2로 넘어가고, 30%의 확률로 국면 6으로 돌아가는 식이다. 선택지가 2개밖에 없다는 사실만으로도 투자에는 상당히 유리한 정보다. 그런데 만약 선택지가 하나로 줄어든다면 어떨까?

그것을 가능하게 해주는 것이 이동평균선 간의 '간격'을 관찰하는 것이다. 간격은 선 2개의 관계에서 생기는데, 지금의 간격이 앞으로 넓어질지 좁아질지에 주목한다. 2개의 선이 '간격을 점점 넓힌다'는 것은 현재 국면을 오래 유지하리라는 점을 보여준다.

왜 그럴까? 2개 선의 간격이 서서히 좁아지다가 결국 붙어버리는 것이 크로스다. 그리고 크로스는 국면의 이행을 의미한다.

예를 들어 지금 국면 4에 있다고 하자. 3개 선은 위에서부터 '장기/중기/단기'의 순서로 배열돼 있다. 국면 4에서 국면 5로 순행하기 위해서는 단기선과 중기선이 서로 위치를 바꾸어 '장기/단기/중기'의 순서가 되어야 한다. 그러려면 이전 단계에서부터 단기선과 중기선이 점점 가까워져야 한다.

반대로, 국면 3으로 역행한다면 중기선과 장기선이 위치를 바꾸어 '중기/장기/단기'의 순서가 되어야 한다. 그러려면 중기선과 장기선이 점점 가까워져야 한다. 만약 현재 중기선과 장기선의 간격이 제법 넓다면, 국면 3으로 돌아갈 확률은 거의 없다. 왜냐하면 이동평균선의 민감도가 다르기 때문이다. 민감도가 높은 단기선은 중기선을 향해서 빠른 속도로 움직인다. 단기선에 비해서 민감도가 낮은 중기선과 장기선은 움직임이 느리다. 그러므로 중기선과 장기선의 제법 넓은 간격은 유지되기 쉽고, 단기선과 중기선이 뒤바뀌면서 국면 5로 이행하기 쉽다.

이번에는 국면 5에서 이행하는 경우를 생각해보자. 국면 5는 하락 추세가 끝나고 이제부터 상승할 것인가 아닌가를 판가름하는 지점이다. 3개 선이 위에서부터 '장기/단기/중기'로 배열돼 있다. 여기에서 국면 6으로 이행하려면 단기선과 장기선의 위치가 바뀌어야 한다.

다만 경험적으로 이야기하면, 국면 5에서 국면 4로 역행하는 경우는 종종 일어난다. 이는 방금 전에 크로스했던 단기선과 중기선이 다시한번 원래의 배열인 '장기/중기/단기'로 돌아가는 것이다. 물론 단기선과 중기선이 접근하다가 결국 다시 크로스하게 된다.

국면 5에서 3개 선의 위치 관계를 잘 보자. 중앙에 있는 것은 민감도가 높은 단기선이다. 이 단기선이 위를 향해 뻗어가는지, 또는 아래를 향해 뻗어가는지에 주목하자. 그에 따라서 순행할 것인지 역행할 것인지를 파악할 수 있다.

차트를 가만히 보고 있으면 선 3개의 간격이 모두 좁아지는 때가 있다. 3개 선이 서로 접근하면서 그 상태가 한동안 유지되는 경우다. 그런 경우를 발견했다면, '횡보기'에 들어갔다는 것을 알아차려야 한다.

국면을 구별하려고 해도 서로 얽혀 있어서 국면 2인지, 3인지, 아니면 4인지 알 수 없을 때는 대부분 횡보 상태다. 그럴 때는 트레이딩을

그림 11-25 > 선의 '간격'으로 알 수 있는 국면 이행 1

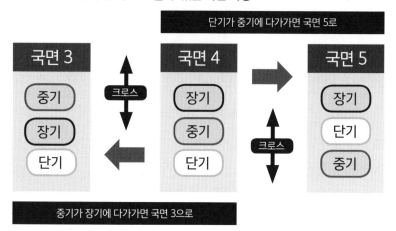

그림 11-26 > 선의 '간격'으로 알 수 있는 국면 이행 2

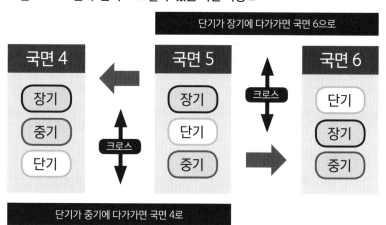

하지 않는다. 무리해서 국면을 판단하려고 애쓸 필요가 없다. 그와 반대로, 명백하게 국면 1임을 알 수 있는 때도 있다. 3개 이동평균선이 모두 우상향하고 게다가 간격이 점점 넓어지기까지 한다면, 머지않아 완벽한 배열을 이룰 틀림없는 기회다.

◎ 국면별 기본 전략

이동평균선이 어떤 순서로 배열돼 있는가에 따라 여섯 가지 국면으로 나뉜다. 각 국면별 전략을 생각해보자.

국면 1의 전략

국면 1(위에서부터 단기선/중기선/장기선)부터 시작하겠다. 안정적인 상승기에 있다면 당연히 매수한다. 하지만 매수 주문을 내기 전에 '3개 선이 모두 우상향하고 있음'을 확인할 필요가 있다. 국면 1이라고 해서 무조건 매수해서는 안 된다. 3개 선이 모두 우상향하지 않는다면 이 국면이 순식간에 끝날 수도 있기 때문이다.

　3개 선이 모두 우상향임을 확인했다면 그때는 공격적으로 나서야 한다. 3개 선의 간격이 점점 넓어진다면 강세라고 판단하여 매수 포지션으로 진입한다. 주의해야 할 점은 3개 선이 우상향하는 것을 확인한 뒤에 매수하면 타이밍이 다소 늦어진다는 것이다. 그렇더라도 타이밍을 앞당길 생각은 상급자가 되었을 때 하기를 바란다. 강한 추세가 형성됐을 때는 진입 타이밍이 조금 늦더라도 큰 차이는 없다. 진입이 빠르냐 늦냐의 차이는 작은 시세에서 문제가 될 수 있다.

'그림 11-27'을 보자. 시간 축에서 오른쪽에 있는 거대한 국면 1에 들어서기 전에 국면 4에서 바닥을 쳤다. 국면 5, 국면 6을 거쳐 국면 1에 이르는 동안 가격이 상당히 올랐다. 이런 상황이면 국면 1에서 진입을 하자마자 상승 추세가 끝나버릴 가능성도 있다.

국면 1에서 3개의 이동평균선이 우상향이라는 사실은 최고의 매수 기회이면서도, 타이밍으로서는 다소 늦다는 점을 기억하기 바란다. 그 대응책에 대해서는 뒤에서 설명하겠다.

그림 11-27 > 국면 1로 이행하기 전의 상황을 보자

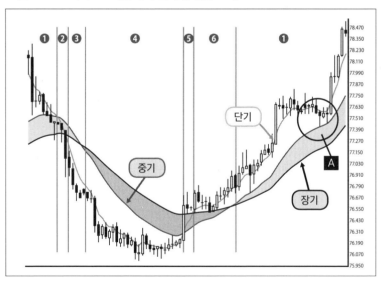

국면 2의 전략

국면 2(위에서부터 중기선/단기선/장기선)의 기본은 매수한 물량을 청산하는 것이다. 다만, 중기선과 장기선의 '간격'에 주의해야 한다.

중기선과 장기선의 간격을 '띠'라고 한다(띠에 대해서는 뒤에서 설명하겠다). 띠가 넓으면 넓을수록 추세가 강하다고 판단할 수 있다.

'그림 11-27'의 국면 1에서 'A'로 표시한 부분을 보자. 상승 추세가 약해져서 가격이 띠에 닿을 정도로 가까워졌다. 매수 포지션을 취하고 있는 사람으로서는 불안해지기 쉬운 지점이다. 하지만 그 부분은 띠가 상당히 넓다. 말하자면 상승 추세가 뚜렷하기 때문에 조금 내려갔어도 다시 상승한다고 판단할 수 있다. 이것이 띠를 활용하는 법이다.

국면 2는 매도 포지션으로 시험진입할 타이밍이기도 하다. 시험진입이란 본격적으로 매매할 예정인 수량 중에서 일부만 거래하는 것을 말한다. 잃어도 치명적인 손실을 보지는 않을 정도로, 말 그대로 연습용이라고 할 정도의 수량만 주문한다.

국면 3의 전략

국면 3(위에서부터 중기선/장기선/단기선)은 이제부터 하락 추세로 들어서는 국면 4의 전 단계이기 때문에 관망하는 것이 기본이다. 다만, 조기진입을 노려볼 수는 있다. 조기진입이란 시험진입과 달리, 본매매에 예정했던 수량으로 한 박자 빨리 진입하는 것을 말한다. 성공하면 작은 추세에서도 수익을 올릴 수 있으나 그만큼 속임수에 걸릴 위험도 커진다.

따라서 국면 3에서는 무조건 조기진입할 것이 아니라, 이동평균선의 기울기를 비롯하여 여러 가지 요소를 분석한 뒤에 진입 여부를 결정해야 한다.

국면 4의 전략

국면 4(위에서부터 장기선/중기선/단기선)는 안정적인 하락기이므로, 3개의 이동평균선이 우하향하는 것을 확인한 뒤에 매도 포지션으로 진입한다. 분석하는 방식은 국면 1과 같다.

국면 5의 전략

국면 5(위에서부터 장기선/단기선/중기선)는 매도 진입한 물량을 청산할 타이밍이다. 다만 국면 2에서 설명한 바와 같이 띠가 두꺼울 때는 하락 추세가 대단히 강하므로 청산하지 않는다. 되돌림, 즉 하락하는 과정에서 나타난 일시적인 상승일 뿐 다시 내려갈 가능성이 크기 때문이다. 국면 5에서는 매수 포지션으로 시험진입을 노려볼 수도 있다.

국면 6의 전략

국면 6(위에서부터 단기선/장기선/중기선)은 국면 1이 되기 직전이므로 관망하는 것이 기본이다. 그러나 동시에 매수 포지션으로 조기진입할 타이밍이기도 하다.

⊙ 띠로 대국면을 읽는다

앞서 잠깐 언급했듯이, 중기선과 장기선의 간격을 '띠'라고 한다. 우상향하는 띠를 '상승띠', 우하향하는 띠를 '하락띠'라고 하며, 추세의 대국면을 알아내는 데 유용하다. 상승띠에서 하락띠로 뒤집히는 것을 음전환이라고 하며, 하락띠에서 상승띠로 뒤집히는 것을 양전환이라고 한다.

요점은 중기선과 장기선이 크로스하는 것이다. 양전환으로 추세의 대국면이 상승세로 바뀌었다거나, 음전환으로 추세가 하락세로 바뀌었다는 것을 확인할 수 있다.

'그림 11-28'을 보자. 양전환과 음전환 부분을 확인하면서 가격에 주

그림 11-28 › **추세의 대국면을 알려주는 띠**

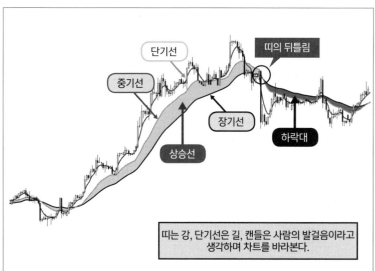

띠는 강, 단기선은 길, 캔들은 사람의 발걸음이라고 생각하며 차트를 바라본다.

목해보면, 가격의 흐름이 띠의 변화와 함께 바뀐다는 것을 알 수 있다. 상승띠에서는 '중기선이 위, 장기선이 아래'라는 위치 관계를 가진다. 반대로 하락띠에서는 '중기선이 아래, 장기선이 위'가 된다.

이 2개 선의 위치 관계가 바뀌는 지점을 '띠의 뒤틀림'이라고 한다. 하락띠에서 상승띠로 바뀌는 것은 띠의 양전환, 상승띠에서 하락띠로 바뀌는 것은 띠의 음전환이다.

- 중기선과 장기선으로 둘러싸인 부분이 띠
- 중기선이 위, 장기선이 아래에 있는 띠가 상승대(양전환)
- 중기선이 아래, 장기선이 위에 있는 띠는 하락대(음전환)

띠를 이미지화해보자

띠는 '큰 강', 단기선은 '길'을 표시한다. 그리고 캔들은 '사람의 발자국'이다. 그런 감각으로 차트를 들여다보면, 눈에 비치는 풍경이 달라진다.

강이 흐른다.

강을 따라 길이 나 있다.

그 길을 사람이 걷는다.

가끔 강을 건넌다.

어떤가, 자연스럽게 장면이 그려지지 않는가? 세상에는 차트 독해력이 특히 탁월한 트레이더가 있다. 다른 사람과 똑같은 차트를 봐도 그런 트레이더는 '거기서 무엇이 떠오르는가'를 알아차리는 재주가 뛰어나다. 차트의 독해력을 향상시키기 위해서는 띠를 면밀히 분석해 이해해야 한다.

이해를 돕기 위해 차트에 나온 각 요소를 '강', '길', '사람의 발자국'에 비유했다. 강가에서 사람이 서성대고 있는 것은 강의 폭이 넓다는 것을 보여준다. 강의 기울기는 '흐름이 빠른 정도'를 보여준다. 띠가 기울어져 있다면 시세의 흐름이 빠르고, 띠가 옆으로 흐르고 있다면 시세도 완만하게 움직인다고 상상할 수 있다. 이 이미지를 기억하기 바란다.

사람들은 길을 따라가며 강에 가까워졌다 멀어졌다 하면서 살아간다. 가끔은 강을 건너 반대편으로 가고 싶다고 생각할 수도 있을 것이다. 강 건너편에는 좋은 거래 상대가 있을지도 모른다고 상상할 수도 있다. 그런데 강폭이 넓고 흐름이 빠를 때는 아쉽게도 강을 건널 수가 없다. 중간까지 갔다가도 포기하고 돌아오기 십상이다. 한편, 강폭이 좁고 천천히 흐를 때는 쉽게 건널 수 있으므로 이쪽 강둑에서 저쪽으로, 저쪽에서 이쪽으로 왔다 갔다 할 수 있다. 차트가 보여주는 가격 변동은 사실 자연계의 이치와 똑같다.

그렇게 생각하면 사람들이 곧잘 이야기하는 '매수세와 매도세의 역학 관계 변화'도 모두 자연계에서 벌어지는 인간사라고 생각할 수도 있지 않을까? 그것을 읽어내는 것이 차트 독해력이다.

띠가 가르쳐주는 것

띠는 이동평균선 대순환 분석 중에서도 주축이 되는 요소다. 띠와 관련하여 다음의 여섯 가지를 기억해야 한다.

① 띠는 추세의 대국면을 알려준다.

② 띠는 추세의 방향성과 세기를 알려준다.

③ 띠는 추세의 안정성을 알려준다.

④ 띠는 저항대/지지대로 기능한다.

⑤ 띠에는 양전환과 음전환이 있다.

⑥ 띠는 네 가지 국면으로 나뉘며, 국면마다 매매 전략이 있다.

① 띠는 추세의 대국면을 알려준다

띠는 '추세의 대국면 상태'를 알려준다. 이동평균선 대순환 분석에서 직전의 움직임을 보여주는 단기 이동평균선 또는 가격과의 관계를 판별하는 데 유용하다. 즉 시세가 대국면의 흐름을 따라서 움직이는지, 아니면 대국면을 거스르는 쪽으로 움직이는지 알 수 있다.

② 띠는 추세의 방향성과 세기를 알려준다

띠는 기울기를 통해서 추세 대국면의 방향성과 세기를 알려준다. 만약 옆으로 흐른다면 횡보 상태가 이어질 것임을 보여주는 것이다.

③ 띠는 추세의 안정성을 알려준다

띠는 너비로 추세의 안정성을 알려준다. 띠가 넓으면 현재의 추세가 강해서 당분간은 지속되고, 좁으면 추세가 약해서 지속되기 어렵다는 사실을 알려준다. 띠의 폭이 점점 좁아지는 상태는 추세가 끝나감을 의미한다.

예를 들어보겠다. '그림 11-29'를 보면 2007년 12월경에 띠의 뒤틀림(A 지점)과 음전환이 나타난 후 상당히 안정적인 하락띠가 만들어졌다. 대역전이 일어난 것은 2012년 후반(타원 부분)이다. 그 후에 상승띠로 바뀌어 안정적인 흐름이 만들어졌다. 차트에는 '길'에 해당하는 단기 이

그림 11-29 > 띠로 알 수 있는 추세 전환

A(2007년 12월)

안정적인 하락

가격의 움직임

안정적인 상승

대전환(2012년 후반)

A 이후 안정적으로 하락할 때는 가격이 띠(하락대)에 가까워질 때마다 튕겨 나간다. 이는 하락대가 저항대로 기능함을 보여준다.

동평균선과 가격의 움직임이 표시돼 있다. 가격은 띠가 안정적으로 하락할 때는 '강에 가까워지면 튕겨 나오는' 형세를 반복하면서 하락을 지속했다.

그러다 마지막에는 드디어 강을 건넜다. 띠의 기울기가 완만해지더니 이윽고 옆으로 누우면서 좁아진 지점이다. 그 자리가 '대전환'이라고 부르는 지점이다. 하락 추세이던 대국면이 상승 추세로 바뀐 것이다. 대국면이 상승 추세로 바뀌면 이번에는 가격이 내려가도 강에 부딪혀 튀어 올라가게 된다.

기술적 분석에서는 상위 봉의 흐름을 타고 트레이딩하는 것이 기본이다. 여기서 상위란 상대적으로 긴 시간 축을 의미한다. 예를 들어 일봉 차트가 상승 추세를 보인다고 하자. 그런 상황에서도 4시간봉에서는 자잘하게 상승과 하락을 반복하고 있다. 그 4시간봉이 하락 중이라고 해도 일봉 차트가 상승 동력을 잃지 않는 한 눌림목 매수 기회로 판단한다.

물론, 상위 봉의 흐름도 어디선가는 반드시 뒤집힌다. 그것이 바로 대국면의 전환, '대전환'이다. 거기에 이를 때까지 지켜보는 것이 기술적 분석의 핵심이라고 할 수 있다. 대전환은 그렇게 빈번하게 발생하지 않기 때문에 대전환이 일어날 때까지는 추세를 따라 트레이딩하면 반드시 성공한다는 얘기다.

④ 띠는 저항대/지지대로 기능한다

띠는 저항대 또는 지지대의 역할을 한다. 상승띠에서는 장기선이 상승하고, 하락띠에서는 장기선이 하락한다. 그런 국면에서는 상승띠일 때 가격이 내려가더라도 일시적인 현상에 불과하다. 대전환하지 않는 한 반드시 다시 상승할 것이다. 상승띠가 지지대로 작동하기 때문이다. '그림 11-30'의 원으로 표시한 부분에서 상승띠가 지지대 역할을 함을 확인할 수 있다.

이 차트에서 확인하고 싶은 것은 횡보기에서의 상태다(박스 부분). 차트에서는 띠가 옆으로 흐르거나 가늘어지는 등의 구간이 80%쯤 되어

그림 11-30 ▷ 띠가 지지대 역할을 한다

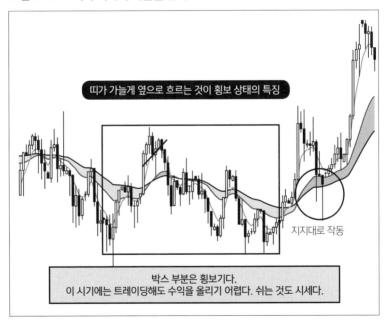

보인다. 바꿔 말하면, 길고 확실하게 거센 강은 나타나지 않고 있다. 좁은 강인 횡보 상태에서는 단기선과 가격이 아주 쉽게 강을 건너고 아주 쉽게 돌아온다. 그러다가 끝으로 가면서 강폭이 점점 넓어지고 거세지는 변화를 보였다. 띠가 지지대, 저항대로 기능하는 것은 어디까지나 띠가 두꺼운 경우에만 해당한다.

⑤ 띠에는 양전환과 음전환이 있다

띠에는 뒤틀림의 양상에 따라 양전환과 음전환이 있다. 이 양전환과 음전환으로 추세의 대국면이 바뀐다. 이 대전환의 국면만 잘 알아챌 수 있다면 트레이딩에서 크게 잃는 일은 피할 수 있다.

⑥ 띠는 네 가지 국면으로 나뉘며, 국면마다 매매 전략이 있다

띠에 따른 국면을 매수기, 매도기, 횡보기, 대전환 등 네 가지로 나누어 생각해보자. 상승띠는 기본적으로 매수 기회다. 추세가 안정적으로 상승하는 가운데 일시적으로 가격이 하락할 때는 눌림목 매수도 해볼 만하다. 반대로 하락띠는 매도를 해야 할 타이밍이다. 일시적인 가격 상승이 나타날 때는 되돌림 매도도 유효하다. 그리고 상승띠와 하락띠가 뒤집히는 대전환 시점은 지금까지의 흐름과 반대 방향으로 매매하여 큰 추세를 붙잡을 기회다.

🎯 이동평균선 대순환 분석으로 매매 타이밍을 포착한다

이동평균선 대순환 분석으로 알아내는 진입 타이밍

3개의 이동평균선이 위에서부터 '단기/중기/장기'의 순서를 이룰 때는 매수에 에지가 있다. 반대로, 위에서부터 '장기/중기/단기'의 순서를 이룰 때는 매도에 에지가 있다.

에지가 나타났음을 확인했다면 그다음에는 '기울기' 요소를 추가한다. 3개의 이동평균선이 모두 상승할 때가 매수 신호이고, 3개 선이 모두 하락할 때는 매도 신호다.

거기에 '간격'을 추가한다. 3개 선의 간격이 넓어지는 상태가 국면 1에서 일어난다면 매수 신호이고, 국면 4에서 일어난다면 매도 신호다.

그리고 띠의 간격이 넓어지면서 상승하는 중이라면 안정적인 상승이 지속된다는 신호다. 띠의 간격이 넓어지면서 하락하는 중이라면 안정적인 하락이 지속된다는 신호다. 모두 매매에 진입하는 타이밍으로 활용할 수 있다.

이동평균선 대순환 분석으로 알아내는 청산 타이밍

청산은 진입의 반대다. 매수로 진입했다면 매도, 매도로 진입했다면 매수가 청산이 된다. 매수 청산은 국면 1이 끝날 때, 매도 청산은 국면 4가 끝날 때가 최적 타이밍이다.

그림 11-31 > 진입

매수 진입: 국면 1

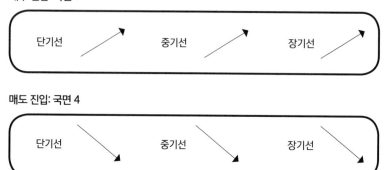

매도 진입: 국면 4

그림 11-32 | 청산

매수 청산: 국면 1의 종료, 국면 2에 돌입

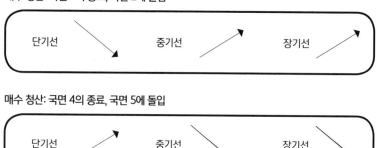

매수 청산: 국면 4의 종료, 국면 5에 돌입

이때 주의할 점은 띠가 안정적으로 우상향함에도, 단기선과 중기선이 크로스하여 국면 1이 끝나는 경우다. 그다지 많지는 않으나 때때로 발생한다. 띠의 폭이 넓고 우상향하고 있으므로 강을 건너기 어려워 보이지만, 시도해보고 싶은 상황이다. 그런데 무리해서 건넌다고 해도, 깊은 곳에 빠지거나 급류에 휩쓸릴 것 같다. 그런 경우에는 눌림목 매수로 대응한다. 국면 1에서 국면 2로 이행하더라도 금방 국면 1로 돌아오기 때문이다.

이미 매수 포지션에서 그럭저럭 수익을 올리고 있다면 어떨까? 이 경우에도 국면 2로 이행했다면 기본적으로는 청산해야 한다. 하지만 안정성이 높아 상당히 든든한 띠를 형성하고 있다면 청산을 권하지 않는다. 국면 1에서 국면 2로 이행했다고 해서 반드시 청산해야 하는 것은 아니라는 얘기다. 다만, 청산을 '기본 방침'으로 정해두어야 한다.

청산은 띠의 기울기와 너비, 이동평균선이 안정적으로 우상향하는 모습 등 여러 요소를 복합적으로 고려하여 판단해야 한다.

⊙ 이동평균선 대순환 분석에서 주의할 점

가격 변동이 작은 종목에는 적합하지 않다

우선, 가격 변동이 작은 종목에는 적합하지 않다는 것이다. 이동평균선 대순환 분석의 묘미는 어느 해에 큰 상승(하락) 추세가 있다면 그 추세를 고스란히 취하는 데 있다. 즉 연간 단위로 큰 수익을 올리는 것이다.

그러려면 거래량이 많더라도 가격 변동이 적어선 안 된다. 그 대책으로 복수의 종목을 지켜볼 필요가 있다. 다섯 종목 정도를 지켜본다면 그중에는 반드시 크게 오르거나 내리는 종목이 있을 것이다.

급등락 시장에서는 주의해야 한다

또 한 가지 주의점은 급등락에 대비해야 한다는 것이다. 어제까지 하락하던 시장이 급등하여 국면 1이 되면서 이동평균선 3개가 우상향하는 상황이 벌어질 수도 있다. 시장에서는 가끔씩 장대양봉이 출현하여 국면 4이던 것이 돌연 국면 1로 바뀌기도 한다. 그런데 이런 경우에는 금방 국면 2로 이행해버리기 쉽다.

지금이 기회라고 생각하여 뛰어들었는데 순식간에 폭락을 당한 경험을 트레이더라면 누구나 한 번쯤은 해봤을 것이다. 경제지표나 주요 인물

그림 11-33 › 급등락에 주의하자

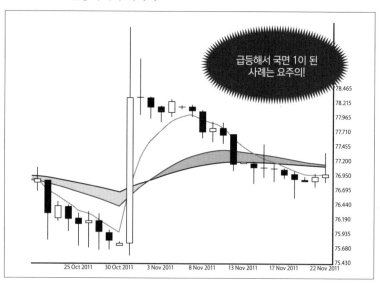

의 예기치 못한 발언에 영향을 받아 순간적으로 급등했다가 그 반동으로 급락하는 패턴이다. 비싼 가격에 매수한 탓에 심한 타격을 입을 수 있다.

이런 손실을 피하기 위해 급등하는 종목은 한 박자 지켜보면서 그 기운이 계속 이어지는지를 확인할 필요가 있다.

◎ 이동평균선 대순환 분석으로 알 수 있는 네 가지 핵심 포인트

이동평균선 대순환 분석의 기본적인 효용은 뚜렷한 추세를 확실하게 잡는 것이다. 하지만 초보 트레이더로서는 그러기가 말처럼 쉽지 않다. 이동평균선 대순환 분석을 곰곰이 따져보면 다음의 네 가지를 알 수 있다.

① 눌림목 매수와 되돌림 매도 포인트

② 횡보 탈출

③ 잡기 쉬운 장세와 잡기 어려운 장세

④ 추세장과 횡보장

눌림목 매수와 되돌림 매도 포인트

국면 1에서 우상향하던 시세가 국면 2로 바뀌면, 보통은 상승 추세가 끝났음을 의미한다. 하지만 거기서 역행하여 다시 국면 1로 돌아가면 눌림목 매수의 기회가 된다. 마찬가지로, 국면 4에서 5가 됐는데 다시 4로 돌아갔을 때는 되돌림 매도의 기회다. 이 눌림목 매수와 되돌림 매도 패턴을 기억하자. 장기 상승 추세나 장기 하락 추세 중에는 이런 식으로 일시적인 눌림목과 되돌림이 반드시 발생하므로, 그 타이밍을 노린다.

이 눌림목 매수와 되돌림 매도 패턴은 띠가 다음의 상태를 지속하는 한 유효하다.

- 안정적으로 상승 또는 하락하고 있다.
- 기울기가 무너지지 않았다.
- 폭이 넓다.

만약 추세와 같은 방향으로 포지션을 보유하고 있다면 청산하지 않는다. 반대로 그 전에 매집해놓지 않았다면 눌림목 또는 되돌림이 나타났을 때 다시 올라가거나 내려갈 때를 기다렸다가 눌림목 매수 또는 되돌림 매도를 시도한다.

'그림 11-34'는 눌림목 매수에 기회가 나타났음을 보여준다. 차트에 표시된 기간에 상당히 넓은 띠가 우상향하고 있다. 그중 국면 1에서 국면 2로 바뀌는 순간이 두 곳 있는데, 두 곳 모두 띠가 넓다. 이만큼 넓다면 국면 3으로 바뀔 가능성은 거의 없다. 전형적인 눌림목 매수 타이밍이다.

띠가 상승을 무너뜨리지 않고 넓은 상태를 안정적으로 유지하고 있음을 확인했다면, 잠깐 국면 2로 바뀌었다 하더라도 거기서 조금이라

그림 11-34 › 눌림목 매수 기회

①-②-①에서
눌림목 매수!

도 다시 상승할 경우 놓치지 않고 매수 진입한다.

횡보 탈출

시장이 횡보하고 있을 때도, 횡보 영역의 하단에서 매수하고 상단에서
매도하길 반복하면 한 번의 트레이딩은 수익폭이 작지만 전체적으로
는 큰 수익을 올릴 수 있다. 다만 이는 이론적인 이야기일 뿐, 가격의 상
단과 하단이 알아보기 쉽게 형성되는 것은 아니다. 이런 시세에서 수익
을 올리는 건 고수에게도 어려운 일이다.

그러면 횡보 시장에서는 어떻게 대응해야 좋을까.

한 가지 방법은 횡보기가 끝나고 새로운 추세가 형성되는 것을 확

인한 후에 매매를 시도하는 것이다. 이것이 '횡보 탈출'을 잡는 전략이
다. 횡보 장세가 오랫동안 지속될수록 그 후에는 대시세를 이룬다고 알
려져 있다. 그때까지 차분히 기다리면 된다. 그리고 이동평균선 대순환
분석이 편리한 점은 그때를 가르쳐준다는 것이다.

횡보 장세 중에도 가격은 끊임없이 위아래로 움직인다. 단기간에
순행과 역행을 반복하는 것이다. 횡보기를 탈출하여 상승 추세로 들어
가면 국면 1, 하락 추세로 들어가면 국면 4밖에 없다. 즉, 국면 2·3·5·6
일 때는 횡보 탈출이 일어나지 않는다.

이처럼 횡보 장세에서 국면 1이나 국면 4에 들어섰다면, 이제부터
횡보 탈출이 일어날 수도 있다고 생각하고 대비를 해야 한다. 물론, 국

그림 11-35 › 횡보 탈출의 예

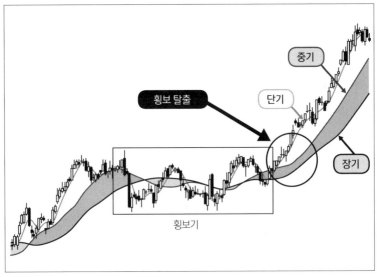

면 1이나 국면 4가 되어도 횡보기가 지속될 가능성을 부정할 순 없다. 그때는 횡보 시세가 계속될지 어떨지를 식별하기 위해서 3개 이동평균선의 기울기에 주목하자.

만약 상승 추세에 들어갔다면, 3개 선은 '단기/중기/장기'의 순서를 유지하면서 우상향을 이룬다. 횡보하는 가격대의 중심부에서부터 3개 선이 점점 멀어진다면 횡보 탈출이다.

여기서 주목해야 할 것은 단기선이다. 단기선이 횡보 가격대의 중심에서 가파르게 상승해 다른 2개 선에서 멀어진다면, 높은 확률로 횡보 탈출이 일어난다고 생각할 수 있다. 반대로 국면 1에 들어갔다고 생각할 겨를도 없이 단기선이 고꾸라지면 횡보기가 계속되리라고 보아야 한다.

잡기 쉬운 장세와 잡기 어려운 장세

잡기 쉬운 장세와 잡기 어려운 장세를 금방 알아볼 수 있다. 매수 관점에서 잡기 쉬운 장세는 국면 1에서 3개의 이동평균선이 우상향하고 띠의 간격이 넓을 때다. 매도 관점에서 잡기 쉬운 장세는 국면 4에 있으면서 3개의 이동평균선이 우하향할 때다. 국면이 순행하여 국면 1과 국면 4가 길면 길수록 이상적이라고 할 수 있다.

잡기 쉬운 또 한 가지 패턴은 국면 '1 → 2 → 1'의 눌림목 매수와 국면 '4 → 5 → 4'의 되돌림 매도다. 띠가 충분히 넓다면 이 패턴을 노려볼 만하다.

반대로, 잡기 어려운 패턴은 국면 1과 국면 4가 단기간에 끝나버리는 장세다. 다만, 실제로는 국면 1 또는 국면 4가 되지 않고는 오래 지속될지 어떨지 알 수 없다. 한 가지 판단 기준을 들어본다면 국면 2와 3, 국면 5와 6이 긴 경우에는 다음에 이어질 국면 1 또는 국면 4가 길어질 가능성이 거의 없다. 국면 2와 3, 국면 5와 6이 길다는 건 전형적인 횡보기이기 때문이다.

또, 띠의 간격이 좁거나 띠가 옆으로 흐르는 상태일 때 도래하는 국면 1 또는 국면 4도 오래가지 못한다. 이럴 때는 3개의 이동평균선이 근접하고 있어서, 국면을 판별하기조차 어렵다.

'그림 11-36'은 잡기 어려운 장세의 전형적인 차트다. 한눈에 봐도 차

그림 11-36 > 잡기 어려운 장세

트가 복잡하게 얽혀 있으며, 국면이 수시로 뒤바뀌고 있다. 게다가 띠가 옆으로 흐르면서 폭도 좁다. 이동평균선 대순환 분석을 배웠다면, 이것은 손대지 말아야 할 장세라는 것을 바로 알 수 있다.

추세장과 횡보장

지금이 추세장인지, 횡보장인지를 알 수 있다.

기본적으로 추세기에는 국면 1과 국면 4가 길게 이어진다. 반대로 국면 2와 3, 국면 5와 6은 짧다는 특징이 있다. 앞에서도 언급했듯이, 국면 2와 3, 국면 5와 6이 길 때는 횡보 장세다.

'그림 11-37'은 잡기 좋은 장세의 전형을 보여준다. 언뜻 봐도 국면

그림 11-37 > 잡기 좋은 장세

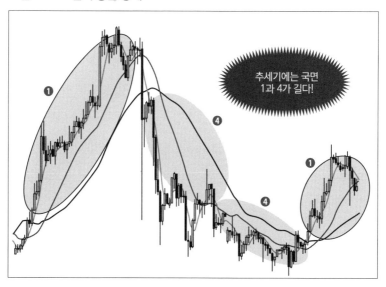

1과 국면 4가 길고, 과도기에 해당하는 국면 2와 3, 국면 5와 6은 금방 통과해버린다. 이런 차트를 발견하면 반드시 붙잡아야 하는 장세라고 기억해두자. 이동평균선 대순환 분석을 배웠다면, 차트를 보고 잡아야 할 때와 잡지 말아야 할 때를 한눈에 알아볼 수 있다.

◎ 국면 변화는 어떻게 이뤄지나

국면 변화는 세 번의 골든크로스와 데드크로스로 만들어진다

2개의 이동평균선이 교차하여 만들어지는 골든크로스는 매수 신호, 데드크로스는 매도 신호다. 이동평균선 대순환 분석에서는 3개의 이동평균선을 사용하는데, 국면의 순환은 세 번의 골든크로스와 세 번의 데드크로스로 이뤄진다(그림 II-38).

국면 1에서 국면 2로 이동하는 것은 위에서부터 '단기/중기/장기'의 순서에서 단기선과 중기선이 뒤바뀌어 '중기/단기/장기'로 바뀌었을 때다. 이때는 5일 이동평균선(단기)과 20일 이동평균선(중기)이 데드크로스한다. 5일선과 20일선의 데드크로스가 일어나면, '과거 1개월(거래일 기준 20일-옮긴이) 동안 매수 세력의 수익이 플러스에서 마이너스로 돌아섰다'라고 판단한다.

국면 2에서 국면 3으로 이동하는 것은 5일 이동평균선(단기)과 40일 이동평균선(장기)의 데드크로스로 결정된다. 이 데드크로스는 '과거 2개

그림 11-38 › 국면의 전환

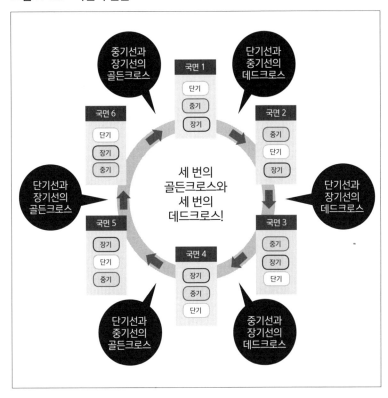

월 동안 매수세의 수익이 플러스에서 마이너스로 돌아섰다'라는 의미
다. 당연히 매도 신호다.

　마지막으로 국면 3에서 국면 4로 이동하는 것은 20일 이동평균선(중
기)과 40일 이동평균선(장기)의 데드크로스로 결정된다. 이것은 추세 대국
면이 매수에서 매도로 바뀌었다는 것을 보여준다. 이때 띠가 음전환한다.

　이처럼 국면 1에서 국면 2로, 국면 2에서 국면 3으로, 국면 3에서 국면 4로 이동하는 것은 각각 매도 신호인 데드크로스를 겪으면서 완성된다. 이들은 또한 점점 매도로 기울어가는 상황을 보여준다.

국면 4에서 국면 1까지 변화하는 것은 그 반대다. 각각의 국면 변화는 데드크로스가 아니라 골든크로스를 계기로 일어난다. 중기선과 장기선이 골든크로스하면, 띠가 양전환한다.

이동평균선의 결점을 어떻게 극복할까

이동평균선 대순환 분석에서 선을 3개나 사용하는 것은 이동평균선의 결점을 극복하기 위해서다.

이동평균선과 가격(캔들), 또는 2개의 이동평균선이 만들어내는 골든크로스와 데드크로스는 각각 유효한 신호다. 그렇지만 횡보 장세에서는 속임수인 경우가 많다는 결점이 있다.

그 속임수에 넘어가지 않으려면 어떻게 해야 할까? 답은 '횡보 장세에서는 신호가 나타나지 않는다'라고 생각하는 것이다. 애초에 횡보기에서 속임수가 발생하는 것은 장기선이 상승하기 시작할 때 단기선이 하락해버리기 때문이다. 거기서 기간이 다른 3개 이동평균선의 기울기를 확인해야 한다.

국면 1에서 3개의 이동평균선이 우상향하고 있음을 확인한 다음에 매수 포지션으로 진입한다면, 추세 판단의 신뢰도가 높다. 하지만 진입타이밍이 늦다는 단점이 있다. 이제는 속임수에 걸리지 않고 어떻게 재빨리 진입할 수 있는가 하는 문제를 해결해야 한다.

횡보장에서 매매 신호를 대폭 줄인다

이동평균선의 결점을 극복하는 방법을 설명하겠다. '그림 11-39'를 보자. 원으로 표시한 영역 'A'가 횡보 장세다. 차트에서 단기선과 중기선이 데드크로스를 형성하고 있다. 이동평균선 2개만 놓고 본다면 당연히 매도 신호다. 하지만 데드크로스 후에 곧바로 가격이 상승하므로, 이 데드크로스는 속임수라는 것을 알 수 있다.

그런데 타원으로 표시한 영역 'B' 안에서는 3개의 이동평균선이 일시적으로 위에서부터 '장기/중기/단기'의 배열(국면 4)이 됐지만, 3개 선이 모두 우하향하지는 않는다. 즉, 이동평균선 대순환 분석에서 이야기하는 매도 진입 신호는 나오지 않았다. 이것이 속임수를 극복하는 방법이다.

그림 11-39 > 속임수를 어떻게 피할까

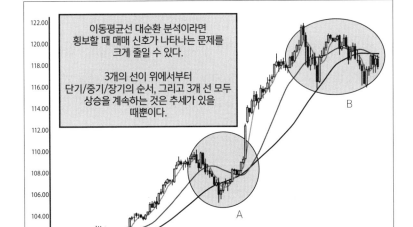

이제 매매 신호가 늦어지는 단점을 해소해야 한다. 이동평균선 대순환 분석을 사용하여 이기기 위해서는 한 박자 빠르게 매매할 방법을 찾아야 한다. 진입 타이밍만 앞당길 수 있다면 모든 문제가 해결된다.

🎯 진입 타이밍을 앞당기는 방법

지금까지 이동평균선 대순환 분석을 초보 트레이더가 빠르게 연간 수익을 올리는 방법이라고 설명했다. 초보 트레이더가 최종적으로 수익을 올리기 위해서 가장 중요한 것은 잡기 쉬운 시세를 확실히 잡는 것이다. 따라서 원래대로라면 이동평균선 대순환 분석은 본매매로 완결된다.

그런데 이동평균선 대순환 분석을 중급자 이상의 트레이더가 사용할 경우에는 '작은 추세를 잡을 수 없다'라는 고민이 생긴다. 원래 작은 추세까지는 잡지 않아도 무방하지만, 트레이딩을 하다 보면 그것까지 잡고 싶어지는 게 인지상정인 듯하다.

이때 필요한 것이 조기매매와 시험매매다.

조기매매와 시험매매

한 박자 빨리 매매하기 위해서는 매수라면 국면 1이 아니라 그 전 단계인 국면 5나 국면 6에서 실행한다. 다만 그럴 때는 실패할 확률도 높아진다는 점을 염두에 둬야 한다. 여기서는 실패하기 어려운 조기매매와 시험매매의 조건을 검토해보겠다.

조기매매는 본매매로 예정하고 있는 것과 같은 수량을 매매하지만, 일반적인 타이밍(매수라면 국면 1이면서 3개의 이동평균선이 모두 우상향임을 확인한 후에 주문)이 아니라, 그보다 이른 시점에 매수 포지션으로 진입한다. 일찍 진입함으로써 이동평균선 대순환 분석에서 놓치기 쉬운 작은 추세도 잡을 수 있다.

시험매매는 본매매로 예정한 수량의 3분의 1에서 5분의 1 정도로 매매한다. 조기매매와 다른 점은 원래 진입해야 하는 본매매 타이밍이 왔을 때, 다시 한번 매매하는 것이다. 시험매매는 말하자면 정찰하는 것과 같다. 시험매매와 본매매는 한 세트로 실행한다.

조기매매 타이밍: 매수

조기매매는 다음 조건을 확인한 후에 주문한다. 매수를 예로 들어보겠다.

① 조기매매 1

- 현재 상태: 국면 5 또는 국면 6
- 타이밍: 3개의 이동평균선이 모두 우상향할 때

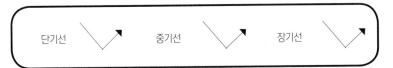

② 조기매매 2

- 현재 상태: 국면 1 또는 국면 6
- 타이밍: 단기선 상승, 중기선 상승, 장기선은 하락에서 횡보로 변하는 것을 확인했을 때

국면 4에서는 3개의 이동평균선 상태를 확인해본다. 하락 추세가 강하면 3개 선 모두 우하향하고 있을 것이다. 하지만 상승세로 바뀔 경우, 하락 추세가 끝날 때쯤에는 가장 민감하게 움직이는 단기선부터 위로 향하기 시작한다. 물론 단기선이 위로 향했다는 것만으로는 아직 진짜로 하락 추세가 끝났다고 할 수 없다.

이어서 중기선까지 상승하기 시작했다면, 하락 추세가 끝나간다는 점을 상당히 높은 신뢰도로 예상할 수 있다. 거기에 장기선마저 상승하기 시작한다면 완벽하겠으나, 내려가던 장기선이 완만해졌다는 것만으로도 조기매매 타이밍이 왔다고 생각해도 좋다. 요점은 방향성이 보일 때가 조기매매하는 타이밍이라는 것이다.

시험매매 타이밍: 매수

시험매매에 관해서는 작은 수량으로 거래하기 때문에 리스크가 감소

하여 조기매매보다 조건이 엄격하지 않다. 여기서도 매수를 예로 들어 보겠다.

① 시험매매 1

- 현재 상태: 국면 5
- 타이밍: 단기선 상승, 중기선 상승, 장기선이 하락에서 횡보로 변하는 것을 확인했을 때

② 시험매매 2

- 현재 상태: 국면 6 또는 국면 1
- 타이밍: 단기선 상승, 중기선이 하락에서 횡보로, 장기선이 하락세에서 뚜렷하게 완만해지는 것을 확인했을 때

매매 포인트 정리

조기매매와 시험매매의 조건을 정리한 것이 '표 11-1'이다. 모두 매수를

예로 든 것으로, 매도는 이것과 반대로 생각하면 된다.

표 11-1 › 매수 포인트

단기선	상승	상승	상승
중기선	상승	거의 상승	거의 평행
장기선	거의 상승	거의 평행	분명히 완만해짐
국면 1	본매매	조기매매	시험매매
국면 6	조기매매	조기매매	시험매매
국면 5	조기매매	시험매매	×

통상의 본매매, 조기매매, 시험매매의 타이밍은 '그림 11-40'에서 확인하자. 통상적인 본매매는 국면 1에 들어가서 3개의 이동평균선이 모두 우상향하는 것을 확인한 시점이다. 그리고 매도 청산을 하는 것은 단기선과 중기선이 데드크로스를 하여 국면 2로 이동했을 때다.

그런데 실제로 진입 시점과 청산 시점을 함께 따져보면 수익이 매우 작거나, 심지어 약간의 손실을 보기까지 한다. 즉 이 정도의 추세에서는 통상적인 매매로는 타이밍이 너무 늦다.

이럴 때는 직전의 국면 6에서 3개의 이동평균선이 보여준 기울기에 주목하자. 단기선은 급격히 오르고 중기선도 상승 중이며, 장기선도 완만히 상승하고 있다. 즉 그때가 조기매매 타이밍이었다는 것을 알 수 있다.

그림 11-40 > 매매 타이밍 포착의 예

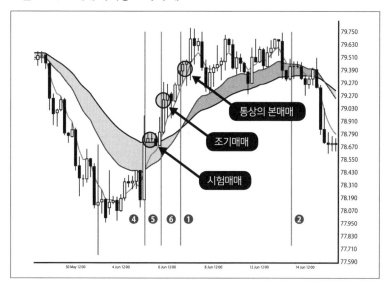

12장

대순환
MACD 마스터

🎯 이동평균선의 수렴과 확산을 분석하는 지표, MACD

MACD라는 기술적 지표를 아는가? 이름만 들어도 상당히 어려워 보이겠지만, 필요한 부분만 배워 활용하면 되니 걱정할 것 없다. 그보다 먼저 '왜 MACD를 소개하는가'를 이야기하려고 한다.

앞에서 소개한 이동평균선 대순환 분석은 어떤 상황에서 매매해야 할지를 알려주었다. 그런데 매매 신호가 나타나는 타이밍이 늦다는 약점을 가지고 있다. 이를 극복하기 위해 조기매매나 시험매매를 활용할 수 있다고 설명했다. 이동평균선 대순환 분석의 유일한 약점을 보완해주는 것이 MACD를 이용하여 매매하는 것이다.

'그림 12-1'을 보자. 윗부분은 닛케이225 일봉 차트이고, 아랫부분은 MACD다.

MACD 차트가 조금 까다로워 보이는 것은 MACD, 시그널, 히스토그램이라는 세 가지 요소로 이루어져 있기 때문이다. 위쪽 선 2개가 MACD와 시그널이고, 아래쪽 막대그래프가 히스토그램이다. MACD 분석 방법에서는 이 세 가지 요소를 종합적으로 본다.

그림 12-1 > 일봉 차트와 MACD

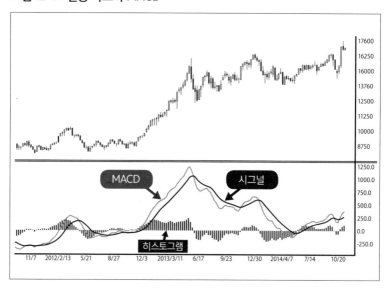

MACD의 기초

11장에서 이동평균선을 다룰 때도 언급했지만, MACD 분석을 배울 때도 다음 다섯 가지를 명심해야 한다.

① 계산식을 기억한다.

② 계산식의 의미를 이해한다.

③ 계산식을 바탕으로 그 기술적 지표가 무엇을 가리키는지를 이해한다.

④ 매매 신호를 익힌다.

⑤ 매매 신호의 논리를 이해한다.

MACD는 왠지 어려워 보인다는 트레이더가 적지 않지만, 결코 그렇지 않다. MACD는 'Moving Average Convergence/Divergence'의 약자다. 앞의 'Moving Average'는 '이동평균'을 의미한다. 이어지는 'Convergence'는 수학이나 물리학에서 자주 사용하는 용어로 '수렴'을, 'Divergence'는 수렴의 반대인 '확산'을 의미한다. 두 단어가 '/(슬래시)'로 묶여 있다는 것은 이 둘이 함께 간다는 뜻이다. 즉, MACD는 이동평균선의 수렴과 확산을 분석하는 기술적 지표다. '이동평균수렴확산지수'라고도 하는데, 이동평균선이 가까워졌다 멀어졌다 하는 상태를 분석하는 기법이라고 이해하면 된다.

이동평균선이 가까워졌다 멀어졌다 하는 것을 분석하여 트레이딩에 활용한다는 점에서 이동평균선과 상당히 닮았다. 즉 이동평균선 대순환 분석과 MACD는 매우 가까운 관계다.

MACD 분석에서 사용하는 계산식은 다음과 같다.

① EMA = (EMAy×(n−1)+P×2)÷(n+1)

② MACD(MACD1) = 단기 EMA−중장기 EMA

③ 시그널(Signal) = MACD1의 EMA

④ 히스토그램(Histogram) = MACD1−시그널

EMA(지수이동평균)의 특징

우선 ②번부터 설명하겠다. 단기 EMA, 중장기 EMA라고 되어 있는데 기본적으로 사용하는 파라미터는 단기선이 12일, 중장기선이 26일이다. 그리고 ③번에서 시그널의 EMA에 사용하는 파라미터는 9일이다.

EMA는 '지수이동평균Exponential Moving Average'이라고 한다. 우리가 일반 적으로 사용하는 이동평균은 '단순이동평균SMA, Simple Moving Average'이지 만, 미국 등 여러 나라에서는 단순이동평균보다 지수이동평균을 더 많이 사용한다. 공식을 보면 알 수 있듯이, MACD에는 EMA가 많이 들어가 있다. 말하자면 MACD는 EMA로 만들어졌다고 해도 과언이 아니다. 그래서 공식이 복잡해 보이는데 EMA가 무엇인지만 알면 문제는 금방 없어진다.

'그림 12-2'에는 파라미터가 60일로 같은 SMA와 EMA가 그려져 있다.

각각의 선에는 천장과 바닥이 있다. 여기서 확인해야 할 것은 실제 천장(가격의 천장)과 실제 바닥(가격의 바닥)이 어느 시점에 있고, 그 실제 천장과 바닥에 더욱 가까운 타이밍이 SMA냐, 아니면 EMA냐를 아는 것이다.

답은 명확하여, EMA가 타이밍상으로 실제 천장과 바닥에 가깝다. SMA의 천장은 실제 천장에서부터 상당히 늦게 나타난다. 바닥도 마찬가지로 실제 가격과 SMA의 바닥은 상당한 시차를 보인다. 이것이 중요한 포인트다.

이동평균선에서 골든크로스 또는 데드크로스 신호가 발생했을 때

그림 12-2 > EMA의 특징

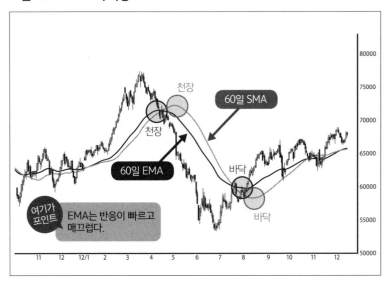

매수 또는 매도 포지션으로 진입한다. 그런데 실제 천장과 바닥에서 상당히 멀어진 후에 크로스가 발생한다면 큰 수익을 기대하기 어렵다. 바닥을 쳤을 때 빨리 알려줘야 가치가 있다. 그래서 등장한 것이 EMA다.

EMA에는 또 한 가지 특징이 있다. EMA와 SMA의 천장을 비교해서 보기 바란다. EMA는 SMA보다 천장의 위치가 낮고 바닥의 위치는 높게 그려져 있음을 알 수 있다. 이것은 선이 매끄러운 정도와 관계가 있다. EMA는 SMA에 비해서 다소 매끄러운(평활한) 곡선을 이룬다. 반대로 SMA는 상대적으로 선의 위아래 움직임이 가파르게 보인다. 이렇게 선이 매끄럽다는 것은 '속임수가 적다'라는 점으로 이어진다(이 특징에 대해서는 뒤에서 자세히 설명하겠다).

EMA의 특징으로는 과거 데이터보다 직전 데이터를 더욱 중시하여 평균값을 산출한다는 점을 들 수 있다. 그 점을 이해하려면 먼저 SMA의 결점부터 짚어봐야 한다.

예를 들어, 10일 단순이동평균선에서 현재 이동평균 값이 1,000엔이라고 하자. 하루가 지나면 그 값(1,000엔)은 '어제의 값'이 된다.

하루가 지난 오늘의 값이 1,200엔이라고 하자. 그러면 오늘의 이동평균선은 위로 향할까, 아래로 향할까?

답이 '위로 향한다'라고 생각하는 사람이 많을 것이다. 하지만 그렇게 단순하지는 않다. 이것을 설명해주는 것이 '그림 12-3'이다. 계산을 간단하게 해주기 위해 5일 이동평균으로 상정하겠다.

오늘의 가격에서부터 거슬러 올라가 1일 전의 가격, 2일 전의 가격, 3일 전의 가격, 4일 전의 가격을 합산하여 5로 나눈 결과가 SMA의 1,000엔이다.

그리고 날짜가 하루 지나서 오늘의 가격으로 1,200엔이 등장하면서 가장 오래된 가격은 빼고, 새로운 5일간의 SMA를 다시 계산한다.

이때 가장 오래된 가격이 1,300엔이었다면 어떻게 될까. 요소(가격) 중 하나가 1,300엔이어도 5일간 평균값이 1,000엔일 수는 있다. 예를 들어 1,300엔과 700엔, 나머지 3일이 1,000엔인 경우가 그렇다. 그러면 5일간의 합계가 5,000엔으로, 제일 오래된 1,300엔이 빠지고 새롭게 1,200엔이 편입된다면 평균값은 1,000엔보다 내려갈 것이다(4,900엔/5일 = 980엔).

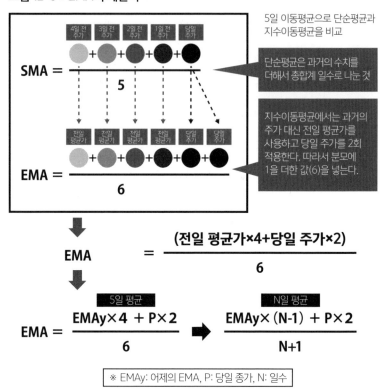

그림 12-3 > EMA의 계산식

5일 이동평균으로 단순평균과 지수이동평균을 비교

$$SMA = \frac{\text{4일전 주가} + \text{3일전 주가} + \text{2일전 주가} + \text{1일전 주가} + \text{당일 주가}}{5}$$

단순평균은 과거의 수치를 더해서 총합계 일수로 나눈 것

$$EMA = \frac{\text{전일 평균가} + \text{전일 평균가} + \text{전일 평균가} + \text{전일 평균가} + \text{당일 주가} + \text{당일 주가}}{6}$$

지수이동평균에서는 과거의 주가 대신 전일 평균가를 사용하고 당일 주가를 2회 적용한다. 따라서 분모에 1을 더한 값(6)을 넣는다.

$$EMA = \frac{(\text{전일 평균가} \times 4 + \text{당일 주가} \times 2)}{6}$$

5일 평균

$$EMA = \frac{EMAy \times 4 + P \times 2}{6}$$

N일 평균

$$\frac{EMAy \times (N-1) + P \times 2}{N+1}$$

※ EMAy: 어제의 EMA, P: 당일 종가, N: 일수

이동평균선이 올라갈지 내려갈지는 오늘의 가격이 이동평균선보다 높으냐, 낮으냐로 결정되는 것이 아니다. 계산에서 빠지는 가격과 새롭게 추가되는 가격 중 어느 쪽이 높으냐에 따라 정해진다. 속임수가 일어나는 것은 이 때문이다.

오늘의 가격이 높아진 결과 이동평균선이 상승하여 골든크로스하는 경우가 있다. 반대로 오늘의 가격이 높지 않음에도 계산에서 제외되

는 가격이 우연히 낮았다면, 이동평균선은 역시 상승한다. 제외되는 가격이 낮으면 낮을수록 상승하는 정도는 강해진다. 그 결과로 골든크로스하는 경우도 물론 있다. 그때 그 상태를 보고 매수에 뛰어드는 트레이더가 속임수에 걸려드는 것이다.

SMA의 문제점은 이것뿐만이 아니다. 100일 이동평균선을 사용한다면, 100일 동안의 평균값과 오늘의 가격을 비교하는 것이다. 어제 가격의 높고 낮음이 오늘의 가격에 강하게 영향을 미친다는 건 분명하다. 그렇다면 100일 전 가격은 어떨까? 오늘의 가격에 미칠 영향은 어제의 가격과 비교할 때 현저히 낮을 것이다. 그런데 100일 SMA는 100일 동안의 가격을 합산하여 100으로 나누어 구한다. 요컨대 100일 전 가격과 오늘 가격의 가중치weight가 완전히 같은 것이다. SMA의 이런 문제점을 극복한 것이 EMA다.

5일 EMA를 계산하는 식은 다음과 같다.

● 5일 EMA = (전일 평균가×4+당일 주가×2)÷6

오늘의 가격을 2배로 적용하는 이유는 SMA가 가진 문제점 중 하나인 '가격의 영향'을 고려했기 때문이다. 말하자면 과거의 가격보다 최근의 가격이 가진 영향력을 크게 반영한 것이다. 한편, 어제까지 4일 동안의 가격은 대략 적용한다. 이 계산 결과를 6으로 나눈 것은 오늘의 가격을 2일분으로 산정하기 때문이다. 즉, 계산에 사용되는 데이터가 6개 이기 때문이다.

'어제의 평균'을 계산할 때도 전일의 가격은 2배로 적용됐고, '그제의 평균'을 계산할 때도 마찬가지였다. 그러므로 데이터의 기간이 오래될수록 과거 가격의 가중치는 낮아진다.

이것을 5일이 아니라 N일의 일반식으로 바꿔 쓰면 다음과 같다.

● EMA = {EMAy×(N−1)+P×2}÷(N+1)

'EMAy'는 어제yesterday의 EMA, 'P'는 오늘의 가격을 의미한다.

미국 등에서 SMA가 아니라 EMA를 사용하는 이유는 장기 이동평균을 계산하기에 간편하기 때문이다. 100일 이동평균선, 더 나아가 1,000일 이동평균선을 계산할 때 EMA는 어제의 EMA 값과 오늘의 가격만 알면 곧바로 계산할 수 있기 때문이다.

확인을 위해 100일 EMA를 계산해보자. 어제의 EMA는 100엔, 오늘의 가격은 120엔이다. 앞의 식에 대입해보자.

● 100일 EMA = {(100×99)+(120×2)}÷(100+1) = 100.396…

2개의 EMA가 보여주는 신호

EMA의 사용법은 SMA의 사용법과 다르지 않다. '그림 12-4'에서 왼쪽에 있는 상승 추세에 주목하자. 이때의 위치 관계를 보면 단기(12일)

EMA가 장기(26일) EMA보다 위에 있다. 또 두 EMA의 기울기가 좀더 가파르게 우상향하는 구간에서 가격이 EMA보다 더 높은 위치에 있다. 그런데 가격이 내려가면 가격 변동에 민감도가 높은 단기 EMA가 먼저 기울기를 줄이면서 장기 EMA에 근접한다. 하지만 가격이 상승세를 되찾으니 두 EMA도 간격을 넓히기 시작한다. 이것이 가격과 두 EMA의 기본적인 관계다.

상승 추세도 이윽고 저물어간다. 가격의 상승세가 약화돼 옆으로 흐르면, 결국 단기 EMA가 장기 EMA 아래로 내려가게 된다. 그 전환점, 즉 교차하는 지점이 데드크로스다. 여기서부터는 장세가 하락 추세로 돌입한다.

그림 12-4 › 2개의 EMA가 보여주는 신호

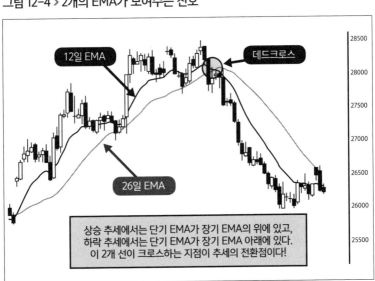

◎ MACD를 구성하는 세 가지 요소

앞서 잠깐 언급한 것처럼 MACD 차트는 MACD(MACD1), 시그널, 히스토그램 세 가지 요소로 구성된다.

MACD(MACD1)

MACD에는 MACD라는 선이 있는데, MACD1이라는 기술적 지표와 MACD2라는 기술적 지표가 세트로 구성되어 있다. MACD1과 MACD2의 개발자가 서로 다른 탓에 이렇게 번거로운 모양이 됐다.

원래 기술적 지표인 MACD는 MACD선을 지칭하며 'MACD1'으로 불린다. 이 책에서는 앞으로 혼동을 피하기 위해 차트 전체를 가리킬 때는 'MACD', MACD선을 가리킬 때는 'MACD1'이라고 표기하겠다. 그리고 시그널과 히스토그램은 MACD의 정확성을 높이기 위해 추가된 것이다.

MACD1을 계산하는 식은 다음과 같다.

● MACD1 = 12일 EMA-26일 EMA

MACD는 모두 EMA를 사용한다. 이것이 MACD를 멀리하게 하는 원인이다. 하지만 EMA의 기본을 이해한 지금은 덮어놓고 싫어할 이유가 없다는 걸 알 것이다.

MACD1으로 구한 수치는 단기선과 장기선의 '간격'이다. 앞서 설명한 대로 MACD로는 2개의 EMA가 가까워졌다가 멀어지는 모양을 분석한다.

두 EMA가 점점 가까워지다가 결국 붙으면 최종적으로는 크로스가 발생한다. 그것이 골든크로스일지 데드크로스일지 알 수 있는 실마리가 MACD다. MACD가 실은 이렇게 단순한 지표다.

'그림 12-5'를 보자. 세로로 2개의 선이 그려져 있다. 데드크로스(좌)와 골든크로스(우)가 발생한 지점을 표시한 것이다.

여기서 생각해야 할 것은 12일 EMA와 26일 EMA의 간격이다. 2개의 EMA가 크로스한다는 것은 둘이 딱 붙어 있는 상태이므로, 간격은 당연히 제로다.

그림 12-5 › MACD1

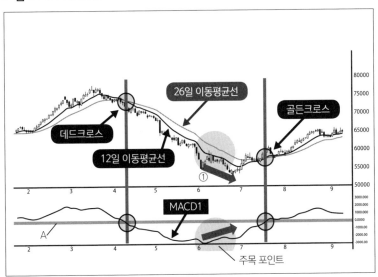

차트 아랫부분에는 MACD1의 수치를 눈으로 확인하게 해주는 척도가 있다. 중앙선 A가 MACD1의 제로 선이다. 이 선 A를 가운데 두고 MACD1이 위아래로 움직인다.

타원형으로 표시한 '주목 포인트' 부분을 보면, MACD1이 마이너스에서부터 점점 상승하기 시작해 드디어 제로에 도달했음을 알 수 있다. 마이너스에서 제로에 도달하는 이때가 골든크로스 시점이다.

골든크로스가 일어난 후 MACD1은 더욱 가파른 우상향을 이어간다. 값이 마이너스에서 플러스로 바뀌어 제로 선에서 점점 멀어지고 있다. 이 움직임은 상승 추세가 지속되고 있음을 알려준다.

이처럼 두 EMA의 간격을 보면 골든크로스와 데드크로스의 발생을 미리 읽어낼 수 있다. 이것이 MACD1의 특징이며 강점이다.

'주목 포인트' 윗부분에 화살표 ①을 붙였다. 이 시점에 EMA는 2개 선 모두 우하향하고 있으나 사실 2개 선의 간격은 서로 가까워지고 있다. 다만 EMA만 보아서는 그 점을 알기 어렵다. 그런데 MACD1을 보면 2개 선의 간격이 정점을 찍고 서로 가까워지고 있음을 확인할 수 있다. 이를 통해 조만간 골든크로스가 일어나리라는 걸 알 수 있다면, 골든크로스 이전에 매수 진입을 할 수 있을 것이다.

이동평균선 대순환 분석에서 국면 1이 발생하기 이전에 조기매매, 시험매매를 하기 위한 조건을 설명했다. MACD를 사용하면 그 정확성을 더욱 높일 수 있다.

시그널

MACD를 구성하는 두 번째 요소인 시그널은 MACD1의 9일 EMA를 의미한다. 왜 EMA의 간격을 다시 EMA로 분석하는 것일까?

왜냐하면 가격 추세보다 MACD1의 추세가 선행하기 때문이다. 이는 바꿔 말하면, MACD1이 상승 추세에 있는지 하락 추세에 있는지를 알면, 잠시 후에 발생할 가격 추세를 미리 알아낼 수 있다는 뜻이다.

MACD1에 이동평균선을 더하면 거기서도 골든크로스, 데드크로스가 발생한다. 이를 통해 상승 추세 또는 하락 추세를 예견하는 구조다. MACD1이 시그널을 우상향 돌파하는 골든크로스가 일어나면 MACD1에 상승 추세가 발생했다는 증거다. 즉, 매수 신호가 된다. 물론 MACD1

그림 12-6 > 시그널

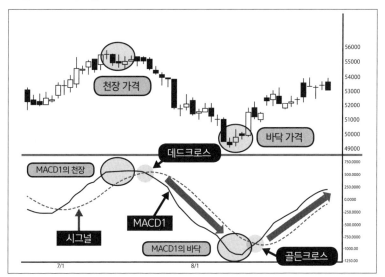

과 시그널이 데드크로스하면 매도 신호다.

MACD1과 시그널이 골든크로스: 매수 신호
MACD1과 시그널이 데드크로스: 매도 신호

히스토그램

히스토그램은 MACD2라고도 하며, 계산하는 식은 다음과 같다.

● 히스토그램 = MACD1-시그널

즉 히스토그램은 MACD1과 시그널의 차, 말하자면 간격을 보기 위한 척도라고 할 수 있다.

MACD1과 시그널이 골든크로스(데드크로스)하는 지점이 매수(매도) 진입 신호라는 것은 앞서 설명했다. 떨어져 있던 MACD1과 시그널이 서로 붙을 때가 그 타이밍이다.

원래 MACD1은 12일 EMA와 26일 EMA의 간격을 보기 위한 도구다. 그로 인해 2개의 EMA선이 골든크로스/데드크로스하는 것을 한발 앞서 알 수 있다. MACD1과 시그널의 간격이 늘어나고 줄어드는 것에 따라서 MACD1을 미리 읽어내는 것이다. 즉, 히스토그램은 예측의 예측을 하기 위한 도구라고 할 수 있다.

MACD1과 시그널은 꺾은선그래프이지만, 히스토그램은 막대그래프로 2개 선의 간격이 가까워졌다 멀어졌다 하는 움직임을 표시한다.

'그림 12-7'은 상단에 차트, 중간에 MACD1과 시그널, 하단에 히스토그램을 표시한 것이다. 이 중 하단 그래프는 오른쪽 축의 0을 기준으로 위아래로 늘었다 줄었다 하는 모양을 볼 수 있다. 이것이 히스토그램이다.

차트에서는 하락 추세가 진행되고 있다. 캔들은 하락의 연속이다. 이때 중간 그래프의 MACD1과 시그널도 동일하게 하락세를 보이고 있지만, 바닥이 가격보다 일찍 등장한다. 즉, MACD1과 시그널이 가격에 앞서서 상승한다.

하단의 히스토그램도 보자. 가격, MACD1, 시그널과 비교할 때 처

그림 12-7 > MACD2(히스토그램)

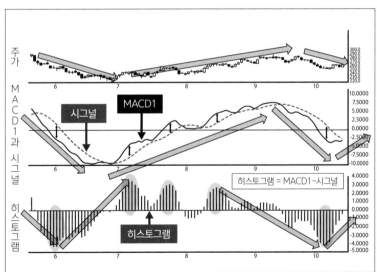

음에 아래로 뻗어 있던 막대가 최대 길이로 내려와 있는 지점(최저점)이 MACD1과 시그널보다도 먼저 나타났다.

가격이 상승 추세에 들어간 다음에는 어떨까?

추세 중반에는 자잘한 등락이 나타나는데, 이때마다 히스토그램은 늘었다 줄었다를 반복한다. 이는 히스토그램이 매매 신호를 빨리 내려고 하기 때문이다. 신호가 빠르면 속임수도 늘어난다. 따라서 히스토그램은 어디까지나 참고용으로만 사용해야 하며, 이것만으로 매매에 나서진 말아야 한다. 히스토그램은 장세의 커다란 흐름을 붙잡기 위한 도구일 뿐이다.

⊙ MACD를 제대로 활용하는 방법

MACD는 5개의 선으로 분석한다

MACD를 5개의 선으로 분석하는 것은 본 저자의 방식이다. MACD에는 MACD1과 시그널, 히스토그램이 원래 포함돼 있다. 여기에 12일 EMA와 26일 EMA를 더해서 5개가 된다.

'그림 12-8'이 실제 분석 사례다. 상단에 12일 EMA와 26일 EMA를 놓고, 하단에는 MACD1과 시그널, 히스토그램을 배치한다. 이것이 MACD를 가장 잘 이해할 수 있는 방법이다.

MACD에서는 다음의 세 가지 매매 신호를 읽을 수 있다.

① 12일 EMA와 26일 EMA의 크로스

② MACD1과 시그널의 크로스

③ 히스토그램의 증감

이 중 어떤 신호를 따라 매매를 실행하면 좋을지 몰라 어려워하는 트레이더가 적지 않다. 그것은 각각의 신호가 가지는 의미와 상호 관계를 정확히 이해하지 못했기 때문이다.

그림 12-8 › MACD는 5개의 선으로 분석한다

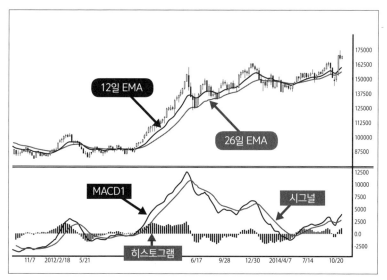

MACD 활용 비법

'그림 12-9'를 보자. 가장 위의 차트에는 12일 EMA와 26일 EMA가 이루는 골든크로스와 데드크로스를 원으로 표시했다. 가운데에 있는 그래프는 MACD1과 시그널의 골든크로스, 데드크로스를 원으로 표시했다. 하단 그래프에는 히스토그램의 버텀아웃_{bottom out}(히스토그램이 마이너스 영역에서 최대치에 도달한 지점으로 매수 신호로 여겨짐-옮긴이)과 피크아웃_{peak out}(히스토그램이 플러스 영역에서 최대치에 도달한 지점으로 매도 신호로 여겨짐-옮긴이)을 원으로 표시했다.

이 세 그래프에서 일어나는 일을 시간순으로 정리하면 다음과 같다.

① 히스토그램의 버텀아웃

② MACD1과 시그널의 골든크로스

③ 12일 EMA와 26일 EMA의 골든크로스

④ 히스토그램의 피크아웃

⑤ MACD1과 시그널의 데드크로스

⑥ 12일 EMA와 26일 EMA의 데드크로스

주목할 점은 이것들의 크로스 또는 버텀아웃/피크아웃과 가격(캔들)이 변화하는 타이밍이다.

12일 EMA와 26일 EMA의 크로스는 가격이 바닥 또는 천장을 치고 얼마 후 발생한다. 그래서 EMA의 크로스를 확인하고 나서 주문을 내면 추세의 상당 부분을 놓치게 된다.

한편, 하단의 히스토그램에 속임수가 많다는 것은 앞에서 설명했다. 따라서 MACD1과 시그널의 골든크로스, 데드크로스가 최선의 매수 신호와 매도 신호가 된다.

그럼, 왜 속임수가 많은 히스토그램을 일부러 차트에 포함시키는 걸까?

히스토그램은 극장에서 공연 시작을 알리는 차임벨과 비슷하다. 관객들은 극장 로비에서 차를 마시거나 팸플릿을 보면서 공연이 시작되기를 기다린다. 그러다 차임벨이 울리면 천천히 자리를 찾아가 앉아서 연극을 관람할 준비를 한다. 히스토그램도 그와 같다.

그림 12-9 > MACD 활용 비법

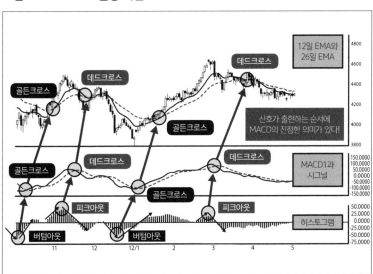

이 세 가지 신호의 관계를 이해했다면 MACD 활용 비법을 충분히 전수받은 것이다.

MACD를 활용한 진입과 청산

MACD에 대해서는 매매에 필요한 모든 것을 설명했다. 지금부터는 내 방식의 'MACD를 사용하여 주문과 청산을 하는 기술'에 대해서 매수를 예로 들어 소개하겠다.

① 시험매수

히스토그램이 버텀아웃한 후에 상승세로 바뀌는 것은 극장의 차임벨에 불과하다. 그러므로 히스토그램만 가지고는 신뢰성 높은 매매 판단을 내릴 수 없다. 조금이라도 일찍 진입하고 싶다는 기분은 알지만, 혹여 히스토그램을 근거로 매수 진입을 하려거든 시험매매 수준에서 시도하는 것이 좋다. 속임수에 넘어가도 감당할 수 있는 정도로만 매매하자.

② 본 매수와 추가 매수

본격적인 매수 주문은 MACD1과 시그널이 크로스할 때다. 그리고 추가로 주문하는 타이밍은 2개의 EMA선이 크로스할 때다. MACD를 몰랐다면 이 자리에서 일반적인 매수 포지션으로 진입했을 것이다.

추가로 매수할 때 놓쳐서는 안 되는 중요한 신호가 있다. EMA가 크로스하는 데 이르기까지 MACD의 다음과 같은 움직임을 주시하자.

- 히스토그램의 상승세가 완만해진다.
- 히스토그램이 내려가기 시작한다.
- MACD1의 상승세가 완만해진다.
- MACD1의 상승세가 평행에 가까워진다.

시간 순으로 위 네 가지가 관측되면, 상승 추세가 마무리 국면에 들어섰다고 판단할 수 있다. 물론, 추가 매수도 하지 않는다.

추가 매수는 수익을 늘리는 데 유효한 전술이지만, 타이밍을 잘못 잡으면 고가에 물릴 위험이 있다. MACD의 장점은 MACD1이 하락함에 따라 상승 추세가 끝나리라는 점을 사전에 알려준다는 것이다.

③ 청산

예를 들어 매수 포지션을 청산하는 것은 히스토그램이 피크아웃에서 하락세로 바뀌는 것을 기준으로 삼는다. 그 타이밍에 포지션의 일부를 조기에 청산하는 전술도 나쁘지 않으나, 속임수에 빠지는 경우도 종종 있다. 따라서 조기 청산을 '검토'하는 정도가 좋을 것이다.

실제 청산은 MACD1이 피크아웃하는 것을 확인한 후에 해도 충분하다. 그때는 포지션의 절반 정도를 청산한다. 남은 절반을 모두 청산하는 것은 MACD1과 시그널이 데드크로스를 이뤘을 때다.

④ 손절매

매수 포지션에 있을 때 손절매 라인은 '직전 바닥(이전 저가)'으로 정한다. MACD1과 시그널이 골든크로스하는 것을 확인하고 매수 포지션을 취했는데 얼마 지나지 않아 가격 움직임이 반전하여 이전 저가를 무너뜨린다면, 진정한 버텀아웃이 아니었다는 뜻이다. 따라서 깔끔하게 상황을 받아들이고 그 자리에서 트레이딩을 끝내야 한다.

만약 진입한 지점부터 직전 바닥까지 가격폭이 상당하다면, 모든 수익을 토해낼 때까지 기다릴 필요는 없다. 스스로 적당하다고 생각되는 수준에서 가격폭을 정해 그 가격을 손절매 라인으로 설정한다.

속임수와 노이즈의 발견

MACD를 활용하면 속임수도 발견할 수 있다. 트레이더가 속임수를 알아차리는 데에는 두 가지 패턴이 있다. 주문하기 전에 알아차리는 패턴과 주문한 후에 알게 되는 패턴이다.

① 주문하기 전에 알아차리는 패턴

주문을 내기 전에는 항상 속임수가 일어날 수 있음을 생각해야 한다. 나아가 그런 시장 상황에서는 애초에 주문을 내지 않는 것이 좋다. 그래도 주문을 내고 싶다면 세심한 주의가 필요하다.

MACD의 매매 신호는 MACD1과 시그널의 크로스다. 이 골든크로스는 제로 선 이하에서 발생하는 경우와 제로 선 이상에서 발생하는 경우로 두 가지가 있다. 이 중 속임수가 많은 것은 제로 선보다 위에서 발생하는 골든크로스다. 물론 제로 선에 가까운 크로스도 주의해야 한다.

히스토그램에는 깊은 계곡에 해당하는 버텀아웃과 높은 산에 해당하는 피크아웃, 작은 계곡에 해당하는 버텀아웃과 낮은 산에 해당하는 피크아웃이 있다. 이 중 신뢰도가 높은 것은 깊은 계곡과 높은 산이다. 작은 계곡과 산은 주의하자.

② 주문한 후에 알게 되는 패턴

주문한 후에 속임수에 걸렸음을 알게 되는 경우도 있다. 다행히 아직 가격은 내려가지 않았다면, 어떻게 해야 할까? 굳건하게 손절매 라인까지 기다릴 필요가 없다. 즉시 청산해야 한다.

MACD1과 시그널의 골든크로스를 확인하고 매수 진입했다고 하자. 상승 추세를 제대로 붙잡았다면, MACD1과 시그널이 모두 우상향할 것이다. 그런데 어느 한쪽이라도 상승 동력을 잃는다면, 추세를 제대로 타지 못했다는 증거다.

원래 상승 과정에서 MACD1은 제로 선을 넘어야 한다. 그래야 12일 EMA와 26일 EMA의 골든크로스가 되기 때문이다.

아무리 기다려도 MACD1이 제로 선에 닿지 않는다면, EMA의 골든크로스는 일어나지 않는다. 말하자면 속임수였다는 뜻이다.

⊙ 이동평균선 대순환 분석의 진화형, 대순환 MACD

대순환 MACD는 이동평균선 대순환 분석의 진화형이다. 이동평균선 대순환 분석이 초보 트레이더도 알기 쉬운 지표라면, 대순환 MACD는 상급자를 위한 지표다. 이동평균선 대순환 분석은 커다란 추세를 확실히 붙잡는 것을 목표로 하지만, 대순환 MACD는 커다란 추세는 물론 작은 추세도 놓치지 않는 것을 목표로 한다.

대순환 MACD의 구성

대순환 MACD는 4개의 요소로 구성되어 있다. '그림 12-10'을 보자. 맨 위 차트는 이동평균선 대순환 분석이다. 3개의 이동평균선은 EMA를 사용했다. 파라미터는 이동평균선 대순환 분석과 똑같이 5일, 20일, 40일이다. 일봉 차트 외에서도 5봉, 20봉, 40봉을 사용한다. 예를 들어 분봉이라면 5분봉·20분봉·40분봉, 주봉이라면 5주봉·20주봉·40주봉이 되는 식이다.

그다음에 3개의 MACD를 추가했다. 편의상 위에서부터 MACD(상), MACD(중), MACD(하)라고 하겠다.

세 MACD의 파라미터는 각각 다음과 같다.

① MACD(상): 5, 20, 9

그림 12-10 〉 대순환 MACD 활용

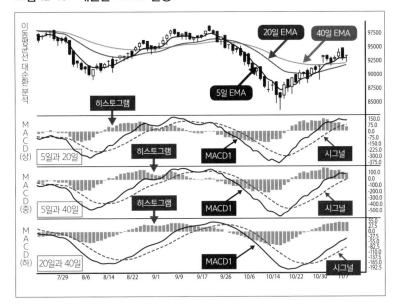

② MACD(중): 5, 40, 9

③ MACD(하): 20, 40, 9

MACD는 앞에서 이야기한 대로, 두 EMA의 간격이 변하는 것을 본다. 이를 통해 두 이동평균선이 골든크로스, 데드크로스하는 것을 미리 알 수 있다.

위에 나열한 파라미터 중에서 처음 2개의 숫자, 예컨대 MACD(상)에서 5와 20은 그 MACD가 어떤 EMA끼리의 간격을 보는지 알려준다.

① MACD(상): 5일 EMA(단기선)와 20일 EMA(중기선)의 간격

② MACD(중): 5일 EMA(단기선)와 40일 EMA(장기선)의 간격

③ MACD(하): 20일 EMA(중기선)와 40일 EMA(장기선)의 간격

그리고 마지막 숫자 9는 시그널을 계산할 때 필요한 표준 파라미터다.

● 시그널 = MACD1의 9일 EMA

3개의 MACD를 사용하는 의미

이동평균선 대순환 분석에는 3개 선 중에서 2개 선이 크로스하면서 국면을 이행한다는 사실을 살펴봤다. 3개 선의 배열 순서가 위에서부터 단기선/중기선/장기선인 상태인 국면 1에서 단기선과 중기선이 데드크로스하면서 국면 2로, 그 후 단기선과 장기선이 데드크로스하면서 국면 3으로, 마지막으로 중기선과 장기선이 데드크로스하여 국면 4로 이행한다. 국면 4에서 국면 1로 이행하는 것도 마찬가지다. 세 번의 골든크로스를 거쳐 국면 1로 이행한다.

또한 MACD에는 2개의 EMA가 골든크로스 또는 데드크로스하는 것을 미리 읽을 수 있다는 특징이 있다. 크로스하려고 2개 선이 점점 가까워지기 때문이다.

MACD의 이런 특징을 살려서 국면 변화를 사전에 알아낼 수 있도록 고안한 것이 세 가지 MACD다. 각각의 역할은 다음과 같다.

① MACD(상)

- 파라미터 5, 20의 MACD는 단기선과 중기선의 골든크로스(데드크로스)를 예측한다.
- MACD1 = 5일 EMA-20일 EMA

② MACD(중)

- 파라미터 5, 40의 MACD는 단기선과 장기선의 골든크로스(데드크로스)를 예측한다.
- MACD1 = 5일 EMA-40일 EMA

③ MACD(하)

- 파라미터 20, 40의 MACD는 중기선과 장기선의 골든크로스(데드크로스)를 예측한다.
- MACD1 = 20일 EMA-40일 EMA

이처럼 세 가지 MACD를 사용하여 국면의 이행을 빨리 읽어낼 수 있다. 예를 들어 작은 추세에서도 수익을 내겠다고 생각했다면, 국면 1에서 3개의 이동평균선이 모두 우상향할 때까지 기다려서는 늦다. 하지만 이동평균선보다 빠르게 반응하는 MACD를 사용하면, 국면 6이나 국면 5에서 조만간 국면 1로 이행할 거라고 예측할 수 있다. 결과적으로 한발 먼저 행동에 나설 수 있는 것이다.

대순환 MACD와 이동평균선 대순환 분석의 관계

단순한 MACD 차트를 사용하여 대순환 MACD와 이동평균선 대순환 분석의 관계를 다시 짚어보겠다.

'그림 12-11'을 보자. 이 그림에서 3개의 MACD는 시그널과 히스토 그램을 생략하고 MACD1만 그렸다. 상단의 차트는 위에서부터 40일 EMA(장기선), 20일 EMA(중기선), 5일 EMA(단기선)의 배열 순서를 이루며 국면 4로 시작하고 있다(박스 부분).

이제 단기선과 중기선이 골든크로스하여 국면 5가 됐다. 이때 MACD(상)의 MACD1이 제로 선을 아래에서 위로 크로스하는 것을 볼 수 있다. 즉, MACD(상)의 움직임을 보면 국면 5로 이행할 것을 미리 알 수 있다.

이어서 단기선과 장기선이 골든크로스하여 국면 6이 됐다. 이때 MACD(중)의 MACD1이 제로 선을 아래에서 위로 크로스하는 것을 볼 수 있다. 즉 MACD(중)의 움직임을 보고 있으면 국면 6으로의 이행을 미리 알 수 있다.

이번엔 중기선과 장기선이 골든크로스하여 국면 1이 됐다. 이때 MACD(하)의 MACD1이 아래에서 위로 제로 선을 크로스하는 것을 볼 수 있다. 즉 MACD(하)의 움직임을 보고 있으면 국면 1로 이행할 것을 미리 알 수 있다.

이후의 추이도 차트에서 확인해보자. 각 국면의 변화를 3개의 MACD로 미리 알 수 있다는 사실을 확인할 수 있다. 여기에 대순환

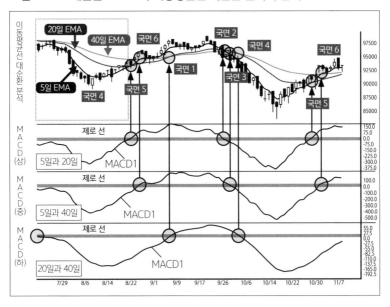

그림 12-11 > 대순환 MACD와 이동평균선 대순환 분석의 관계

MACD의 묘미가 있다.

'그림 12-11'의 차트 중간쯤에서 나타난 국면 1에 주목하자. 대단히 작은 상승 추세로 매수 포지션으로 진입할 겨를도 없이 하락세로 돌아섰다. 이동평균선 대순환 분석으로는 붙잡기 어려운 장세다.

그런데 그보다 한 단계 앞선 국면 6이나 국면 5에서 진입할 수 있다면, 이런 작은 추세도 다 잡을 수가 있다. 진입이 빠르면 빠를수록 보통은 속임수가 많다. 하지만 대순환 MACD를 사용하여 국면의 변화를 예측하면, 속임수에 걸릴 확률을 줄이면서 진입할 수 있다.

대순환 MACD의 진입: 매수

① 본매매

대순환 MACD의 매수 진입은 다음과 같은 조건을 따른다.

- 국면 6
- MACD(하)의 MACD1이 시그널과 골든크로스했다.
- 3개의 MACD가 모두 우상향한다.

국면 6은 단기 EMA가 띠를 건넌 상태임을 말한다. 거기에 더해서 MACD(하)에서 MACD1이 시그널과 골든크로스했다는 사실로 MACD1이 상승한다는 것을 확인할 수 있고, 국면 1로 이행하리라는 것도 예측할 수 있다. 그리고 3개의 MACD가 상승하는 것을 보고 상승 추세가 지속되리라는 점을 신뢰도 높게 판단할 수 있다.

② 조기진입

대순환 MACD의 조기매수 진입은 다음과 같은 조건을 따른다.

- 국면 5
- MACD(하)의 MACD1이 시그널과 골든크로스했다.
- 3개의 MACD가 모두 우상향한다.

본매매와 다른 점은 현재 국면뿐이다. 국면 5는 단기 EMA가 띠에 들어가기는 했으나, 아직 띠를 벗어나지는 못한 상태다. MACD(중)의 상승이 국면 5에서 국면 6으로, MACD(하)의 상승이 국면 6에서 국면 1로 이행하리라는 사실을 알려준다.

③ 시험진입

대순환 MACD의 시험매수 진입은 다음과 같은 조건을 따른다.

- 국면 4
- MACD(하)의 MACD1이 시그널과 골든크로스했다.
- 3개의 MACD가 모두 우상향한다.

여기서도 다른 점은 현재 국면뿐이다. MACD(상)의 상승은 국면 4에서 국면 5로의 이행, MACD(중)의 상승은 국면 5에서 국면 6으로 이행할 조짐을 보여준다. MACD(하)의 상승은 국면 6에서 국면 1로 이행하리라는 전조다.

시험매매 신호가 나오는 것은 국면 4다. 다만 단기선 위에 아직 띠가 펼쳐져 있고, 그 띠에 튕겨 나올 가능성이 있으니 주의하자.

'그림 12-12'를 보자. 본매매, 조기매매, 시험매매 모두 MACD 3개가 상승한다는 것을 대단히 중요한 신호로 본다. MACD(상)은 가격 변동에 민감도가 높은 선이다. 그에 비해 MACD(하)는 민감도가 낮은 편이다. 그래서 상승 추세가 작은 채로 끝날 때는, MACD(하)가 상승을 시작하려 하는데 MACD(상)은 이미 하락세로 바뀌어 있는 경우가 많다. 앞으로 가격이 강하게 올라갈 것을 시사하는 데 3개의 선이 시차를 두고 상승하고 있는가에 주목해야 한다.

차트로 확인하기

'그림 12-11'을 다시 한번 보자. 이때의 상태로는 국면 1의 타이밍에서 매수했다면 이미 수익을 놓쳤다. 이 지점에서 각 MACD1 3개 선을 보자. MACD(하)의 MACD1은 지금 막 골든크로스가 일어났고 상승하고 있다. 그런데 MACD(중)과 MACD(하)의 MACD1은 미미하지만 아래로 기울었다. 이는 이미 매수할 수 없는 상태임을 의미한다.

대순환 MACD의 조기진입 신호를 활용하면 이런 추세도 붙잡을 수 있다.

'그림 12-12'의 차트는 국면 4에서 시작하고 있다. 그다음은 '국면 5 → 국면 6 → 국면 1'로 순조롭게 진행되고 있다. 이때 MACD1의 움직임에 주목하자.

국면 4의 마지막 지점에서 MACD(하)의 MACD1이 시그널과 골든크로스하고 있다. 이때 MACD(중)과 MACD(상)의 MACD1을 확인한다. 두꺼운 실선으로 표시한 MACD1이 모두 상승하고 있다. 이로써 국면 4에서 시험진입을 할 수 있는 조건을 만족했다.

그 직후에 국면 5로 이행하고 있다. MACD(하)의 MACD1과 시그널

그림 12-12 > MACD 3개가 상승하고 있다

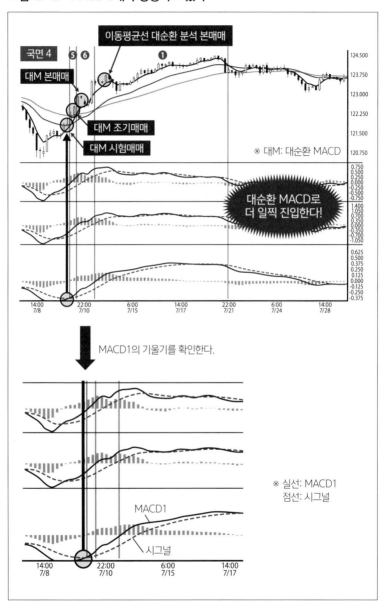

의 골든크로스는 이미 국면 4에서 확인했다. 여기서 다시 한번 3개의 MACD에서 각각의 MACD1에 주목해보면, 모두 상승세를 이어가고 있다. 말하자면 조기진입도 가능하다는 신호다. 국면 6에서도 동일하게 조건을 만족한다면 드디어 본매매도 가능해진다.

국면 1에서 이동평균선 대순환 분석의 본매매 신호를 보자. 그 자리에서는 진입을 해봤자 큰 수익을 올릴 수가 없는 데다, 때에 따라서는 손실을 볼 수도 있다. 그러므로 대순환 MACD의 시험진입과 조기진입은 강력한 무기가 된다.

대순환 MACD의 진입: 매도

① 본매매

대순환 MACD의 매도 진입은 다음과 같은 조건을 따른다.

- 국면 3
- MACD(하)의 MACD1이 시그널과 데드크로스했다.
- 3개의 MACD가 모두 우하향한다.

② 조기진입

대순환 MACD의 조기매도 진입은 다음과 같은 조건을 따른다.

- 국면 2
- MACD(하)의 MACD1이 시그널과 데드크로스했다.
- 3개의 MACD가 모두 우하향한다.

③ 시험진입

대순환 MACD의 시험매도 진입은 다음과 같은 조건을 따른다.

- 국면 1
- MACD(하)의 MACD1이 시그널과 데드크로스했다.
- 3개의 MACD가 모두 우하향한다.

대순환 MACD의 청산

대순환 MACD의 청산은 이동평균선 대순환 분석과 동일하지만, 국면의 변화를 보고 나서 청산 주문을 냈다가는 너무 늦다. MACD(상)의 움직임을 보면 앞으로 국면이 바뀌리라는 점을 사전에 알 수 있다. 추세가 끝날 것 같다면 재빨리 청산하자.

어느 정도 수익이 오른 다음에 청산할 때는 이동평균선의 전날 중기선 가격에 역지정가 주문을 내놓는 방법이 있다. 가격이 크게 오른 후에는 하락도 빠르다는 점에 착안하여 생각해낸 방법이다. 미리 역지정가 주문을 내놓으면 좀더 빨리 청산할 수 있기 때문이다.

어느 쪽이든 MACD 3개의 움직임을 보면, 하락 추세로 변화하리라는 점을 미리 알 수 있을 것이다.

⊚ V 트레이더를 향해

2부에서는 진입 시점에 대해 설명했다. 트레이더로서 가장 흥미를 느끼는 부분이었으리라 생각한다. 하지만 중요한 것은 자금관리와 리스크관리이며, 진입 규칙은 매매 규칙의 일부에 불과하다는 사실을 잊어서는 안 된다.

진입 규칙은 매수 또는 매도 어느 쪽에 에지가 있는지를 알려줄 뿐이다. 언제 진입하느냐도 중요하지만, 포지션을 얼마나 취할 것이며 추세가 반대로 갈 때 어디까지 견딜 수 있는지를 아는 것은 그보다 더 중요하다. 이를 제대로 알고 실천하지 못한다면 V 트레이더가 될 수 없다.

매매 규칙을 만들고, 정기적으로 검증하고, 시장과 자신의 상황에 맞춰 업그레이드하자. 매매 규칙을 업그레이드할 때마다 트레이더로서 성장해갈 것이다. 그 경험이 쌓이면, V 트레이더가 된다는 목표에 한 발짝 다가갈 수 있을 것이다. 한 사람이라도 더 많은 V 트레이더가 탄생하기를 간절히 바란다.

무엇을 위해 투자하는가

이 책은 V 트레이더가 되기 위한 트레이딩 규칙을 만들고, 목표한 수익을 정확히 그리고 안정적으로 거두는 방법을 주제로 하고 있다. V 트레이더가 되면 자산은 당연히 불어난다.

여기서 잠시 멈춰 생각해보자. 당신은 무엇 때문에 투자를 하는가.

자산을 늘리기 위해서인가?

분명 많은 사람이 대번에 그렇다고 답할 것이다. 그러면 돈을 불리는 목적은 무엇인가?

돈은 많으면 많을수록 안심되기 때문인가? 아니면 불안한 노후, 건강 걱정 등 세상에 불안한 일들이 너무나 많아 돈이 필요해서인가?

우리를 불안하게 하는 것들은 또 있다. 교통사고나 화재에 대한 불안, 사기를 당하거나 자신의 잘못으로 다른 사람에게 피해보상을 해줘야 할 일이 생길지도 모른다는 불안 등도 있다. 그런데 불안은 돈으로 해소되지 않는다. 이미 많은 돈을 가지고 있더라도 더 많은 돈을 바라게 될 뿐이다. 이는 돈에 지배당하는 것이다. 돈에 지배받는 인생만큼 가치 없고 무의미한 것도 없을 것이다.

돈은 사람이 만든 편리한 도구 중 한 가지에 불과하다. 그런데 언제

부턴가 인간은 그 편리한 도구에 지배당해 노예처럼 살게 됐다. 돈이 많으면 많을수록 좋다는 말은 언뜻 진리처럼 들리지만, 실은 돈이 아무리 많아도 마음은 편하지 않다. 돈을 좇으면 좇을수록 마음의 안정은 멀어질 뿐이다. 투자를 할 때 하더라도, 이 점은 천천히 생각해볼 필요가 있다. 무엇을 위해서 투자를 하는가? 이 질문에 분명히 답하지 못하면 투자로 성공하기 어렵다.

내가 생각하는 투자의 이유, 즉 투자의 목적은 두 가지다. '행복해지는 것'과 '풍족해지는 것'이다.

철학적으로 들릴지도 모르겠지만, 전혀 그렇지 않다. 이 목적의식을 확실히 가진 사람만이 투자에서 성공할 수 있다. 이것은 경험에서 얻은 통찰이다. 투자로 큰돈을 손에 넣은 결과 가정이 파탄에 이르게 됐다는 이야기는 얼마든지 있다. 투자로 큰돈을 번다는 것이 곧 투자에서 성공하는 것은 아니라는 사실을 깨우치기 바란다.

투자를 통해 행복해진다는 것

행복해진다는 것은 무슨 뜻일까? 그 답은 필생의 사업을 찾는 것, 그리고 그것을 실현하기 위해 앞으로 나아가는 것이라고 생각한다.

필생의 사업이라고 하면, 불치병을 치료하는 특효약을 개발한다거나 개발도상국에 학교를 세운다거나 하는 식의 규모가 큰 사업을 상상하는 사람도 있겠지만, 그런 대단한 일이 아니어도 상관없다. 건강하고 즐거운 가정을 꾸리는 것도 훌륭한 필생의 사업이고, 남에게 폐 끼치지 않도록 노후를 설계하는 것도 필생의 사업이 될 수 있다.

필생의 사업이란 천명이라고도 할 수 있겠으나, 모든 사람이 세계 평화나 인류 발전에 공헌할 수 있는 것은 아니다. 몇백만 명의 사람을 행복하게 하는 사람이 있는가 하면, 배우자와 자녀를 행복하게 해주는 사람도 있다. 그 모든 것이 필생의 사업이다.

일반적인 직업과 필생의 사업을 간단히 비교해보자.

<일반적인 직업>

· 돈을 벌기 위한 것

· 자신을 위한 것

<필생의 사업>

· 보람과 가치를 느끼기 위한 것

· 자신만이 아니라 다른 사람에게도 기쁨을 전하는 것

예술 활동은 필생의 사업 중 하나다. 세계적인 음악가가 되지 않더라도, 악기를 잘 다루거나 노래를 잘하면 다른 사람을 행복하게 해줄 수 있다. 그런 일을 평생 해나갈 수 있다면 그만큼 훌륭한 필생의 사업도 없을 것이다. 그런데 안타깝게도, 그런 일은 돈으로 이어지지 못하는 경우도 많다.

일이 돈으로 연결되어야 한다는 점은 분명히 중요하다. 하지만 돈으로 연결되지 않는 일 중에도 중요한 것들이 많다. '그 중요한 일을 끝까지 해내기 위해서' 돈이 필요한 것이다.

이 사실을 이해하면, 이제까지 목적으로 해왔던 돈이 필생의 사업을 달성하기 위한 수단으로 바뀐다. 돈을 버는 것만이 목적이었던 인생은 따분하기 짝이 없을 것이다. 돈의 역할을 한마디로 말하면, 목적지에 도달하기 위한 '연료'라고 생각한다. 연료가 없으면 비행기도 날지 못하고 자동차도 달리지 못한다. 하지만 연료를 잔뜩 들고 있다고 한들 가야 할 곳이 정해지지 않았다면 무슨 소용이겠는가. 오히려 불행의 출발점이 될 수도 있다. 집 창고에 가솔린이 쓸데없이 많이 쌓여 있다고 생각해보자. 많으면 많을수록 화재가 일어날 위험이 커질 뿐이다.

그러므로 투자를 하기 전에 반드시 생각해야 한다. 무엇을 하고 싶은지, 그것을 위해서는 돈이 얼마나 필요한지를 말이다. 여기서 다시 처음으로 돌아가, 돈이란 많으면 많을수록 좋다는 생각을 다시 한번 찬찬히 따져보기 바란다. 투자로 많은 돈을 벌었다고 해도 그 돈을 쓸 곳이 정해지지 않았다면, 사치를 부리거나 필요도 없는 차와 별장을 사거나 고급 술집에 드나들다가 마지막에는 도박에 빠질 뿐이다. 그것은 성공한 사람의 모습이라 할 수 없다. 투자에서 성공이란 행복해지는 것을 의미한다는 생각이 뚜렷하다면 그런 착각은 하지 않을 것이다.

투자를 통해 풍족해진다는 것

두 번째 목적은 '풍족해지는 것'이다. 여기서 말하는 풍족함이란, 돈이 많은 상태를 말하는 것이 아니다. 돈이 아니라 마음이 충만해진 상태를 말한다. 안타까운 일이지만, 돈이 아무리 많아도 마음까지 채워지진 않는다.

마음을 채우기 위해서는 '여유'가 필요하다. 그 여유를 실현하는 데 필요한 요소 중 하나가 '돈'이다. 돈은 어디까지나 '요소 중 하나'일 뿐이지 전부는 아니다. 본디 풍족함으로 이어지는 여유란 마음의 여유를 말한다.

<여유>
- 무엇을 하고 싶다고 생각했을 때 그에 필요한 돈이 있는 것

<마음의 여유>
- 결과적으로 건강하고 밝고 즐겁고 보람 있는 하루하루를 보내는 것

돈은 연료다. 하지만 돈이 있어도 마음에 병이 든 사람이 많다. 여기서 중요한 것이 돈을 얼마나 적절히 활용할 줄 아느냐다.

마지막으로 두 가지 질문을 하겠다. 마음속에서 답을 그려보기 바란다.

- 돈으로 무엇을 하고 싶은가? 즉, 당신에게 필생의 사업은 무엇인가?
- 그러기 위해서는 얼마나 많은 돈이 필요한가? 즉, 투자로 얼마나 벌

고 싶은가?

이 두 가지 질문에 명확한 답을 가지고 "이 목표를 위해서 투자한다!"라고 강력한 결의를 다져야 한다. 그러지 않으면 진정한 의미에서 성공적인 투자는 이룰 수 없다. 돈을 버는 것 자체가 목적이 될 순 없기 때문이다.

그리고 만약 자신이 필요 이상 많은 돈을 벌게 된다면 사회공헌에 쓰도록 하자. 숭고한 이상을 가지고도 돈이 없어서 실행에 어려움을 겪는 단체가 대단히 많다. 이들을 지원하는 것도 돈을 올바르게 활용하는 것이다. 필요도 없는 돈을 창고에 쌓아두기만 해서는 안 된다.

"거북이를 키우듯
트레이더도 양성할 수 있다."

상승장 하락장 모두 통하는 1% 매매 전략

실전 추세 투자법

제1판 1쇄 인쇄 | 2024년 8월 9일
제1판 1쇄 발행 | 2024년 8월 16일

지은이 | 고지로 강사
옮긴이 | 박명진
감　수 | 최성민
펴낸이 | 김수언
펴낸곳 | 한국경제신문 한경BP

주　소 | 서울특별시 중구 청파로 463
기획출판팀 | 02-3604-590, 584
영업마케팅팀 | 02-3604-595, 562　FAX | 02-3604-599
H | http://bp.hankyung.com　E | bp@hankyung.com
F | www.facebook.com/hankyungbp
등　록 | 제 2-315(1967. 5. 15)

ISBN 978-89-475-4967-7　03320